Ferdinando Leonzio

Lentini nell'Italia repubblicana
(Raccolta di brevi saggi storico-politici)

*Cangianu li tempi e li stagiuni: ora su'
li jatti c'assucutunu li cani*
(Alfio Incontro)

ZeroBook
2019

Titolo originario: *Lentini nell'Italia repubblicana* / di Ferdinando Leonzio

Questo libro è stato edito da **ZeroBook**: www.zerobook.it.

Prima edizione: settembre 2019

Ebook: ISBN 978-88-6711-061-9

Book: ISBN 978-88-6711-062-6

In copertina: foto della statua raffigurante il filosofo Gorgia da Lentini, opera dello scultore S. Caracciolo (1935), posta nel parco pubblico Villa Gorgia di Lentini. Foto e realizzazione grafica copertina © ZeroBook, 2019.

Tutti i diritti riservati in tutti i Paesi. Questo libro è pubblicato senza scopi di lucro ed esce sotto *Creative Commons Licenses*. Si fa divieto di riproduzione per fini commerciali. Il testo può essere citato o sviluppato purché sia mantenuto il tipo di licenza, e sia avvertito l'editore o l'autore.

Controllo qualità **ZeroBook**: se trovi un errore, segnalacelo!

Email: zerobook@girodivite.it

Indice generale

Introduzione...7

1 - Fascisti e socialisti a Lentini...9

2 - Lentini dal fascismo al socialismo: 1943-1946......................15

3 - Lentini dal Socialismo al Comunismo: 1946-1952................31

4 - Fermenti politici e sociali nella Lentini rossa: 1952-1960....51

5 - Lentini e la nuova politica (1960-1964).................................69

6 - La Lentini di Marilli (1964 – 1970) - prima parte................91

7 - La Lentini di Marilli (1970-1975) - seconda parte..............109

8 - La Lentini postcomunista (1975-1980)................................119

9 - Lentini tra la Balena Bianca e l'Elefante Rosso (1980-1985)
....137

10 - Lentini e la liquefazione dei partiti (1985-1990).............157

11 - Lentini e la fine della Prima Repubblica (1990-1993) 173

12 - La Lentini di Raiti – parte prima (1993-1997).................195

13 - La Lentini di Raiti - parte seconda (1997-2002).............219

14 - Lentini dalla Storia alla Cronaca: 2002-2006...................245

Appendici...281

   I - Appunti sulle origini del PCI di Lentini......................282

   II - La scomparsa di Enzo Nicotra.....................................289

   III - I sindaci di Lentini..295

Indice dei nomi...317

Nota di edizione 339

    Questo libro 339

    L'autore 341

    Le edizioni ZeroBook 343

Introduzione

Sulla Lentini antica, medievale ed anche moderna esiste una vasta letteratura di vari e validi autori, lentinesi e non.

Sulla storia della Lentini contemporanea, in particolare di quella del periodo repubblicano, possiamo vantare una vasta gamma di articoli di giornale, di piccoli saggi storici su singoli avvenimenti, di biografie, di quadri di costume, di arte, di sport, di culinaria, di turismo, di opere di narrativa.

Manca però una storia politica organica della città di Gorgia, padre della sofistica, corrente filosofica che fiorì proprio attorno alla dialettica politica vivacemente presente nel variegato mondo greco classico, compresa, ovviamente, l'antica *Leontìnoi*.

Quando scrissi, per il giornale online *Girodivite*, un piccolo saggio storico sulla Lentini del periodo fascista - periodo stranamente poco studiato - spronato dal discreto successo di lettori (discreto, naturalmente, in rapporto alla numericamente limitata platea di potenziali lettori interessati, i lentinesi cioé), decisi, di concerto col direttore, di proseguire la narrazione storica con altri articoli, poi pubblicati in sequenza cronologica tra il 18 ottobre 2017 e il 25 aprile 2019, spingendomi fino ai confini della cronaca.

Articolo dopo articolo, si venne così a creare un quadro storico-politico della *Lentini nell'Italia repubblicana*, che le edizioni

ZeroBook hanno ora ritenuto degno di pubblicazione in volume, e che comunque costituisce un tracciato, non foss'altro che per le numerose annotazioni su persone e vicende, di cui i futuri ricercatori potranno usufruire.

In occasione di tale pubblicazione, editore ed autore, seguendo un'ormai diffusa consuetudine, hanno deciso di non limitarsi alla sola pubblicazione dei piccoli saggi storici che danno corpo al libro, ma di aggiungere, come appendici, altri scritti dello stesso autore, tutti riguardanti la Lentini politica contemporanea.

È opportuno qui ricordare che agli articoli, divenuti capitoli del libro, è stato lasciato lo stesso titolo e la stessa impostazione che essi avevano inizialmente, eliminando però i sottotitoli dei vari paragrafi, allora inseriti dalla redazione per agevolarne la lettura, e tutto quanto collegato con la loro iniziale impostazione giornalistica.

Tutti gli articoli e le appendici sono stati riveduti e corretti dall'autore, anche al fine di rendere il libro più armonico nelle sue varie parti.

Lo stile colloquiale usato, ben lontano da ogni posa accademica, non lede in minima parte il rigore scientifico con cui è stata scritta quest'opera.

FL

1 - Fascisti e socialisti a Lentini

Fascisti e socialisti/ giocavano a scopone;/ e i fascisti vinsero/ con l'asso di bastone

Maria Giudice

L'amministrazione socialista di Lentini capeggiata da **Filadelfo Castro**, scaturita dalla strepitosa vittoria (24 seggi su 30) nelle elezioni dell'autunno 1920, che avevano portato per la prima volta il PSI al governo della Città, non ebbe vita lunga né facile.

Dopo l'entusiastico esordio, già dall'anno successivo essa si vide il gruppo consiliare falcidiato dalle dimissioni dalla carica di coloro che avrebbero poi costituito il partito comunista (allora non esisteva l'istituto della surroga), mentre la minoranza nazionalista disertava sistematicamente i lavori del consesso civico, chiusa nel suo livore e rimuginante la sua vendetta.

E intanto anche in Sicilia e in provincia di Siracusa si manifestava, con sempre maggior vigore, la reazione agraria, sostenuta da nazionalisti e fascisti, i quali sempre più rimpolpavano le loro file, grazie all'adesione delle varie consorterie che per anni avevano fatto il bello e il cattivo tempo nelle amministrazioni locali. La violenza degli squadristi esplose con virulenza in occasione delle elezioni politiche del 15 maggio 1921 e proseguì nei mesi successivi.

L'occasione più ghiotta per infliggere un colpo mortale al socialismo lentinese si presentò il 25 maggio 1922, quando uno scoppio, avvenuto in una fabbrica di fuochi d'artificio, provocò la morte del proprietario, un socialista.

Il successivo 7 luglio furono arrestati due esponenti del movimento socialista, per fabbricazione non autorizzata di esplosivi e il primo cittadino Castro, quale mandante.

Il 10 luglio fu perciò tenuto, dalla trascinante oratrice **Maria Giudice**, un affollato comizio di solidarietà nei confronti degli accusati.

Durante il comizio la forza pubblica, essendo stati lanciati dei sassi contro di essa, che aveva caricato la folla, sparò. Alla fine dei tafferugli che ne seguirono, durati tutta la notte e a cui pare non siano stati estranei anche gruppi reazionari, rimasero sul terreno quattro morti e una cinquantina di feriti. Vi furono poi tredici arresti, fra cui quello della stessa Giudice, accusata di *istigazione a delinquere ed eccitamento all'odio di classe*.

A gestire l'amministrazione comunale rimase l'assessore anziano, il calzolaio **Rosario Mangano**, il quale potrà resistere solo pochi mesi.

Quando Castro e la Giudice uscirono dal carcere, nel 1923, completamente scagionati, il fascismo era già al potere dal 28 ottobre 1922, il Consiglio Comunale di Lentini era stato sciolto il 12 novembre 1922 „per impossibilità di funzionamento e per motivi di ordine pubblico" e il Comune era stato commissariato.

Il Regio Commissario cav. rag. **Angelo Polizzy** impiegò gran parte del suo tempo a ricucire fra loro le varie anime della reazione locale (agrari, combattenti, nazionalisti, fascisti, liberalconservatori) per indurle a formare tutte assieme un'unica lista; la quale poi vinse le elezioni comunali del 2 dicembre 1923, anche perché era la sola in campo, essendo ormai state sbaragliate e disperse le organizzazioni del socialismo locale. Avevano votato 2260 elettori sui 6460 aventi diritto. I baroni e i borghesi medio-alti che ne facevano parte non mancarono di ringraziare il cav. Polizzy per la sua opera di ricucitura della variegata destra.

Nella seduta inaugurale del nuovo Consiglio Comunale, il Commissario, *fra gli incessanti applausi dell'immenso pubblico che gremisce l'aula* (così recita il verbale), *espresse l'augurio commosso di chi, per più di un anno divise con animo trepido i vostri affetti, seguì i vostri sforzi e cercò, come poteva, di incorare sentimenti e ordinare volontà ed energie, perché ad un'elevata finalità di concordia e di proponimenti Voi, cittadini consapevoli di doveri e responsabilità... possiate dedicarvi alla nobile missione, alla nuova rielaborazione di valori.*

Il Consiglio Comunale, per dimostrargli *quanto particolarmente le persone dell'ordine gli siano grate per il fervore da lui speso per la composizione del partito vittorioso che oggi assume il potere e per il carattere eminentemente nazionale che egli ha saputo imporre al partito medesimo,* all'unanimità gli conferì la cittadinanza onoraria di Lentini.

Sindaco venne eletto il farmacista **Giuseppe Consiglio**: egli allora non poteva sapere che sarebbe stato il primo e l'ultimo sindaco di Lentini dell'era fascista, poiché il regime, qualche anno dopo, abolirà quella carica, per sostituirla con quella, nominata dall'alto, di podestà., cui saranno attribuiti, tutti assieme, i poteri del sindaco, della Giunta e del Consiglio Comunale.

Un nuovo e ben più importante motivo per esultare il Consiglio Comunale di Lentini, lo trovò nella seduta del 25 maggio 1924, tenutasi quindi dopo circa un mese dalle famigerate elezioni politiche del 1924. Il civico consesso *constatò come in quest'ora fulgente di luce e di entusiasmo, di gloria e di promesse è doveroso dimostrare, con segni tangibili, la gratitudine al nobile condottiero dei fascisti, al Presidente del Consiglio dei Ministri, che è riuscito a sollevare l'Italia dalla rivoluzione. Anima salda, cuore fervido, intelligenza prodigiosa, attività fenomenale: ecco i valori morali di Benito Mussolini, di questo gigante del pensiero e dell'azione.*

Per cui, dopo avere espresso... *salda fiducia nel Governo stesso e nel Suo nobilissimo capo, volontà decisa di amarlo, di seguirlo e di ubbidirgli oggi, domani e sempre per la grandezza della Patria,* ad unanimità di voti, e per acclamazione, *conferì a Sua Eccellenza Benito Mussolini, Presidente del Consiglio dei Ministri, la Cittadinanza onoraria di Lentini.*

Un mese dopo fu rapito e ucciso a Roma, da una squadra fascista, il leader socialista Giacomo Matteotti, il quale, prima di morire, ebbe il tempo di mormorare ai suoi assassini: *Voi potete uccidere me, ma l'idea che è in me non morirà!*

Il concittadino Mussolini avrà occasione di venire a Lentini solo molti anni dopo, precisamente il 12 agosto 1937. Dovendosi recare da Catania a Siracusa, per presenziare all'inaugurazione delle rappresentazioni classiche, doveva, infatti, necessariamente passare da Lentini, che era allora appunto un passaggio obbligato per quell'itinerario.

Per l'occasione furono adottate misure severissime, per la sicurezza del Duce: strade transennate, controllo degli alberghi, dei forestieri che arrivavano in città e mille altre cautele. Per l'occasione – scrive il noto antifascista **Natale Vella** in un suo memoriale – *Dieci giorni prima fummo arrestate circa quindici persone. Io, Marino, Castro, Santocono, Silvestro Motta, Martinez Francesco, Di Giorgio, Vinci, Pupillo ed altri di cui non ricordo i nomi.*

Girava la voce che i „sovversivi" stessero preparando un attentato al Capo del Governo. Imputazioni di quel tipo avrebbero potuto comportare la pena di morte. Si può immaginare l'angoscia delle famiglie degli arrestati. Ma non accadde nulla.

Provenendo da Catania, l'auto presidenziale percorse, senza fermarsi, Via Vittorio Emanuele III, Via Garibaldi, piazza Duomo, Via Arrigo Testa, Via Giuseppe Verdi, piazza Nazionale e quindi imboccò Via Siracusa.

Una breve sosta fu fatta presso l'abbeveratoio situato all'ingresso di Carlentini. Il Duce scese, si rinfrescò e guardò la vallata sottostante in cui era distesa Lentini. Secondo Vella, guardandola, disse: *Lentini, in un verso o nell'altro, è sempre Lentini.*

Cosa avrà voluto dire? Forse che il socialismo, pur vinto e perseguitato, in quella città non era mai morto?

Nel 1943, in occasione dello sbarco degli Alleati in Sicilia, molti di quelli che avevano giurato fedeltà al fascismo e al suo Capo si tolsero le „cimici" dall'occhiello della giacca e nascosero le camicie nere. Un manifesto dell'epoca mostra un soldato britannico che punta il fucile contro un sospetto e gli chiede, in inglese. *You fascist?* (Sei tu un fascista?) e l'altro risponde, con finto stupore, in dialetto siculo: *Iù fascista?* (Io fascista?), come per dire: „ma quando mai, neanche per sogno". La comicità della scena nasceva dall'assonanza delle due espressioni, l'inglese e la siciliana.

Gli inglesi entrarono a Lentini il 15 luglio 1943, i fascisti si eclissarono o mimetizzarono, e Via Siracusa divenne Via Giacomo Matteotti.

E con una commemorazione del martire, tenutasi nei locali del cinema *La Ferla*, in Via Garibaldi, riprese la marcia dei socialisti di Lentini, che li condurrà alla riconquista del Comune con la splendida vittoria del 17 marzo 1946, con a capo lo stesso leader del 1920: **Filadelfo Castro**.

Come se il ventennio fascista fosse stato un semplice intervallo fra due vittorie socialiste.

2 - Lentini dal fascismo al socialismo: 1943-1946

Giovanni Pattavina

Quando, nella notte tra il 9 e il 10 luglio 1943, gli Alleati, mettendo in campo due potenti armate, una americana comandata dal gen. Patton e l'altra britannica guidata dal gen. Montgomery, comprensive di ben 160.000 uomini, sostenuti da 286 navi e da due portaerei, sbarcarono la prima nel golfo di Gela e l'altra nel golfo di Siracusa, la Sicilia era già prostrata dai disagi della lunga guerra e dagli intensi bombardamenti „preparatori" che avevano preceduto l'inizio dell'*Operazione Husky*, nome in codice del piano strategico dell'invasione.

Gli eserciti italiano e tedesco, con aspri combattimenti di contrasto, riuscirono solo a ritardare l'occupazione dell'isola, che si concluse il 17 agosto successivo.

Per governare il primo territorio strappato alle potenze dell'Asse era stata creato dagli anglo-americani l'A.M.G.O.T. (Governo Militare Alleato dei Territori Occupati).

A Lentini gli Alleati entrarono il 15 luglio 1943. Il Comune era allora amministrato dal Podestà[1] colonnello cav. **Luigi Bugliarello** (1880-

---

1 Dal 3-9-1926 erano stati soppressi gli organi elettivi dei Comuni (Consiglio Comunale, Giunta e Sindaco), i cui poteri erano stati attribuiti a Podestà di

1973), discendente da una famiglia del notabilato locale, un militare di carriera che aveva combattuto nella Grande Guerra, nella guerra di Spagna (al comando di un reparto fascista di finti volontari fiancheggiatori del futuro *caudillo* Francisco Franco) e nel conflitto in corso, battendosi sempre con onore.

Proprio durante il suo mandato erano accadute in città alcune cose di una certa rilevanza:

1) Il Partito Comunista, che si era ricostituito clandestinamente nel 1933 sotto la guida dell'ebanista **Filadelfo Nigro**[2], intensificò la sua attività cospiratoria, specialmente dopo la battaglia di Stalingrado, che aveva sgretolato il mito dell'invincibilità dell'esercito nazista. Alcuni suoi militanti presero a riunirsi nelle grotte di Santa Aloi: Delfo Nigro, Giovanni Arena, Paolo Di Giorgio, Filadelfo Santocono, Ignazio Magrì, Cirino Speranza, Vincenzo Pulvirenti e l'allora giovanissimo Giulio Brunno[3].

2) Anche fra gli antifascisti di Lentini genericamente intesi c'era stato gran movimento. A parte quelli che si erano appartati senza mai piegarsi al dilagante regime totalitario e che si erano limitati a scambiare qualche riflessione e qualche speranza di riscatto nella

---

nomina governativa. Il col. Bugliarello, prima di essere nominato Podestà, era stato Commissario Prefettizio (26-3-1943/29-5-1943).

2 Si veda, sull'argomento, l'Archivio di Filadelfo Nigro in Istituto Gramsci di Palermo.

3 Giulio Brunno è stato segretario della Camera del Lavoro (1948), al tempo dei famosi „Fatti della Vaddara" (1948), segretario della sezione del PCI di Lentini (1948-49) e, in tarda età, presidente del „Circolo Anziani" di Lentini. In quest'ultimo periodo Brunno venne intervistato da chi scrive su varie vicende della storia politica contemporanea.

falegnameria di Delfo Nigro o nella sartoria di Sebastiano Scatà in Via Conte Alaimo, molti di loro avevano pagato un grosso tributo alla loro lotta per la libertà, andando ad ingrossare le file degli arrestati, dei confinati, degli ammoniti, come ad esempio i socialisti Filadelfo Castro[4] e Rosario Mangano, i comunisti Francesco Marino, Nello Arena, Delfo Nigro, Delfo Santocono, Paolo Di Giorgio, Carmelo Ansaldo, l'evangelico avventista farmacista Paolo Zarbano[5], il libertario Francesco Martinez[6] e il più noto Natale Vella[7].

E fu appunto **Vella** ad avere un ruolo molto importante nell'organizzazione del convegno regionale antifascista[8], che ebbe luogo per impulso del Centro Interno comunista, che aveva inviato in Sicilia un suo emissario, nientepopodimeno che lo scrittore siracusano Elio Vittorini (1908-1966), il quale aveva preso contatto col comunista nisseno Calogero Boccadutri.

---

4   Per una biografia di Filadelfo Castro vedi di Ferdinando Leonzio *Filadelfo Castro, una vita socialista*, pubblicato nel 2004 dal Kiwanis Club di Lentini, a corredo di una conferenza sul tema tenuta dall'autore il 20-11-2004 nell'Auditorim comunale di Via Focea.

5   Il pensiero politico-religioso di Zarbano è esposto, fra l'altro, in due noti saggi: *Il regno di Dio*, C.I.T.E.M., Catania e *Canali capillari di potenza*, tipografia Saluta, 1945.

6   Lo spaccapietre Francesco Martinez era stato gerente dell'organo degli anarchici siciliani *Il seme anarchico*, pubblicato dal 14-8-1921 al 12-3-1922.

7   Di Natale Vella si veda il prezioso memoriale *Lentini dell'Antifascismo. Dal 1921 al 1943* (Istituto Gramsci – Palermo). In qualche misura Vella potrebbe essere considerato un „comunista anarchico".

8   Sull'episodio si veda, di F. Pezzino-L. D'Antona-S. Gentile, *Catania tra guerra e dopoguerra*. Edizioni del Prisma, Catania, 1983, pagg. 124-125.

Il convegno si svolse a Lentini in casa di Cirino Speranza, in via Degli Operai, ai primi di maggio, a ridosso della festa di sant'Alfio, perché i convegnisti non dessero nell'occhio, potendosi mescolare ai molti forestieri che affluivano in Città per la festa.

Vi parteciparono, secondo il racconto di Vella, Franco Grasso (Palermo), Calogero Boccadutri, Nicola Piave, Angelo Berretta (Caltanissetta), Salvatore Renda (Trapani), Nino Graffeo (Siracusa), Rosario De Luca, Luigi Favara, Luciano Pistritto (Carlentini), Marco Fleres, Delfo Nigro, Cirino Speranza, Natale Vella (Lentini). Dal convegno scaturì l'intesa di appoggiare l'eventuale sbarco degli Alleati e di sostenerlo, se necessario, anche con le armi.

3) Alcuni caporioni fascisti, subito dopo lo sbarco angloamericano, subdorando l'imminente sconfitta, nonostante il bellicoso „Discorso del bagnasciuga" del loro Duce, avevano pensato bene di nascondere l'archivio del locale partito fascista, sotterrandolo, onde eliminare le prove delle soverchierie messe in atto durante il ventennio. Perché sotterrarlo e non bruciarlo? Senza grande sforzo si può ipotizzare che, non essendo per loro del tutto scontata la vittoria degli Alleati, essi avrebbero potuto riprenderlo se "gli invasori" fossero stati ricacciati in mare; mentre, in caso di sconfitta nazifascista, sarebbe rimasto dov'era, come in effetti accadde.

4) Il 14 luglio 1943 l'ultimo podestà di Lentini Bugliarello, che era più militare che fascista, fu protagonista di un episodio che gli procurerà la giusta riconoscenza della cittadinanza. Il gruppo di militari tedeschi che alloggiava nella scuola ex Monastero (Badia) aveva collocato in piazza alcuni mortai, puntati verso la vicina Carlentini, per realizzare l'assurdo tentativo di rallentare l'avanzata della po-

tente armata alleata che da Augusta si dirigeva verso Catania, sostenuta dalle sue „superfortezze volanti" (aerei B17), capaci di oscurare il cielo al loro passaggio[9]. Una simile azione avrebbe provocato una battaglia che avrebbe avuto come epicentro Lentini e Carlentini, che inevitabilmente sarebbero state rase al suolo. Se ne rese subito conto il podestà, esperto militare, il quale chiese al fanatico ufficialetto che comandava il gruppo tedesco di andare a piazzare fuori città i suoi mortai. Di fronte al rifiuto del tedesco, a Bugliarello non restò altro che indossare la sua divisa di colonnello ed ordinare, in tale veste, lo spostamento dei militari e dei mortai. L'ordine venne prontamente eseguito e il gruppo andò a raggiungere le truppe italo-tedesche attestate nella zona intorno al ponte di Primosole, sul fiume Simeto, ad oltre 10 km a sud di Catania, dove si svolgerà una sanguinosa battaglia.

Con tali premesse, parve naturale al rappresentante dell'AMGOT, il maggiore inglese Peter, riconfermare Bugliarello nelle sue funzioni di podestà di Lentini, mentre alcuni caporioni fascisti furono per breve tempo confinati a Priolo.

Intanto, su scala nazionale, avvenimenti sensazionali si susseguivano l'uno all'altro: il 25 luglio 1943 caddero Mussolini (che fu arrestato) e il suo regime; gli subentrò un governo Badoglio, composto di tecnici e di militari, che mentre continuava la guerra a fianco dei tedeschi, trattava segretamente con gli Alleati, con i quali concluse, il 3 settembre, l'armistizio di Cassibile, che fu reso noto il successi-

---

9   Con riferimento ai bombardamenti dell'aviazione alleata, la fantasia popolare aveva creato una filastrocca che iniziava così: *L'apparecchiu miricanu / jetta bommi e si ni va.*

vo 8 settembre. Il re, la sua corte e il suo governo all'alba del giorno dopo, fuggirono nel Sud, per mettersi sotto la protezione degli Alleati, mentre i tedeschi attaccarono ogni reparto italiano che non si arrendeva a loro. Il più noto episodio di resistenza si ebbe a Cefalonia, dove i 5.170 militari italiani che non si erano voluti arrendere furono trucidati dai nazisti. Fra essi i lentinesi Arturo Carlo Immolo e Cirino Pupillo.

Dei militari che non si arresero una buona parte si diede alla macchia, andando ad ingrossare le file della Resistenza nell'Italia del Nord, occupata dai tedeschi, che avevano anche liberato Mussolini. Il Duce vi aveva instaurato la Repubblica Sociale Italiana (RSI) e rifondato il movimento fascista col nome di Partito Fascista Repubblicano (PFR).

Anche al movimento partigiano Lentini diede il suo contributo, annoverando fra i combattenti il medico Luigi Briganti (Medaglia d'oro della Resistenza), l'avvocato Salvatore Lazzara (ufficiale partigiano), il sottotenente Salvatore Cormaci, caduto in Montenegro (Medaglia d'argento alla memoria), il tenente Francesco Tringali (fucilato dai tedeschi nei Balcani), Antonio Caldarella, caduto in Albania gridando "Viva l'Italia" (Medaglia d'Argento), l'ufficiale partigiano Cirino Paone, caduto a Cantalupo, presso Alessandria (Medaglia d'Argento alla memoria).

Nel „Regno del Sud"[10], occupato dagli eserciti degli Alleati, dove intanto si era installato il governo legittimo, la vita riprendeva lentamente ma tumultuosamente.

Il podestà[11], non sappiamo quanto spontaneamente, si adattò alla nuova situazione, come fa supporre una sua delibera con cui decise di cambiare la denominazione di alcune vie, già intitolate a persone o simboli del fascismo: ad esempio Via Michele Bianchi (quadrumviro del fascismo) divenne Via Giosué Carducci, p.zza Costanzo Ciano (consuocero del Duce) divenne p.zza dell'Unione („la rotonda"), Via Del progresso fascista perse l'aggettivo, mentre il ginnasio comunale, prima intitolato al fratello del Duce Arnaldo Mussolini, fu più appropriatamente intitolato al concittadino e filosofo Gorgia.

Bugliarello, forse a disagio nel nuovo clima politico che si respirava in città, lasciò il potere comunale nel novembre 1943.

Al suo posto l'AMGOT nominò (13 novembre 1943) un ex maggiore dei carabinieri, il dott. **Vincenzo Magnano di S. Lio**[12], di sentimenti monarchici ed antifascisti, il quale allargò il numero di modifiche

---

10 Il "Regno del Sud" viene datato dal settembre 1943 (armistizio al giugno 1944 (liberazione di Roma). La sua sede fu fissata prima a Brindisi e poi, dal febbraio 1944, a Salerno, dove fu costituito un secondo governo Badoglio con la partecipazione dei partiti del C.L.N. Il 13-10-1943 il Governo dichiarò guerra alla Germania nazista, per cui l'Italia divenne *cobelligerante* degli Alleati.

11 Dal 23-10-1943 Bugliarello continuò a deliberare, conservando gli stessi poteri di prima, ma col titolo di Sindaco.

12 Un figlio dell'ex sindaco, Giovanni, noto avvocato in Roma, nel 2008 ha pubblicato un romanzo storico, intitolato *Le foglie d'acànto*, che ha come sfondo Lentini.

della toponomastica cittadina: Via Siracusa diventò Via Matteotti (definito in una targa da apporre nella stessa strada „"assertore della libertà e vittima della tirannia – 1885-1924"), mentre p.zza dell'Unione divenne p.zza Luigi Beneventano (già senatore del Regno).

Dal 5 gennaio 1944 al sindaco furono affiancati quattro assessori, probabilmente per rendere più collegiale la sua solitaria gestione della cosa pubblica. Si trattava di Gaetano Amore, persona a lui assai vicina, del socialista Alfio Ferrauto (poi da Magnano nominato vicesindaco), del sig. Sebastiano Cicero e del prof. Alfio Moncada, preside della Scuola di Avviamento Professionale, che in seguito sarà il primo consigliere comunale della Democrazia Cristiana.

Fu durante il mandato di Magnano, specialmente quando la Sicilia tornò sotto la sovranità del governo nazionale (11-2-1944), che si ebbe il risveglio della politica, per vent'anni compressa dalla gerarchia fascista e perciò ora assetata di libertà e ricca di iniziativa.

Inizialmente il risveglio interessò essenzialmente socialisti e comunisti.

A riorganizzare i primi ancora una volta provvide Delfo Castro, resosi irreperibile fin dal 1941 per sfuggire all'ennesimo possibile arresto. Il PSIUP[13] esordì con una commemorazione di Giacomo Matteotti, tenuta nel cinema *La Ferla* (Via Garibaldi) dall'avv. Luigi Castiglione, grande penalista di Catania e socialista da sempre[14].

---

13 Il PSI nel 1943 si era unificato col MUP (Movimento di Unità Proletaria) e con UP (Unità Proletaria) ed aveva perciò assunto la denominazione di PSIUP (Partito Socialista Italiano di Unità Proletaria).

Militavano allora nelle file del PSIUP il dipendente comunale Severino Ielo (braccio destro di Castro e poi suo vicesindaco), il pittore Peppino Aliano[15], il maestro Giuseppe Sferrazzo, l'ing. Carlo Cicero, futuro presidente del Centro Studi Notaro Jacopo, il calzolaio Ferdinando Celza, i commercianti Salvatore D'Anna, Orazio Ramondetta e Alfio Ventura, i braccianti 'Nzulu (Vincenzo) Garrasi, trombettiere[16] della fanfara, Puddu Saccà e Giuseppe Di Mauro...

Nel partito comunista, la cui sede, a partire dal 1° giugno 1944 per moltissimi anni sarà in Via Roma 10, spesso affollatissima per ascoltare da una vecchia radio i bollettini di guerra di Radio Londra e Radio Mosca, la guida fu assunta dalla vecchia guardia prefascista, già da tempo organizzata. Ad essa si aggiunsero due personaggi di grosso spessore, entrambi destinati a diventare sindaci di Lentini ed entrambi oratori di altissimo livello: **Nello Arena** (1915-1984) e **Giovanni Pattavina** (1919-2004).

---

14 I socialisti ripresero possesso della loro storica sede nell'edificio collocato all'angolo tra Via Italia e Via Roma.

15 Quando i lavoratori occuparono i locali del vecchio „Dopolavoro" fascista in Via Conte Alaimo, insediandovi il sindacato unitario CGIL (costituito col „Patto di Roma" del 3-6-1944, firmato da Giuseppe Di Vittorio per il PCI, da Achille Grandi per la Dc e da Emilio Canevari per il PSIUP) fu proprio il pittore Aliano a dipingere sull'ingresso la scritta „Camera del Lavoro", che ancor oggi si legge.

16 Socialisti e comunisti eran dotati ciascuno di una fanfara (piccola banda musicale) che, nei cortei che percorrevano la città, suonavano l'*Inno dei Lavoratori*, *Bandiera Rossa* e *L'Internazionale*.

Arena aveva un passato di attivo antifascista (era stato confinato alle Tremiti e a Polistena per aver tentato di costituire una cellula comunista), il carisma del leader e il senso della missione[17].

Giovanni Pattavina, ex ufficiale e futuro professore di lettere, filosofo, scrittore e saggista[18], fu protagonista di imprese memorabili, come quella volta che intraprese un contraddittorio oratorio (allora ammesso) con un esponente del movimento separatista[19], arrampicandosi su un palo della luce, per mettersi allo stesso livello del comiziante ufficiale che parlava dal balcone del municipio. O come quando partecipò, nei locali della sacrestia della Chiesa Madre ad un dibattito a due sull'esistenza di Dio con l'illustre concittadino, nonché preparatissimo teologo, padre Insolera[20].

Il 20 gennaio 1945 si insediò al vertice del Comune il Commissario Prefettizio rag. **Guglielmo Li Greci**, che rimarrà in carica fino alle prime elezioni amministrative democratiche, che saranno tenute il 17 marzo 1946. La scena politica di allora si presentava alquanto

---

17 Questi i versi conclusivi di una sua poesia intitolata *Lu me ritrattu a vint'anni*: „*Parrannumi di lotta suciali / mi jettu sempri contra lu patruni / e fazzu scatinari 'n timpurali*".

18 Delle sue numerose opere ci limitiamo a citare *Come passera monogama* (romanzo), *La teoria materialistico-dialettica della mente o psiche* e *L'Homo sapiens. Un enigma risolto. Trattato scientifico della conoscenza.*

19 A Lentini il movimento separatista ebbe una vita effimera, pur riuscendo ad aprire una sede in Via Paradiso, con esponenti Tano Consiglio, Turi Grimaldi e Ciccio Valenti.

20 Il dibattito fu seguito con attenzione da un intimo amico dei due conferenzieri, il giovane intellettuale Giovanni Evelino Leonzio, il quale dedicò all'avvenimento la sua unica poesia (160 versi) *Il diavolo in sacrestia*.

animata da comizi, assemblee, cortei ed anche dalle poesie dialettali recitate in piazza dal poeta Giuseppe Brancato[21].

Essa era dominata dalla rivalità tra il leader socialista Delfo Castro, cui era legata gran parte della classe contadina, memore delle antiche lotte per la terra e che era seguito dagli assegnatari di Bonvicino (i cosiddetti „bonvicinoti") e dalla categoria dei carrettieri, e quello comunista, il geometra Francesco Marino, instancabile cooperatore che aveva fondato nel 1943 la cooperativa *Unione*, con circa 3000 soci[22]. Il partito comunista era però agitato al suo interno dall'irrequietezza rivoluzionaria di Arena, che aveva costituito il Movimento Comunista, autonomo rispetto alla sezione ufficiale del PCI.

Scarsa influenza avevano in città il Partito d'Azione[23], rappresentato dall'avv. Sebastiano Scarfì e il Partito Repubblicano, cui aderivano il barbiere Alfio Cannone e il medico dott. Milazzo.

Mancava ancora, a Lentini, una presenza organizzata della Democrazia Cristiana[24], la quale però aveva alle spalle una solida Azione Cattolica, creata, nei suoi vari rami, dal parroco della Chiesa Madre, mons. Francesco La Rosa[25], che era anche un politico di razza.

---

21 Di Giuseppe Brancato si può vedere la pubblicazione *Le cicogne*, foglio VI, aprile 2001.

22 Il bracciantato senza terra osannava il Marino ritmando *Vulemu u pani / vulemu u vinu / e Cicciu Marinu!*

23 La sua sede era in p.zza S. Luca.

24 La Dc era nata il 30-10-1942 dalla confluenza degli ex popolari, capeggiati da Alcide De Gasperi, di esponenti dell'Azione Cattolica (FUCI, Movimento Laureati) e di altri gruppi minori. A Lentini sarà presente a partire dagli anni '50.

25 Su padre La Rosa si veda, di Giuseppe La Pira, *Mons. Francesco La Rosa*, Misterbianco, 2002.

Tanto è vero che essa, nel 1944, partecipò al locale CLN (Comitato di Liberazione Nazionale) con il dott. Sebastiano Panebianco (poi sostituito dal sig. Sebastiano Cicero), l'ing. 'Nzinu (Vincenzo) Ragazzi e il prof. Alfio Rossitto[26].

La destra nostalgica e quella conservatrice se ne stavano in disparte, guardinghe e timorose che potessero generarsi possibili sviluppi rivoluzionari dalle continue agitazioni sociali, causate dalla penuria di generi di prima necessità, dal mercato nero e dalla crescente inflazione ed anche per l'andamento del conflitto in corso nel Settentrione, che si conclude il 25 aprile 1945 col crollo del nazifascismo e la conseguente liberazione dell'intero territorio nazionale. Intanto l'Armata Rossa dilagava nell'Europa orientale.

Alla fine essa troverà una collocazione politica nel movimento dell'Uomo Qualunque[27] che, seppure non si identificasse col recente passato dittatoriale, era fortemente ostile ai partiti del CLN[28].

La fine della guerra aprì la strada alle elezioni amministrative che a Lentini si sarebbero svolte il 17 marzo 1946 e che furono causa di rimescolamenti politici in particolare nel campo delle sinistre. Il Mo-

---

26 Gli altri componenti del CLN di Lentini inizialmente erano Francesco Marino, Ignazio Magrì, Cirino Speranza (PCI), Salvatore Formica, Michele Lo Presti, Gaetano Baracca (PSIUP), Filadelfo Brogna, Gaetano Inserra e Filadelfo Panebianco (Pd'Az.), che ne era il presidente.

27 Il 17 dicembre 1944 il commediografo napoletano Guglielmo Giannini pubblicò il primo numero del settimanale *L'Uomo Qualunque*, a cui era seguì, dopo poco tempo, la costituzione dell'omonimo movimento politico.

28 Partito Comunista Italiano, Partito Socialista Italiano di Unità Proletaria, Partito d'Azione, Democrazia del Lavoro, Democrazia Cristiana, Partito Liberale Italiano.

vimento Comunista, guidato da Arena, ruppe con la sezione ufficiale del PCI e decise di presentare propri candidati nella lista del PSIUP.

Il sistema elettorale, applicato quella sola volta, per eleggere i 30 consiglieri comunali spettanti a Lentini, stabiliva che ogni elettore potesse esprimere non più di 24 preferenze[29] (tanti quanti potevano essere i candidati di ogni lista), con la facoltà di cancellare dalla lista scelta alcuni nomi, che poteva sostituire con nomi di candidati di altre liste, purché il totale non superasse le 24 preferenze.

Nella lista socialista figuravano 16 socialisti, 2 azionisti[30] e 6 rappresentanti del movimento comunista[31].

La lista comunista, guidata da Giovanni Pattavina, comprendeva esponenti della vecchia guardia (Marino, Magrì, Santocono, Speranza, Scatà) e giovani reclute[32] ed ospitava il repubblicano storico Alfio Cannone e l'indipendente Elena Nipitella[33], che saranno entrambi eletti.

Una lista civica raccoglieva elementi conservatori o moderati di varia estrazione (cattolica, nostalgica, liberale) ed era capeggiata dal

---

29 Si voleva in tal modo garantire una rappresentanza alla minoranza.
30 Carmelo Conti e Sebastiano Scarfì.
31 I sei candidati „areniani" erano: Filadelfo Maci, Giuseppe Di Giorgio, Filadelfo Miuzzo, Filadelfo Caponetto, Antonio Fazio, Maria Berio.
32 Il commerciante Vincenzo Crisci e il maestro Salvatore Di Mauro, noto per il suo inseparabile mezzo sigaro.
33 La signora Nipitella sarà la prima donna in assoluto a sedere nei banchi del Consiglio Comunale di Lentini. Essa, giovanissima, era moglie dell'allora minorenne Sebastiano Centamore, destinato a diventare un leader del PSI negli anni '60 e '70, e che allora orbitava negli ambienti della Camera del Lavoro.

monarchico Vincenzo Magnano di S. Lio, già sindaco nel periodo dell'occupazione inglese. Ne facevano parte, tra gli altri, l'ing. Vincenzo Ragazzi, il rag. Francesco Bombaci, il rag. Sebastiano Neri, l'avv. Giuseppe Bruno.

Nel corso della campagna elettorale, grazie all'intervento del dirigente comunista siciliano Umberto Fiore, prestigiosa figura di antifascista (esilio, carcere, confino), che parlò ad un'affollatissima assemblea dei sodali di Arena, facendo appello all'indispensabile unità di tutti i comunisti, il Movimento Comunista rientrò nel PCI.

Il che significava che, se qualcuno dei suoi candidati nella lista del PSIUP fosse risultato eletto, avrebbe lasciato il gruppo socialista per aderire a quello comunista.

Di conseguenza Castro, per impedire questa eventualità, impartì la direttiva all'elettorato socialista (allora disciplinatissimo) di cancellare dalla lista proprio i sei areniani, nessuno dei quali fu eletto.

I risultati finali, anche in conseguenza del sistema elettorale, furono eclatanti: i 18 candidati socialisti e azionisti della lista del PSIUP furono tutti eletti, mentre i restanti 12 seggi andarono al PCI.

La bandiera rossa tornava a sventolare su Lentini come nel 1920: il ventennale regime non aveva intaccato per nulla la combattività del proletariato lentinese, che aveva procurato a Lentini l'appellativo di *Repubblica leontina*.

La nuova amministrazione comunale[34], capeggiata, come nel 1920 da Filadelfo Castro, fu un monocolore socialista composto da Severino Ielo, Salvatore D'Anna, Sebastiano Scarfì, Alfio Crifò e Francesco Falcone, cui poi fu aggiunto Ferdinando Celza.

Le elezioni per l'Assemblea Costituente che si tennero il 2 giugno 1946, unitamente al referendum istituzionale, confermarono l'orientamento a sinistra dell'elettorato lentinese. La Repubblica prevalse col 65,8 % dei voti contro il 34,2 % conseguito dalla Monarchia, superando così di molto il 54,3 % della vittoria repubblicana a livello nazionale.

I risultati delle votazioni per l'Assemblea Costituente, tenutesi col sistema proporzionale, diedero la misura del radicamento in città delle varie forze politiche: PSIUP 33 %, PCI 23,1 %, DC 12,5 %, BNL (monarchici) 7,7 %, UQ 6 %, MIS (separatisti) 5,25 %, PRI 1,5 %, Pd'Az. 1,3 %. Il resto andò a liste sparse.

Sembrava dunque che la Lentini socialista del 1920, sopraffatta ma non sradicata dal ventennio nero, fosse risorta nel 1946. Quanto sarebbe durata?

---

34 Il Consiglio Comunale si insediò il 1° aprile 1946. Il giorno 23 dello stesso mese, a causa del grave disagio sociale provocato dalla mancanza di beni essenziali, dalla fame di terra dei braccianti, dai lutti e dalle invalidità causati dalla guerra, ebbe luogo un moto di piazza anarcoide, con assalto ai forni, alle case di ricchi e benestanti e requisizione di derrate. L'ammasso fu poi trasferito a Siracusa.

3 - Lentini dal Socialismo al Comunismo: 1946-1952

Filadelfo Castro

La clamorosa vittoria dei socialisti alle elezioni amministrative del 17 marzo 1946[35], confermata anche dai risultati delle elezioni per la Costituente del 2 giugno successivo, fu altrettanto importante della loro vittoria del 1920, quando, per la prima volta[36] nella storia della Città, essi conquistarono il Comune[37].

---

35 I socialisti (PSIUP) conquistarono 18 seggi su trenta. La vittoria socialista fu resa ancora più eclatante dal fatto che i 12 consiglieri di minoranza furono tutti attribuiti al PCI. Anche se questo risultato era stato in qualche modo gonfiato dal meccanismo della legge elettorale, questo quadro politico-istituzionale rese Lentini famosa nell'intero territorio nazionale come roccaforte della Sinistra classista.

36] In realtà i capi e fondatori del socialismo locale, gli avvocati Vincenzo Consiglio Zappulla, Francesco Sgalambro e Raimondo Bruno, erano già entrati (alleandosi coi „moderati") nella Giunta Comunale, dopo essere transitati nel nuovo partito costituito dai riformisti di destra bissolatiani (PSRI) che erano stati espulsi dal PSI nel suo congresso di Reggio Emilia del 7-7-1912. Avevano anche, per un certo periodo, ottenuto la sindacatura nella persona dell'avv. Bruno (26-11-1916/22-7-1919).

37 Nel 1920 il PSI ottenne in Consiglio Comunale 24 seggi su 30. I restanti 6 seggi andarono alla minoranza nazionalista.

Il nuovo successo infatti dimostrava il radicamento nel proletariato lentinese degli ideali socialisti, neanche scalfiti da vent'anni di dittatura fascista.

Eppure, alla luce dell'esperienza successiva, quel successo si rivelò gracile per tre motivi fondamentali:

1- La rissosità del movimento socialista italiano, accentuata a Lentini dalla rivalità Castro-Marino.

2 – L'affermarsi, all'interno del PCI, di un giovane e combattivo gruppo dirigente, perfettamente allineato con la tattica del „partito nuovo", che seppe approfittare politicamente delle vicissitudini socialiste.

3 – La scelta dei ceti moderati cittadini di schierarsi all'ombra dello Scudo Crociato, per combattere in prima persona e arginare efficacemente la crescente forza del PCI cittadino.

Il PSI[38], che dopo la unificazione con il MUP e con UP, aveva assunto la denominazione di PSIUP[39], era al suo interno poco omogeneo, in quanto vi confluivano portatori di varie esperienze: i vecchi militanti tornati dall'esilio (Nenni, Saragat, Modigliani), quelli usciti dal carcere (Pertini), quelli provenienti dal Centro Interno (Morandi), gli ex esponenti del MUP (Basso), i giovani di UP (Vassalli, Zagari, Vecchietti), i partigiani (Bonfantini).

---

38 Il PSI era stato clandestinamente ricostituito il 20-9-1942, con segretario Giuseppe Romita.

39 Il PSIUP, costituitosi il 23-8-1943, aveva come leader Pietro Nenni, segretario del partito e direttore dell'*Avanti!* e un prestigioso gruppo dirigente, di cui facevano parte Sandro Pertini, Rodolfo Morandi, Giuseppe Saragat, Giuseppe Faravelli, Giuliano Vassalli, ecc.

Questa gloriosa ma eclettica pattuglia entro poco tempo si divise in tre correnti: la „sinistra" di Basso, cui guardava anche Nenni, che privilegiava l'unità di classe col PCI, per frenare ogni tentativo di restaurazione della vecchia italia prefascista; „Iniziativa Socialista", che raccoglieva essenzialmente i giovani (Matteo Matteotti, Vassalli, Zagari), ma non solo, la quale, pur collocandosi su battagliere posizioni di sinistra, era schierata per una lotta autonoma socialista e per un'intesa col socialismo europeo, capace di costruire una reale alternativa al comunismo e al capitalismo; „Critica Sociale", che raccoglieva i vecchi riformisti (Faravelli, Modigliani, D'Aragona) che ruotavano attorno alla rinata omonima rivista, un tempo diretta da Turati, cui guardava Giuseppe Saragat, i quali erano fautori della piena autonomia del partito.

La convivenza non fu difficile fino al congresso dell'aprile 1946, che si concluse con un compromesso fra le correnti[40], quanto mai opportuno, vista l'imminenza delle votazioni per il referendum istituzionale e per l'elezione dell'Assemblea Costituente.

Ma col successivo congresso di Roma del gennaio 1947 l'unità socialista fu spezzata[41] dalla scissione detta „di Palazzo Barberini", con

---

40 Il congresso ebbe luogo a Firenze dal'11 al 16 aprile 1946. Dato il sostanziale equilibrio tra la „sinistra" da un lato e gli „autonomisti" (Iniziativa Socialista e Critica sociale) dall'altro, segretario del partito fu eletto Ivan Matteo Lombardo e presidente Pietro Nenni.

41 In quell'occasione il PSIUP ritornò all'antica denominazione di PSI, con segretario Lelio Basso e direttore dell'*Avanti!* Pietro Nenni. Il 21-10-1947 vi confluì la maggioranza del Pd'Az. (Riccardo Lombardi, Francesco De Martino, Vittorio Foa).

cui il le correnti autonomiste diedero vita (11-1-1947) al Partito Socialista dei Lavoratori Italiani" (PSLI).

A Lentini, sotto la guida di Castro, il partito aveva assunto un accentuato carattere autonomista e di forte rivalità col partito comunista, come dimostrava, con plastica evidenza, la formazione di un monocolore socialista al Comune, lasciando fuori dell'area del potere i comunisti; i quali, pur nel formale rispetto del „Patto di unità d'azione" vigente sul piano nazionale fra i due partiti operai, ricambiavano la „cortesia" con altrettanta animosità. Lo si vide fin dalla seduta d'insediamento del Consiglio Comunale, quando il leader comunista Marino propose (senza successo) di invalidare l'elezione del braccio destro di Castro, Severino Ielo[42].

Sullo sfondo di questo curioso, rispetto ai tempi, contrasto, si intravvedeva la diversa composizione sociale delle basi delle due formazioni politiche. Stavano con Castro e col PSIUP la maggior parte dei contadini, coltivatori diretti e piccoli proprietari, soci di cooperative che avevano ottenuto il loro appezzamento di terreno, che la piantagione ad agrumeto aveva reso abbastanza fruttifero; cioè, nel PSIUP lentinese militavano, per dirla con la pittoresca frase di un ex bracciante, quelli „che avevano la mula"; c'era poi con Castro la „corporazione" dei carrettieri, i camionisti e tassisti del tempo, legati al leader socialista probabilmente per via dell'antica sua pro-

---

42 In quanto dipendente comunale al momento della presentazione della lista. Qualche tempo dopo (luglio 1949) Castro riuscì a far decadere da consigliere proprio il Marino, per una presunta incompatibilità col suo ruolo di presidente della cooperativa *Unione*, che aveva appaltato dei lavori comunali.

fessione (esercitata con maestria) di pittore, appunto, di carretti siciliani.

Con i comunisti, a parte la pattuglia dei fondatori e degli antifascisti, quasi tutti artigiani, stava la massa dei braccianti senza terra, costretti a lavorare a giornata e solo in alcune stagioni, i quali vedevano il loro riscatto non in una vaga prospettiva di graduali riforme, ma in un rivolgimento rivoluzionario, che risolvesse di colpo il problema impellente del pane quotidiano.

Con questa divisione in classi si intrecciava anche una notevole divisione generazionale: mentre i vecchi socialisti in maggioranza restavano fedeli alla loro bandiera, i loro figli spesso si schieravano col PCI, ritenuto assai più determinato nell'azione politica e sindacale, come aveva dimostrato Peppino Stalin infliggendo una sonora batosta ai nazifascisti[43].

Si aggiunga, infine, la rivalità tra Castro (1884-1961)[44] e Marino (1893-1961), dotati entrambi di una forte personalità, capace di affascinare le masse.

Castro, che partecipò, come delegato, al congresso del gennaio 1947, quando fu messo di fronte alla scelta se seguire gli scissionisti

---

43 A titolo di esempio citiamo il caso di due giovani comunisti, in seguito abbastanza noti, figli di due vecchi socialisti: Cirino Garrasi e Paolo Di Falco.

44 Per comprendere la personalità di Castro occorre ricordare la forte polemica, sia politica che personale, tra lo stesso e gli scissionisti, poi comunisti, del 1921 ed anche la delusione per il nullismo massimalista che, nel primo dopoguerra, aveva involontariamente favorito il fascismo, cosa che l'aveva spinto, nel 1924, al seguito del deputato siciliano Vincenzo Vacirca, ad aderire al riformista PSU di Turati.

e aderire al nuovo partito oppure rimanere nella „vecchia casa", spedì un telegramma alla sua sezione per averne il parere[45].

La sezione di Lentini e l'intero gruppo consiliare aderirono in massa alla nuova formazione politica[46]. Di conseguenza a Lentini la scissione fu recepita solo come un semplice cambio di sigla: la politica dei „castriani" di rivalità coi comunisti rimase la stessa, amici e avversari continuarono a chiamarli „i socialisti", a loro rimase la storica sede di Via Italia, che continuerà (per sempre) ad essere chiamata „la casa dei socialisti".

Tanto più che il nuovo partito[47] si collocò all'opposizione del governo De Gasperi.

Un momento significativo di confronto fra il PSLI e il PCI di Lentini si ebbe in occasione delle elezioni regionali del 20 aprile 1947, che decretarono il capovolgimento dei rapporti di forza fra i due partiti della sinistra.

Il Blocco del Popolo (BDP) formato tra PCI e PSI, ma a Lentini praticamente sostenuto dai soli comunisti[48] ottenne, infatti, il 42,9 %

---

45 Non tutti gli autonomisti, infatti, a livello nazionale, aderirono al nuovo partito.

46 Pochissimi i socialisti lentinesi dissenzienti: Peppino Aliano, 'Nzulu Garrasi, Puddu Saccà, Andrea Magnano, Sandro Tornello e pochi altri.

47 Il PSLI inizialmente fu retto da una segreteria collegiale composta da Giuseppe Faravelli, Alberto Simonini e Giuliano Vassalli. Organo del partito era *L'Umanità*.

48 I „nenniani" (così erano detti i socialisti del PSI per distinguerli da quelli del PSLI, a loro volta chiamati „saragattiani") a Lentini avevano allora un peso elettorale pressoché insignificante. Il PSI riuscì ad aprire una sezione a Lentini solo a metà degli anni '50.

dei voti e, per di più, elesse deputato regionale il leader comunista Francesco Marino, mentre il PSLI di Castro dovette accontentarsi del secondo posto col 25,7 % dei voti.

Al terzo posto si classificò il Blocco Democratico Liberal Qualunquista (BDLQ), cartello elettorale formato tra liberali e qualunquisti, sotto le cui bandiere aveva trovato rifugio la destra, una variegata schiera di moderati, conservatori e nostalgici locali[49].

Si venne così a determinare, a livello istituzionale, una situazione piuttosto imbarazzante, soprattutto per Castro. Il Consiglio Comunale eletto l'anno precedente era composto solo da 18 socialdemocratici „castriani" e da 12 comunisti, mentre era ormai dimostrata in città la presenza di un centro-destra che rappresentava più o meno un terzo degli elettori[50], ma che non aveva rappresentanza in Consiglio Comunale

Inoltre la città era governata da un monocolore PSLI, ormai largamente superato nel consenso degli elettori, dalla minoranza consiliare, che però aveva la maggioranza relativa fra i cittadini.

Castro, politico navigato – spinto in ciò non solo da un prosaico calcolo politico, ma anche da un senso cavalleresco della democrazia - capì che era venuto il momento di fare un passo indietro, lasciando la direzione del Comune al partito che aveva più voti, che

---

49 La DC, non ancora organizzativamente presente in città, ottenne solo il 5,3 %, in quanto suscitava ancora diffidenza nella destra conservatrice di tutte le gradazioni, poiché era stata un partito del CLN e governava ancora, a livello nazionale, con PCI e PSI.

50 Il 2-6-1946, in occasione del referendum istituzionale, i monarchici avevano conseguito il 34,2 %.

in ogni caso sarebbe stato condizionato dalla maggioranza socialdemocratica che egli saldamente controllava.

Fu dunque eletta (18-6-1947) una nuova Giunta Comunale PSLI-PCI, guidata dal giovane capogruppo comunista **Giovanni Pattavina**, con tre assessori socialdemocratici[51] e tre comunisti[52].

Ma alcuni avvenimenti successivi provvidero a demolire il breve idillio fra i due partiti.

Circa un mese dopo l'elezione della nuova Giunta si dimise il governo tripartito DC-PCI-PSI (13-5-1947) e ne venne costituito uno nuovo, sempre presieduto da De Gasperi, ma composto da DC, PLI e indipendenti, dunque con l'esclusione di socialisti e comunisti, rompendo così l'unità antifascista, in assonanza con il sorgere nel mondo di due blocchi contrapposti.

Ma il fatto che segnò una frattura insanabile fra il PSLI e gli altri partiti di sinistra (PCI e PSI) fu l'ingresso (15-12-1947) dei socialdemocratici nel governo De Gasperi[53]; il che, agli occhi della sinistra, li qualificava come fiancheggiatori, se non complici della borghesia.

L'inevitabile polemica che ne seguì, anche sul piano locale, man mano che si avvicinavano le elezioni politiche, fissate per il 18 aprile 1948, non poteva non avere ripercussioni sulla politica comunale, vista la collocazione in fronti opposti dei due partiti che a Lentini

---

51 Severino Ielo, Alfio Crifò e Francesco Falcone.

52 Sebastiano Ventura, Salvatore Cattano e Gaetano Emanuele.

53 Anche il PRI seguì lo stesso percorso del PSLI. Iniziò da allora l'epoca dei governi quadripartiti (DC-PSLI-PRI-PLI) e del „centrismo", contrapposto al „frontismo" delle sinistre (PCI-PSI) e alle destre (PNM-MSI).

reggevano la cosa pubblica[54]. La polemica toccò il suo culmine con la presentazione (15-2-1948) da parte del gruppo consiliare del PSLI di una mozione di sfiducia nei confronti del sindaco Pattavina, che dopo varie polemiche si dimetterà, assieme agli assessori comunisti, dopo le elezioni politiche[55].

Il 6 luglio 1948 **Filadelfo Castro** fu rieletto sindaco, di nuovo con una giunta monocolore socialdemocratica[56] e il PCI ritornò all'opposizione.

Il quadro politico lentinese, così apparentemente stabilizzato, era però destinato a profonde modifiche.

Il PCI, avendo ormai riassorbita la dissidenza areniana, per il momento ripiegata nella bottega da orologiaio del loro leader Neddu Arena, era ancora governato dalla vecchia guardia prefascista e antifascista[57], intrisa di massimalismo e non del tutto rassegnata al-

---

54 La campagna elettorale si svolse in un clima di forte contrapposizione fra lo schieramento centrista governativo, in particolare la DC, ormai vista come la vera „diga" contro „il pericolo comunista" e il Fronte Democratico Popolare, che dal confronto elettorale uscì duramente sconfitto (i socialisti ancora di più, poiché i comunisti avevano meglio organizzato il gioco delle preferenze).

55 I risultati di Lentini riservarono qualche sorpresa. Per la Camera il Fronte Democratico Popolare (FDP) ebbe una flessione rispetto alle regionali, scendendo al 35,8 %; Unità Socialista (PSLI+ Unione dei socialisti di I.M. Lombardo), pur rimanendo al secondo posto, risalì al 29,7 %. La DC passò al 23 %, mentre la vecchia destra liberalqualunquista ne uscì indebolita.

56 Ne facevano parte Severino Ielo, Salvatore D'Anna, Alfio Crifò, Carmelo Conti, Francesco Falcone e Ferdinando Celza.

57 Delfo Nigro, Cirino Speranza, Delfo Santocono, Ignazio Magrì, Tano Giudice, Carmelo Ansaldo, Paolo Di Giorgio, ecc.

l'accantonamento della soluzione rivoluzionaria, come voluto da Togliatti. Essa era però capeggiata dall'on. Francesco Marino che, come cooperatore di primissimo piano, era politicamente assimilabile più ai vecchi riformisti emiliani che ai bolscevichi leninisti. Ma, all'ombra delle vecchie glorie dell'antifascismo si stava sviluppando una forte organizzazione giovanile, guidata da Giovanni Pupillo.

E intanto cresceva di tono la lotta bracciantile per la terra e per il lavoro, guidata dal sindacato unitario CGIL[58], del tutto egemonizzato dai comunisti.

Uno dei sistemi di lotta dei braccianti affamati era allora il cosiddetto „sciopero alla rovescia", con cui essi, senza il preventivo ingaggio, entravano nei feudi dei vari latifondisti, vi svolgevano dei lavori di miglioria o di coltivazione e poi chiedevano di essere pagati. Qualche volta i proprietari, impauriti dalla forza numerica della massa, pagavano; qualche altra volta, avendo fiutato il nuovo clima a livello governativo, chiamavano la polizia per fare sgombrare i lavoratori dai loro terreni. Cosa che avvenne anche in una mattina di ottobre del 1948. in seguito all'occupazione della „Vaddara"[59], in contrada Riina. L'intervento della polizia richiamò sul

---

58 L'unità della CGIL era però destinata a rompersi in seguito alla scissione dei sindacalisti democristiani, (settembre 1948) che porterà alla formazione della CISL, con leader Giulio Pastore e a quella dei sindacalisti socialdemocratici e repubblicani (giugno 1949) che darà luogo alla costituzione della UIL, guidata da Italo Viglianesi.

59 Sui „Fatti della Vaddara" si può vedere l'approfondito saggio di Marco Leonzio (inedito).

posto, dai vicini feudi, dove lavoravano, altri numerosi braccianti, che riuscirono a disarmare la forza pubblica.

La sera stessa la polizia, intervenuta in città con mezzi ingenti e numerosi uomini, operò una vera e propria retata che portò all'arresto di 52 persone, compresi alcuni dirigenti sindacali, fra cui il prestigioso leader contadino Mario Strano[60]

La notizia di quanto avvenuto rimbalzò sulla stampa nazionale ed approdò perfino in Parlamento; ma soprattutto scombussolò il vecchio gruppo dirigente comunista, che memore delle persecuzioni subite durante il fascismo, praticamente si eclissò per sottrarsi ad un paventato arresto.

Fu dopo questi avvenimenti che la direzione provinciale chiamò alla guida della sezione comunista e della massa bracciantile che la seguiva, l'organizzazione giovanile. **Giovanni Pupillo** divenne segretario della sezione, con un gruppo dirigente del tutto allineato con le posizioni nazionali e votato a combattere difficili battaglie politiche che si presentavano di lunga durata, piuttosto che a coltivare anacronisti sogni rivoluzionari. Ne facevano parte quadri politici destinati a ricoprire tutti un ruolo importante nel partito e nella vita politica lentinese, come Mario Strano, Guido Grande, Carmelo Baudo, Fortunato Mastrogiacomo, Cirino Garrasi, Peppino Calamaro, Ciccio Ciciulla, ecc.

Il nuovo gruppo dirigente volle anche emanciparsi dalla presunta tutela della vecchia guardia e lo fece soprattutto colpendone il lea-

---

60 I lavoratori imputati furono difesi da un combattivo gruppo di avvocati, fra cui il lentinese, ex ufficiale partigiano, Salvatore Lazzara.

der Marino, che venne espulso dal Partito[61], e accantonando gli altri, mentre il gruppo consiliare, abbandonato a se stesso, era dedito, anima e corpo, ad una dura opposizione all'amministrazione socialdemocratica[62]. Neutralizzati gli avversari interni, il nuovo gruppo dirigente del PCI si dedicò infine alla lotta contro i socialdemocratici, favorito in ciò dalla travagliata vita del socialismo italiano[63] e dalla trasmigrazione nell'invisa area governativa della socialdemocrazia; la quale, dal canto suo, precipitò in un anticomunismo sempre più „viscerale".

---

61 L'on. Francesco Marino, contrariamente alle direttive del suo gruppo, ma coerente con la sua lunga battaglia per la terra, nel 1950 aveva votato (27-12-1949), all'Assemblea Regionale Siciliana (ARS), a favore della riforma agraria proposta dal governo regionale (assessore regionale all'Agricoltura era Silvio Milazzo).

62 Un momento unitario però ci fu, quando il Consiglio Comunale, all'unanimità e per acclamazione, conferì alla bergamasca signora Virginia Gervasoni, vedova dell'illustre filantropo lentinese ing. Giuseppe Manzitto, la cittadinanza onoraria di Lentini. (Per la biografia di Manzitto vedi, di Ferdinando Leonzio, il libro *13 storie leontine*, Aped, Lentini, 2007).

63 Il PSI, dopo la scissione del PSLI (1947), aveva subito quella dell'Unione dei socialisti (1948), capeggiata da Ivan Matteo Lombardo, e quella del Movimento Socialista Autonomo (1949) guidato da Giuseppe Romita (1949). L'UdS e il MSA di erano poi fusi con la sinistra socialdemocratica (Mondolfo, Faravelli) e dato vita ad un terzo partito socialista, il Partito Socialista Unitario (PSU), politicamente collocato fra PSI e PSLI, col quale ultimo finirà col fondersi il 1° maggio 1951, dando vita al PS-SIIS (Partito Socialista- Sezione Italiana dell'Internazionale Socialista), in cui poi approdò Giancarlo Matteotti, proveniente dal PSI. Il PS-SIIS, nel suo congresso del gennaio 1952 modificò la sua denominazione, adottando quella definitiva di Partito Socialista Democratico Italiano (PSDI).

Intanto a Lentini anche il centro-destra, nelle sue varie articolazioni si andava assestando. Dopo la dissoluzione dell'Uomo Qualunque, cominciata con le elezioni del 18 aprile 1948, la parte cattolica dell'elettorato moderato (l'avv. Vincenzo Bombaci[64] e, più tardi, l'avv. Alessandro Tribulato, ex esponenti dell'Uomo Qualunque) aderì alla DC, unendosi ad altri militanti provenienti dall'Azione Cattolica, come i proff. Alfio Rossitto e Alfio Moncada, l'ing. 'Nzinu Ragazzi, il cav. Pasquale Valenti, il capitano Alfio Parisi e il commerciante Vincenzo Schiavone, mentre quella più laica, rappresentata soprattutto dagli avv. Giuseppe Bruno e Alfio Sgalambro, si collocò nel partito liberale.

L'elettorato „nostalgico" trovò invece una sponda nel neocostituito Movimento Sociale Italiano (MSI)[65], che, agli inizi del 1947, aveva aperto una sezione a Lentini per iniziativa del rag. Sebastiano Neri e del cav. Salvatore Zammataro, cui poco dopo si unì il cav. Attilio Iachelli.

Gli anni fra il 1948 e il 1951 furono caratterizzati, a Lentini, da una sostanziale inerzia della socialdemocrazia, tutta concentrata nell'Amministrazione Comunale; da un lavoro lento ma costante della costruenda DC, che poteva attingere ai nuovi quadri man mano provenienti dall'Azione Cattolica[66], ispirata dal vigile parroco della

---

64 L'avv. Vincenzo Bombaci, rappresentante a Lentini della corrente scelbiana („Centrismo Popolare"), diverrà commissario zonale della DC e darà un apporto fondamentale alla costruzione della sezione di Lentini.

65 Per una storia del MSI lentinese, si veda, di Ferdinando Leonzio il capitolo „Italiani di Lentini" del libro *13 storie leontine*, cit.

66 Ad esempio il giornalista Pippo La Pira e l'avv. Giovanni Sgalambro.

Chiesa Madre monsignor La Rosa; dal dinamismo del nuovo gruppo dirigente comunista.

Quest'ultimo, pur con una punta di settarismo nei confronti delle altre componenti interne (areniani, mariniani), grazie a un assiduo lavoro di penetrazione e al monopolio sindacale, riuscì ad egemonizzare la guida degli operai agricoli, quasi identificandosi con essi, tanto che per molti anni le zone cittadine abitate dalla classe bracciantile (sostanzialmente il quartiere „Sopra Fiera") costituiranno un grosso serbatoio elettorale per il PCI e i suoi eredi.

Va detto, tuttavia, che questa totale identificazione tra sezione comunista e bracciantato agricolo, se nell'immediato e per molti anni ancora, costituì „lo zoccolo duro" dei comunisti lentinesi e della loro egemonia in città, dall'altro ne preparò in certo senso la liquidazione. Infatti l'aver trascurato varie componenti della società lentinese (sottoproletariato, artigiani, impiegati, liberi professionisti) lascerà spazio alle altre forze politiche, in particolare alla DC, che, grazie alla nuova generazione di dirigenti[67], saprà inserirsi in quegli spazi e creare le premesse per contendere efficacemente ai comunisti la guida della città, specialmente quando, nell'economia cittadina, il terziario comincerà a prevalere sul settore agricolo.

Il primo banco di prova per verificare l'efficacia del lavoro politico svolto dal giovane gruppo dirigente comunista furono le elezioni regionali del 3 giugno 1951. Esse rivelarono con chiarezza i profondi mutamenti avvenuti in quegli anni nello scenario politico lentinese.

---

[67] Enzo Nicotra, Salvatore Moncada, Carlo Mugno, Vittorio Chiaramonte, ecc.

Il Blocco del Popolo[68], rappresentativo di larga parte del proletariato, per la prima volta raggiunse la maggioranza assoluta, col suo 56,1 %, dimostrando così di aver quasi interamente assorbito l'elettorato socialista dei due dopoguerra: considerazione, questa, avvalorata anche dal corrispondente crollo socialdemocratico, che collocava, col suo scarno 9,3 %, il PSLI all'ultimo posto fra i partiti partecipanti a quella tornata elettorale.

Il restante elettorato era diviso tra:

▸ la DC, ancora in fase di costruzione organizzativa (11,6%), ma che aveva già assorbito buona parte dell'elettorato qualunquista;

▸ i liberali (12,6 %), che avevano potuto contare su leader locali stimati e sulla presenza in lista del francofontese on. Sebastiano Franco;

e i nostalgici del MSI (10,4 %), che stava coagulando attorno a sé l'opposizione di destra, attirando anche piccoli settori proletari.

Questo quadro confermava il radicamento in città delle forze moderate e conservatrici.

La cocente sconfitta alle regionali, unitamente alle tormentate vicende del socialismo italiano, travagliato da scissioni e fusioni varie[69], indussero Castro e i consiglieri socialdemocratici a rassegnare le dimissioni dalle rispettive cariche, determinando così il commissariamento del Comune.

---

68 Sostanzialmente a Lentini il solo PCI, essendo la presenza socialista (PSI) ridotta a poche persone, allora del tutto disorganizzate.

69 Sostanzialmente a Lentini rappresentato dal solo PCI, essendo la presenza socialista (PSI) ridotta a poche persone, allora del tutto disorganizzate.

Castro poteva vantare a suo merito una gestione della cosa pubblica all'insegna dell'onestà[70] e della competenza, anche se politicamente le sue posizioni accesamente anticomuniste lo facevano additare come uno che aveva abbandonato il campo proletario, per passare a quello borghese[71].

Dunque al Comune, il 21 luglio 1951, si insediò il Commissario Prefettizio dott. **Mario Vaccaro**, che vi rimase fino alle successive elezioni amministrative. Esse si sarebbero svolte con una nuova legge elettorale maggioritaria, che assegnava tre quarti dei 32 seggi (non più 30) alla lista prima classificata, mentre il restante quarto sarebbe stato proporzionalmente ripartito tra la seconda e la terza, la quale però avrebbe partecipato all'attribuzione dei seggi solo se avesse superato il 12 % dei voti).

Tale legge dunque consigliava le coalizioni al fine di poter accedere all'assegnazione dei seggi consiliari.

La sinistra si presentò però con tre diverse liste:

1 – Una lista, organizzata dal PCI e denominata „Autonomia e Rinascita", la quale, secondo un uso assai diffuso tra i comunisti, aspirava a rappresentare un „largo fronte" comprensivo delle varie

---

70 Si diceva che Castro, quando andava in missione per il disbrigo di pubbliche pratiche, si portasse la colazione da casa, per non far gravare le eventuali spese del ristorante sulle casse del Comune.

71 L'accusa non era fondata. Castro, pur spostandosi a destra, non varcherà mai i confini dell'area socialista. Le sue posizioni all'incirca coincidevano con quelle del leader nazionale Saragat, la morte del quale il noto dirigente comunista Pajetta così commentò: „È morto un compagno", riconoscendone implicitamente la piena cittadinanza nel variegato movimento socialista e operaio.

anime della sinistra. In essa erano, infatti, presenti, oltre alle nuove leve[72], alcuni candidati di area socialista „nenniana"[73], uno di area repubblicana[74] e un indipendente[75].

2 – Una „ufficiale" socialdemocratica, messa su alla buona.

3 – Una „socialista indipendente" capeggiata da Castro (simbolo „martello e spighe").

Il centro-destra si presentò, a sua volta, diviso in due tronconi:

1 – Una lista di „Unione Cittadina" fu presentata da democristiani e liberali, ciascuno dei quali riteneva di non essere abbastanza forte per poter accedere alla ripartizione dei seggi, come previsto dalla nuova legge elettorale.

2 – Un'altra lista fu presentata dal MSI, decisamente in espansione, in quanto usufruiva della crisi politica dei monarchici e dell'apporto di piccoli settori artigianali e proletari.

Il responso delle urne confermò quanto avvenuto l'anno precedenti alle elezioni regionali.

---

72 Giovanni Pupillo (segretario della sezione), Peppino Calamaro, Cirino Garrasi, Alfio Caruso, ecc. Degli uscenti fu ricandidato il solo Alfio Raiti, suscitando così qualche malumore nelle altre componenti interne.

73 Il prof. Alfio Baracca, il sig. Guglielmo Moncada e il prof. Peppino Ferrauto. Si trattava di singole personalità, perché il PSI a Lentini era praticamente inesistente, nonostante gli sforzi di alcuni giovani come Sebastiano Centamore e Filadelfo Pupillo

74 Alfio Cannone.

75 Alfio Caracciolo.

La lista „Autonomia e Rinascita" conquistò la maggioranza assoluta con un ottimo 56,3 % e elesse 24 consiglieri, fra cui tutti e cinque i non comunisti.

Il socialismo ne uscì a brandelli: i tre di area PSI della lista vincente erano solo dei fiori all'occhiello del forte PCI, non avendo né un partito organizzato alle spalle, né una forza elettorale propria; i socialdemocratici „ufficiali" del PSLI raggiunsero appena il 3,4 %, mentre quelli „indipendenti" di Castro conseguirono l'11,5 %, rimanendo entrambi i raggruppamenti fuori dal Consiglio Comunale[76].

La lista liberal-democristiana[77], col 15,4 %, si classificò al secondo posto, ma dovette dividere gli otto seggi spettanti alla minoranza con quella del MSI[78], classificatosi terza, con una votazione del 13,4 %.

Cominciava così l'era della Lentini „comunista"[79], con un PCI massiccio, il cui apparente monolitismo negli anni seguenti si rivelerà

---

76 Castro successivamente si riconciliò con la sua Federazione, ma rimase fuori del Consiglio Comunale fino al 1956. L'influenza socialdemocratica in città da allora resterà per sempre a livelli minimi.

77 Alla lista andarono quattro seggi equamente divisi tra democristiani (prof. Alfio Moncada e avv. Alessandro Tribulato) e liberali (avv. Alfio Sgalambro e avv. Giuseppe Bruno).

78 Per il MSI furono eletti il rag. Sebastiano Neri (capogruppo), Giovanni Busà, Filadelfo Conti e Salvatore Zammataro.

79 Sindaco fu eletto il prof. Giuseppe Ferrauto (socialista), con assessori Giovanni Pupillo (vicesindaco), Cirino Roccaforte e Alfio Ferrante del PCI; Alfio Baracca e Guglielmo Moncada di area socialista „nenniana" e Alfio Caracciolo (indipendente). La Giunta subirà vari rimaneggiamenti nel prosieguo della legislatura.

più di facciata che di sostanza, ma che comunque, tranne piccole interruzioni, sarà la forza predominante in città fino al 1975.

4 - Fermenti politici e sociali nella Lentini rossa: 1952-1960

Vincenzo Bombaci

A presiedere l'Amministrazione Comunale, scaturita dalla vittoria della lista „Autonomia e Rinascita"[80] alle elezioni comunali del 25 maggio 1952, fu chiamato il socialista „nenniano" prof. **Peppino Ferrauto**.

La scelta fu quanto mai opportuna, vista la giovane età[81] e la relativa inesperienza del nuovo gruppo dirigente comunista, che si era imposto sui rivali interni[82] e che

---

80 La lista, che dal titolo scelto sembrava volersi richiamare ad un elettorato più vasto di quello comunista, in realtà era stata organizzata interamente dal PCI. Essa comprendeva tre candidati di area socialista „nenniana", uno di area repubblicana e un indipendente, che furono tutti eletti.

81 Il brillante segretario della sezione, nonché neovicesindaco Giovanni Pupillo, aveva allora appena 22 anni.

82 Nello Arena si era estraniato dalla politica attiva, pur militando sempre nel PCI; Ciccio Marino era stato espulso per aver votato a favore della riforma agraria presentata dal governo regionale; i membri della vecchia guardia (Delfo Santocono, Ignazio Magrì, Delfo Nigro, Sebastiano Scatà, Paolo Di Giorgio, Tano Giudice, Cirino Speranza) erano stati „mummificati", senza ruolo alcuno nel partito; l'ex sindaco Giovanni Pattavina, ormai lontano dall'attività politica, si dedicherà alla professione di insegnante e diventerà scrittore di testi scientifici, letterari e filosofici, approdando politicamente su posizioni filotroskiste.

era riuscito a ridimensionare, e di molto, il leader socialdemocratico Castro, rimasto addirittura fuori del Consiglio Comunale. In questo gruppo dirigente, guidato da Giovanni Pupillo, si formeranno leader comunisti di grande prestigio e popolarità come Mario Strano, Guido Grande, Carmelo Baudo, Fortunato Mastrogiacomo, Ciccio Ciciulla, i due cugini omonimi Cirino Garrasi, Delfino Tomasello, ecc.

La forza della nuova dirigenza, che governava il PCI e la CGIL, dal primo totalmente controllata, stava principalmente nella sua quasi totale identificazione col numeroso bracciantato locale, fatto di lavoratori stagionali senta terra e di agrumai, interni ed esterni[83]; il che però comportava anche la scarsa attenzione prestata ad altri gruppi sociali.

Finché durarono la forza numerica[84] e sociale e la combattività del bracciantato locale, il PCI confermò la forza da esso costruita dal dopoguerra in poi e consolidatasi nel 1952; ma quando esso cominciò a cedere spazio ai nuovi gruppi che man mano si affacciavano

---

83 *Interni* erano detti quelli che lavoravano nei numerosi magazzini di lavorazione degli agrumi, gravitanti attorno alla stazione ferroviaria; *esterni* erano quelli adibiti alla raccolta dei frutti, che fornivano benessere ai proprietari di agrumeti, ai commercianti ed anche alla mano d'opera.

84 Circa 6.000 braccianti.

sulla scena politica[85], anche la forza del PCI prese a scendere in maniera inarrestabile.

Uno sbandamento il PCI lentinese dovette registrarlo in prossimità delle elezioni politiche, fissate per il 7 giugno 1953, a causa dello „scandalo del ferro"(originato dall'ammanco, dai magazzini comunali, di materiale in ferro ivi depositato) che suscitò notevole emozione in città, anche per il presunto coinvolgimento di alcuni amministratori, peraltro poi prosciolti[86]. L'Amministrazione, pur con vari rimaneggiamenti, rimase in carica fino alla fine della legislatura, ed i risultati delle elezioni politiche del 1953 confermarono il ra-

---

85 Fra questi ricordiamo: i piccoli proprietari coltivatori diretti, molti dei quali divenuti tali in seguito alla riforma agraria; gli operai gravitanti nella sorgente area industriale del Siracusano; gli addetti al settore del commercio al dettaglio e all'artigianato, sviluppatisi in seguito al boom economico e alla ricchezza prodotta dalla esportazione degli agrumi; il settore impiegatizio e delle libere professioni, rinvigoritosi grazie alla fiorente economia locale e spinto anche dalla scolarizzazione di massa.

86 Sulla vicenda si può vedere di Giuseppe Aletta *Lentini, un comune rosso nell'Italia del dopoguerra* (Tesi di laurea anno accademico 1997/98) e, di Barbara Russo, *La Democrazia Cristiana in un comune rosso* (Tesi di laurea anno accademico 1998/1999).

dicamento della sinistra[87] nella realtà lentinese, anche se nel Pci si verificò un radicale mutamento nella direzione della sezione[88].

Ridimensionato il potere della precedente guida della sezione, dopo le segreterie di transizione di Giulio Brunno e di Mario Strano, emerse nel partito una componente „centrista"[89], che espresse le segreterie di Nicolò Manganaro[90], un vecchio antifascista di Giampilieri, e poi quella di Angelo Peluso, un falegname di origini pugliesi[91].

I risultati delle votazioni del 5 giugno 1955 per il rinnovo dell'Assemblea Regionale Siciliana, nonostante l'elezione a deputato di Mario Strano, per il PCI, che raccolse comunque il 44,5 % dei voti,

---

87 Il PCI ottenne alla Camera il 49,3 % e il PSI, pur senza organizzazione in città, il 4,3 %, portandosi così a ridosso dei socialdemocratici ormai riunificatisi (5,3 %); ai voti della sinistra tradizionale (PCI+PSI) potrebbe aggiungersi anche l'1,12 %, conseguito dall'USI (Unione Socialista Indipendente), movimento che in seguito confluirà nel PSI; la DC, che aveva aperto una sezione e chiamato il ministro Scelba a chiudere la campagna elettorale, raggiunse un buon 18,8%. Buona l'affermazione della destra, pur divisa tra PNM (5,7 %) e MSI (12,3 %).

88 La sezione di Via Roma era intitolata a Gramsci.

89 Essa, infatti, si collocò tra la risorgente forza degli "areniani" e la componente „giovanile" che aveva gestito il partito negli anni 1948-53

90 Il Manganaro, che soleva dire che „l'intolleranza e la superbia sono la rovina degli uomini", si fece promotore della costituzione di altre due sezioni del PCI a Lentini: la sezione Lenin (quartiere „Sopra fiera") e la sezione Lo Sardo (quartiere S. Paolo), delle quali in seguito gli areniani conquisteranno la maggioranza.

91 A tale gruppo „centrista" aderivano anche Ignazio Magrì e Vincenzo Ferlito.

segnarono un arretramento, probabilmente dovuto alla forte affermazione del PSI (10,2%) che aveva candidato il sindaco Peppino Ferrauto[92].

I socialisti, infatti, soprattutto per l'attivismo di due intraprendenti giovani, l'avv. Filadelfo Pupillo e l'impiegato Sebastiano Centamore, erano riusciti, con l'aiuto di alcuni vecchi militanti, rimasti nell'area del PSI dopo la scissione di Castro, ad aprire un „Circolo Socialista", che aveva sede in Via Arrigo Testa. Col sostegno della Federazione, guidata soprattutto dai funzionari Egidio Greco e Salvatore Pitruzzello, successivamente il circolo si era trasformato in sezione del PSI, la quale andò rapidamente rafforzandosi, anche avvantaggiandosi delle lotte interne del PCI e della crisi della socialdemocrazia, non più partito di massa, ma sempre più „partito di Castro", affiancato dal suo discepolo prediletto Peppino Pisano.

È interessante rilevare come la massa degli iscritti al PSI fosse composta da tre componenti di diversa origine: quella di formazio-

---

92 La DC continuò la sua irresistibile ascesa, arrivando al 22,5 %; i socialdemocratici, al contrario, pur presentatisi assieme ai repubblicani, si avviarono inesorabilmente al tramonto, conseguendo uno striminzito 3,2 %; la destra sostanzialmente confermò il suo peso in città: MSI 10,8 %, PNM 3 %, PMP 2,2 %.

ne socialista, antica o recente[93], quelli provenienti dalla socialdemocrazia[94] e quelli provenienti dal PCI [95].

Gli ultimi due gruppi, sia per formazione politica che per vecchie rivalità coi comunisti, contribuirono in maniera determinante a imprimere alla sezione un orientamento fortemente autonomistico, che in certi momenti sarà causa di forte antagonismo col PCI.

Gli anni '50 a Lentini furono caratterizzati anche da un'accentuata contrapposizione di classe, che vedeva, da un lato, compattamente schierato col PCI e con la CGIL, un bracciantato agricolo, sempre in ansia per il lavoro, cioè per la propria sopravvivenza fisica, dipendente non solo dal bello o cattivo tempo e dalle stagioni, ma anche dalla pura volontà dei proprietari; e, dall'altro, un padronato agrario con la paura ancestrale di un rivolgimento sociale che poteva - almeno così gli sembrava – addirittura privarlo del suo privilegio e del suo benessere.

---

93 Peppino Aliano (un pittore antifascista, che sarà il primo segretario della sezione. A lui si deve la scritta „Camera del Lavoro", che sovrasta, ancor oggi, l'ingresso del sindacato CGIL in Via Conte Alaimo), Guglielmo Moncada (assessore della giunta Ferrauto), Gaetano Zarbano (ferroviere antifascista), Vincenzo (ˇNzulu) Garrasi (ex trombettiere della fanfara socialista), Puddu Saccà, Giuseppe Di Mauro, Carlo Centamore, e successivamente i giovani Peppino Battiato (sindacalista Enti Locali [EE.LL.] della CGIL), Alfio Serratore e Turi Mangiameli.

94 L'ing .Carlo Cicero (proveniente dalla sinistra socialdemocratica; abbonò, a sue spese, la sezione alla famosa rivista socialista di Filippo Turati, *Critica Sociale*), Alfio Ferrauto (ex assessore), Alfio Floridia (ex combattente coi partigiani in Jugoslavia), Saro Chiarenza.

95 Nino Giudice, Salvatore Sorbello (ex consigliere comunale), Sebastiano Ventura e Turi Cattano (ex assessori nella giunta Pattavina).

Da qui la combattività degli operai agricoli, spesso impegnati, attraverso la loro rappresentanza sindacale, in lunghe e defaticanti trattative coi proprietari e coi commercianti e in scioperi molto onerosi per le loro scarse finanze, spesso prosciugate dalla lunghezza delle vertenze.

Gli ottimi risultati contrattuali spesso ottenuti spingevano vari lavoratori venuti a Lentini dai paesi viciniori per la sola stagione agrumaria a stabilirsi definitivamente in città. Fra questi ultimi la numerosa colonia dei „giampiliroti".

Faceva capolino, nello stesso tempo, una crisi del settore agrumario, dapprima lenta e strisciante, poi sempre più evidente. Essa era dovuta sia alla difficoltà per produttori e commercianti di sostenere la concorrenza del prodotto spagnolo, avvantaggiato da un basso costo della manodopera di quel Paese, oppressa dal regime fascista del dittatore Franco, ma anche dalla scarsa attenzione prestata al settore dai governi regionale e nazionale. Un ruolo importante nell'avviare la crisi lo ebbe anche la scarsa propensione dei produttori ad associarsi, per condurre assieme una più efficace azione di collocamento del prodotto nei mercati interni ed esteri.

Non mancarono, nello stesso periodo, fermenti culturali molto interessanti come l'opera poetica dialettale del poeta Ciccio Carrà Tringali, la ricerca scientifica del farmacista Paolo Zarbano, gli studi sulla Lentini greca del prof. Salvatore Ciancio, la produzione teatrale del giornalista-scrittore Carlo Lo Presti, le recite dell'attore Mario Piazza, e, soprattutto, l'intensa attività culturale del Centro

Studi Notaro Jacopo[96], guidato principalmente dall'ing. Carlo Cicero (presidente), dall'avv. Alfio Sgalambro[97] (vicepresidente) e dallo scrittore Carlo Lo Presti (segretario).

Una troupe cinematografica, guidata dal regista Ugo Sasso, venne a Lentini per girare il film *L'isola d'oro*[98] con la partecipazione dell'attore americano John Kitzmiller.

In campo più „popolare" assai ampia fu la diffusione del fotoromanzo[99] fra le ragazze e soprattutto quella del fumetto[100] nella gioventù maschile[101], ritenuto dai cosiddetti „benpensanti" una lettura

---

96 Sul *Centro Studi Notaro Jacopo* si veda, di Santo Ragazzi, il saggio *Carlo Lo Presti: uomo di teatro e operatore culturale*, pubblicato sulla rivista *Pagine dal Sud* n. 3/2005.

97 L'avv. Sgalambro, ispettore onorario ai monumenti, ebbe un ruolo importante nella scoperta e valorizzazione dell'antica Leontìnoi. Sua l'iniziativa, nella sua qualità di consigliere comunale (PLI) della deliberazione n. 152 del 19-12-1955 del Consiglio Comunale, con la quale lo stesso dava mandato „all'Amministrazione attiva di partecipare ai funerali di Consiglieri e Amministratori, in carica e non, mediante la rappresentanza del Comune con gonfalone e scorta di vigili".

98 Non sappiamo se l'impresa sia andata a buon fine, ma certo suscitò notevole interesse in città.

99 *Sogno, Grand Hotel, Luna Park*, ecc.

100 Negli anni '50, dopo l'exploit dei personaggi del fumetto americano nell'immediato dopoguerra (Gordon, Mandrake, Phantom, Cino e Franco, ecc.) furoreggiavano le strisce (*Tex, Il piccolo Sceriffo, Sciuscià, Capitan Miki, Akim, Forza John*).

101 Mitici collezionisti erano allora considerati Carmelo Toscano (fotografo), Antonio Neri (futuro diplomatico) e Turi Saya (agrumaio interno), l'unico che rimarrà fedele al collezionismo per tutta la vita.

per menti infantili: dovevano ancora passare degli anni prima che scrittori del calibro di Umberto Eco, Oreste Del Buono, Elio Vittorini sdoganassero il fumetto dal ghetto in cui la „cultura" ufficiale del tempo, bigotta e sessuofobica, l'aveva confinato.

Non va neppure dimenticata l'importanza delle feste cittadine, in particolare quella del patrono di Lentini Sant'Alfio[102] come momento unificante della cittadinanza.

Un ruolo particolare lo ebbe in città una certa borghesia colta, che, per le sue origini sociali[103] e per il monopolio culturale che essa esercitava, occupava posizioni di supremazia, che a volte le consentivano di concedersi qualche atteggiamento paternalistico.

Tale monopolio sarà spezzato in seguito, con l'avvento della Scuola Media Unificata, che aprirà le porte alla scolarizzazione di massa e quindi all'acculturamento dei giovani provenienti dai ceti popolari.

In queste nuove masse riuscirà ad inserirsi, anche tramite le organizzazioni cattoliche, a cui attingeva a piene mani, la DC.

La Democrazia Cristiana, che era nata a Lentini quasi come un filiazione della locale Azione Cattolica, entrambe sotto la sapiente regìa di monsignor Francesco La Rosa, cominciò il suo cammino di partito politico sempre più autonomo dalle gerarchie ecclesiastiche solo nel 1950, con l'adesione dell'avv. Vincenzo ('Nzinu) Bombaci[104],

---

102 Il comitato organizzatore della festa di Sant'Alfio, ma anche di altre feste cittadine, ebbe spesso alla sua testa il cav. Salvatore Piccione.

103 Gli studi superiori e universitari negli anni '50 erano, in considerazione del loro elevato costo, di fatto accessibili alle sole classi abbienti.

104 Bombaci aveva allora 29 anni. Per una biografia politica dell'avv. Bombaci, si veda il libro di Ferdinando Leonzio *13 storie leontine*, APED, 2007.

vero „cavallo di razza" della politica locale, proveniente dalla fallimentare esperienza dell'Uomo Qualunque, rapidamente dissoltosi.

Bombaci, nominato commissario zonale del partito, colse un primo successo con l'apertura, nel 1951, di una sezione a Lentini, con segretario il giornalista Pippo La Pira, cui, l'anno dopo succederà l'avv. Giovanni Sgalambro.

L'avv. Bombaci, nella sua opera di costruzione del partito, era affiancato dai più autorevoli esponenti dell'Azione Cattolica come il prof. Alfio Moncada, consigliere comunale eletto nel 1952, cui Bombaci subentrerà il 13 dicembre 1954, il prof. Alfio Rossitto, il cav. Pasquale Valenti, il cap. Alfio Parisi.

Determinante per lo sviluppo del partito fu l'apporto dei giovani quadri provenienti dalla F.U.C.I. (Federazione Universitaria Cattolica Italiana)[105].

Ma a provocare un'autentica svolta nello sviluppo e nella struttura stessa del partito sarà il laureando **Enzo Nicotra**[106]. Ascoltando i discorsi di Salvatore Paglialunga, un magistrato che era stato „allievo" del popolare sindaco di Firenze Giorgio La Pira, egli capì che si poteva essere democristiani senza essere necessariamente conservatori. Che, insomma, oltre alla DC di Scelba e di Bombaci, che a Lentini ne era il rappresentante politico, poteva esserci un'altra DC, più vicina ai ceti popolari e alle classi lavoratrici. E che di con-

---

[105] Nino Rubino, Nicola Di Stefano, Dino Favara, Cirino Di Mauro, Fino Pupillo, Carlo Mugno, Enzo Mugno, Antonio Giacomuzzi, Tony Magazzù, Armando Faro, Paolo Sudano, Nello Favara.

[106] Per la biografia di Nicotra e per la storia della DC di Lentini si veda, di Ferdinando Leonzio *Intervista a Enzo Nicotra*, APED, 2005.

seguenza si poteva trasformare quello che fino a quel momento era stato un partito elitario e confessionale in un moderno partito di massa. Su quel terreno – egli pensò - il comunismo poteva e doveva essere battuto.

Passando dalla teoria alla pratica egli riuscì, in poco tempo, con l'aiuto di Vittorio Chiaramonte, ad organizzare a Lentini una sezione dell'Associazione Cristiana Artigiani, di fatto fiancheggiatrice della DC, unica presente a Lentini in un settore lavorativo fin lì trascurato dal PCI, e perciò capace di attrarre una categoria in via di espansione.

Un'altra prova del suo intuito politico, Nicotra la diede in occasione del prosciugamento del Biviere, il lago che tante vittime aveva mietuto, essendo divenuto un habitat ideale per l'anofele, un insetto diffusore della micidiale malaria. Ma il lago era anche fonte di vita per alcune categorie di lavoratori: cacciatori, pescatori e cannucciai traevano dal Lago di Lentini i mezzi per vivere.

Avvalendosi del sostegno di mons. La Rosa e di quello del deputato regionale siracusano Gaetano Lo Magro, egli riuscì ad esercitare le opportune pressioni sul Governo regionale, specie sull'assessore regionale all'Agricoltura Silvio Milazzo, fino a quando l'ARS approvò una legge che assegnava, in compensazione, alle categorie colpite dal prosciugamento, parte del fondo lacustre, rivelatosi poi terreno fertilissimo, facendo praticamente degli assegnatari dei facoltosi piccoli proprietari di terreni coltivati. Va da sé che le simpatie delle categorie in tal modo „salvate", andavano alla DC.

Le capacità politiche dell'emergente giovane leader furono notate dal segretario provinciale dc Graziano Verzotto, tanto che fu nominato vicecommissario della sezione a stretto contatto col commissario della stessa, avv. Alessandro Tribulato, prestigioso personaggio che aveva avuto un percorso politico analogo a quello dell'avv. Bombaci.

Cominciarono così la inarrestabile carriera politica del Nicotra, come anche il consolidamento organizzativo della DC. Ma anche le future lotte fra le due „anime" del partito.

La destra cittadina[107], praticamente rappresentata dal solo MSI[108], in quanto a Lentini i monarchici non ebbero che una presenza episodica ed elettoralistica, cominciò, nello stesso periodo, a darsi una struttura più stabile. Ai due iniziali promotori, Salvatore Zammataro e Sebastiano Neri si aggiunsero il figlio di quest'ultimo, l'avv. Salvatore, l'ing. Sebastiano Angelico, il cav. Attilio Iachelli e il rag. Salvatore Manoli; il partito della Fiamma riuscì inoltre a penetrare anche in piccoli settori operai e artigianali. Un oratore, spesso chiamato a comiziare a Lentini, capace di suscitare intense emozioni nell'animo dei „nostalgici" era l'on. Pino Calabrò, ma non mancarono nemmeno i grossi calibri, come Filippo Anfuso, Rodolfo Graziani e Giorgio Almirante. La solitaria battaglia missina cominciò a dirigersi in contemporanea sia contro la sinistra che contro il centro democristiano[109].

---

107 Per una storia della destra nel secondo dopoguerra a Lentini vedi *13 storie leontine*, cit.

108 Il Movimento Sociale Italiano era stato fondato il 26 dicembre 1946.

109 Un oratore missino concluse il suo discorso con la seguente simpatica quartina: „Scudo crociato/ voto sprecato; falce e martello/ sprecato anche quello!"

L'approssimarsi del nuovo appuntamento elettorale, fissato per il 27 maggio 1956, per il rinnovo del Consiglio Comunale, ora elevato a 40 componenti, che in base alla legge maggioritaria sarebbero stati assegnati per due terzi alla lista prima classificata, provocò un ribollio in tutti partiti.

In particolare nel PCI cominciò ad emergere per il posto di capolista – il che allora rappresentava una specie di ipoteca sulla sindacatura – la candidatura di Arena, l'unico nel partito avente il carisma e la cultura necessari per guidarlo in quella battaglia.

Questa eventualità allarmò il gruppo centrista che da quasi quattro anni governava la sezione, poiché temeva un eccessivo sbilanciamento a sinistra del partito, memore delle posizioni rivoluzionarie di Arena. Ancor di più era contraria la corrente dei „giovani" della gestione precedente, ormai pienamente allineata con la politica togliattiana del „partito nuovo". Ma poiché non era facile dir di no ad un uomo di tanto seguito come Arena, l'unica soluzione, benché difficilissima[110], apparve quella di trovare uno più prestigioso di lui.

Con un „colpo di genio" lo trovò nel fiorentino, trapiantato in Sicilia, prof. **Otello Marilli**[111], deputato nazionale dal 1953, che nella sua veste di dirigente della Lega Nazionale delle Cooperative, negli anni precedenti aveva intrattenuto ottime relazioni con la sezione di Lentini.

---

110 Nel 1952 il PCI, per mancanza di quadri propri idonei, aveva dovuto assegnare la carica di sindaco a un socialista, Peppino Ferrauto.

111 Per la biografia dell'on. Marilli si veda il libro di Ferdinando Leonzio *Otello Marilli*, edizioni ZeroBook, 2018.

La sinistra dunque presentò la lista „Gorgia", con 20 candidati del PCI[112] e 20 del PSI, capeggiata dall'on. Marilli.

Gli altri partiti, sia di centro che di destra, anch'essi in ciò sospinti dal meccanismo maggioritario della legge elettorale, presentarono una lista unica, denominata „Torre Civica", certamente meno omogenea della rivale, quantomeno per la presenza in essa di PSDI e MSI. Comunque, asse portante di tale cartello elettorale era la DC, ormai guidata da Enzo Nicotra; ne faceva parte anche quel che restava dell'ormai insignificante PLI, costituito per lo più da piccoli proprietari di agrumeti, più spaventati degli altri da un'improbabile eventuale espropriazione del proprio podere. Il PLI poteva però contare su due autorevoli esponenti: gli avv. Alfio Sgalambro e Giuseppe Bruno.

La battaglia elettorale, nonostante le aperture mentali di Marilli e di Nicotra, fu assai aspra, in quanto le due liste[113] erano anche la rappresentazione plastica di una contrapposizione non solo politica, ma anche ideologica e classista.

Prevalse, ancora una volta, la sinistra che ottenne il 54 % ed elesse 30 consiglieri, tutti e 20 i candidati comunisti[114] e 10 socialisti[115].

---

112 Fra di essi Nello Arena, che sarà naturalmente eletto, ma rimarrà in posizione defilata per tutta la legislatura.

113 Quella del 1956 è stata l'unica elezione comunale di Lentini avente in campo due sole liste concorrenti.

114 Oltre Marilli e Arena furono eletti, fra gli altri, i sindacalisti Fortunato Mastrogiacomo e Ciccio Ciciulla, i ragionieri Vitale Martello e Giuseppe Limaccio, i veterani Peppino Calamaro e Cirino Garrasi, il vecchio militante Sebastiano Pignatello.

I dieci seggi della minoranza furono distribuiti fra tutti i partiti della coalizione: 4 seggi andarono alla DC[116], 3 al MSI[117], 2 al PLI[118], 1 al PSDI[119].

Sindaco, com'era prevedibile, venne eletto l'on. Marilli, innovatore in politica e aperto al dialogo, sia nel governo della cosa pubblica che nella vita interna di partito, che da allora si aprì a nuove adesioni.

La nuova amministrazione riuscì a navigare abbastanza tranquillamente e a superare anche le crisi che derivarono, a livello nazionale, dal rapporto segreto di Nikita Krusciov al XX congresso del PCUS, con cui il nuovo leader sovietico demolì il mito di Stalin, e soprattutto dai fatti d'Ungheria, che determinarono la rottura del Patto d'unità d'azione fra PCI e PSI e sembrarono aprire la strada ad una riunificazione tra PSI e PSDI[120].

Nel 1957, allo scopo di potersi ricandidare alle politiche del 1958, l'on. Marilli si dimise da sindaco, lasciando il posto (18-10-1957) al rag. **Vitale Martello.**

---

115 Fra di essi il segretario della sezione Gaetano Zarbano, che diverrà vicesindaco, i due futuri *leader* Filadelfo Pupillo e Sabastiano Centamore, Luigi Di Pietro e Alfio Ferrauto.

116 L'avv. Alessandro Tribulato, il prof. Alfio Rossitto, l'ing. Vincenzo Ragazzi e l'avv. Enzo Nicotra.

117 Il rag. Sebastiano Neri, fondatore del partito, l'ing. Sebastiano Angelico e il noto grecista prof. Salvatore Ciancio.

118 Gli avv. Alfio Sgalambro e Gaetano Di Mauro.

119 L'ex sindaco Filadelfo Castro.

120 Le speranze in tal senso furono accese dall'incontro di Pralogan (25-8-1956) tra Nenni e Saragat. Il progetto allora naufragò, ma sarà ripreso nel 1966.

La rielezione di Marilli, data per certa, vista la capacità dei comunisti di manovrare le preferenze, non ci fu, e la responsabilità di ciò fu attribuita dai militanti lentinesi alle manovre di alcuni dirigenti della Federazione provinciale, che ebbero la bella pensata di venire a Lentini per spiegare com'erano andate le cose ai costernati compagni della sezione, che invece gli riservarono... una „calda" accoglienza[121]. L'allontanamento di Marilli da Lentini consentì alla corrente di Arena di espandersi, fino a conquistare la maggioranza nelle sezioni e a rilanciare il proprio leader, in vista delle nuove elezioni del 1960.

La seconda metà degli anni '50 fu caratterizzata anche da una forte partecipazione giovanile alla vita politica e sociale.
Alcuni partiti politici si dotarono di un'organizzazione giovanile: la comunista FGCI, guidata per vari anni da Nino Pulvirenti; la socialista FGS, con leader Ferdinando Leonzio, che ebbe un rapido sviluppo che la fece diventare la più forte di tutta la provincia e che riuscì anche a promuovere l'organizzazione locale dell'UGI (Unione Goliardica Italiana)[122], che raggruppava gli universitari di tutte le sinistre; ma c'erano anche i giovani missini, capitanati da Cirino

---

[121] In quell'occasione andò distrutto l'archivio della sezione, privando gli storici di una fonte preziosissima.

[122] L'UGI di Lentini riuscì a fare leggere all'ARU (Assemblea Rappresentativa Universitaria) di Catania il giovane socialista Melo Conti e a fare eleggere un altro socialista, Enzo Tondo, nel Consiglio Direttivo dell'UGI dell'università di Catania.

Di Giorgio e i giovani dell'Azione Cattolica che gravitavano nell'area democristiana.

Un grande ruolo ebbero in quel periodo i campionati locali estivi di calcio[123], che coinvolgevano e appassionavano centinaia di giovani e le numerose tifoserie tifoserie. L'iniziativa incoraggiò la formazione di società sportive locali: alcune emanazione di diverse forze politiche, come la *Stella Rossa* e i *Liberi Calciatori* (area PCI), la Fiamma (area MSI), la *San Giusto* (area PSDI), altre emanazioni di circoli, come l'ACLI e il Centro Studi, le cattoliche *Sacro Cuore* e *San Cirino*, altre ancora del tutto indipendenti, come il *Piccolo Milan* e l'*Unione Sportiva Leontina*. La quale ultima sarà la più longeva (50 anni di attività), coinvolgerà centinaia di giovani, tra soci, atleti e tifosi, ed esprimerà dirigenti di grande spessore come Paolo Russo, Mario Di Grazia e Mario Renna.

Insomma un effervescente clima di grande partecipazione politica, sociale e culturale, che vedeva le sezioni di tutti i partiti, le organizzazioni religiose e sociali molto frequentate, in un ribollio di iniziative, assai promettente per il futuro della città.

Le elezioni comunali del 6 novembre 1960, che per la prima volta saranno tenute col sistema proporzionale, incideranno notevolmente sul quadro politico locale, che subirà profonde modificazioni.

---

123 Essi erano organizzati dall'assessore allo Sport Cirino Garrasi e dal noto appassionato Mario Raiti.

5 - Lentini e la nuova politica (1960-1964)

Antonello Arena

Le elezioni comunali del 1960, tenute per la prima volta col sistema proporzionale, segnarono un'autentica svolta nella politica lentinese, non solo per quanto riguardava l'atteggiamento dei partiti e la loro strategia di fondo, ma anche per avere incentivato una notevole tendenza al trasformismo, prima piuttosto raro in città. Tale tendenza in vari casi darà luogo al cosiddetto "salto della quaglia", cioè al passaggio, inusitatamente disinvolto, da uno schieramento all'altro.

Inoltre, come la precedente legge elettorale maggioritaria aveva favorito le coalizioni, così la proporzionale spinse tutte le forze politiche a presentarsi col proprio simbolo e col proprio programma, potendo perciò evidenziare al massimo ciascuna la propria identità.

Per capire le ragioni profonde di tali mutamenti, gli schieramenti e le collocazioni delle forze politiche in città è necessario ricostruire qualche antecedente storico e osservare da vicino le vicende e le personalità che fiorirono allora all'interno dei principali partiti politici presenti in città.

Il 23 ottobre 1958 alla presidenza della Regione Sicilia, contro le direttive del suo partito[124] era stato eletto l'autorevole deputato regionale democristiano, **Silvio Milazzo**[125]. La sua elezione era scaturita da un'inaspettata convergenza tra una parte dei deputati dc, il PCI, il PSI, i monarchici e i missini, forze tutte che erano entrate nel nuovo governo regionale. Tale operazione era stata vista da molti come una giusta ribellione contro il soffocante centralismo romano che insidiava l'autonomia siciliana. L'inusitata operazione introdusse nel linguaggio politico il termine *milazzismo* per indicare la convergenza fra le opposizioni di destra e di sinistra onde battere il monopolio del potere del centro, dominato dalla DC.

Essendosi rifiutato di dimettersi, come gli imponevano gli organi centrali del suo partito, Milazzo venne espulso dalla DC e, l'8 novembre 1958, fondò un proprio movimento: l'Unione Siciliana Cristiano Sociale (USCS), alla testa del quale si presentò alle elezioni regionali del 7 giugno 1959, riuscendo poi a formare un nuovo governo regionale (senza il MSI)[126].

---

124 Il candidato ufficiale della DC era Barbaro Del Giudice.

125 Silvio Milazzo (1903-1982) era originario di Caltagirone, città che aveva già dato i natali a importanti personaggi politici, quali il prete don Luigi Sturzo, fondatore, nel 1919, e leader del Partito Popolare Italiano (precursore della DC); Mario Scelba, famoso ministro dell'Interno democristiano dei governi centristi del secondo dopoguerra e poi anche Presidente del Consiglio; Arturo Vella, vicesegretario del PSI negli anni precedenti il primo conflitto mondiale e poi uno dei maggiori leader massimalisti, fatto oggetto perfino delle "attenzioni" di Lenin e promotore del Comitato di Difesa Socialista assieme a Pietro Nenni nel 1923.

126 Esponente di spicco dell'USCS in questo periodo fu l'on. Ludovico Corrao, oratore eccezionale, che parlò più volte anche a Lentini. Il governo Milazzo

Anche a Lentini venne fondata una sezione dell'USCS, con sede in Via Conte Alaimo. Promotore e leader ne fu il prof. **Giuseppe Nanfitò**, una figura di pedagogista di grande spessore, che andrebbe in qualche modo ricordata dalla sua Città[127]. Il nuovo partito, schieratosi a fianco delle sinistre, presentò una sua lista alle elezioni municipali del 6 novembre 1960.

Nel fortissimo PCI lentinese, dopo la caduta del gruppo dirigente capeggiato da **Giovanni Pupillo**[128], più precisamente nel periodo della gestione "centrista" del partito (segreterie di Nicolò Manganaro e di Angelo Peluso)[129] era prepotentemente riemersa la corren-

---

cadde agli inizi del 1960, in seguito alla defezione del deputato Benedetto Majorana della Nicchiara, che divenne a sua volta Presidente della Sicilia. L'USCS si scioglierà di fatto nel 1963.

127 Giuseppe Nanfitò, laureato in Pedagogia, educatore e specialista di didattica, iniziò la sua carriera come maestro elementare, ancora oggi ricordato dai suoi alunni superstiti, per avere, fra l'altro, fatto ricoprire ad alcuni di loro, regolarmente e periodicamente eletti, le cariche di sindaco e di assessore (uno di essi dai suoi ex compagni viene ancora scherzosamente definito "il sindaco") per abituarli ai meccanismi della democrazia. Concluse la sua carriera come professore di Pedagogia all'Università di Catania. Fu assessore alla Pubblica Istruzione nelle giunte Arena e Tribulato. Delle sue opere possiamo ricordare: *Ordinamenti scolastici nel mondo*, Muglia, Catania, 1965 e *Legislazione scolastica*, Editrice italiana Artigrafiche, 1966.

128 Dopo il ritiro di Giovanni Pupillo dalla politica attiva, *leader* del gruppo divenne Guido Grande, futuro segretario provinciale della CGIL e poi deputato regionale.

129 La gestione "centrista" della sezione comunista era stata preceduta dalle segreterie di Giulio Bruno e di Mario Strano.

te areniana e il suo prestigioso leader **Nello Arena**[130] che, pur essendo consigliere comunale nella legislatura 1956-1960, era rimasto per lungo periodo silente ed appartato dalle vicende politiche ed amministrative, forse frenato dall'autorevole leadership di Otello Marilli[131].

Nell'ultimo biennio però la sua componente[132] aveva fortemente esteso la sua influenza in tutte e tre le sezioni che il PCI era riuscito a formare a Lentini[133], di cui aveva poi assunto il pieno controllo. Alla viglia delle elezioni la candidatura a sindaco di Nello Arena, autodidatta di spiccata intelligenza e cultura[134] e oratore di straordi-

---

130 Nello Arena (Catania 20-8-1915/Roma 20-10-1984), artigiano orologiaio, visse e svolse la sua attività essenzialmente a Lentini. Appassionato sostenitore degli umili, si rivelò leader carismatico del PCI lentinese, nel cui ambito assunse posizioni di "sinistra", suscitando l'entusiastico fervore dei suoi sostenitori e il rancoroso ostracismo dei suoi avversari, esterni ed interni al partito. I suoi detrattori lo consideravano un capopopolo dall'incerta ideologia, mentre i suoi estimatori ne esaltavano le qualità umane e politiche. Certamente era un uomo onesto, nella buona e nella cattiva sorte. Il che non è poco.

131 Marilli, dopo la sua mancata riconferma alla Camera del 1958 ("se lo sono giocato a Siracusa", dicevano i suoi compagni di Lentini) era emigrato a Catania, dove era stato eletto consigliere provinciale.

132 Giovanbattista Manganaro, Paolo Carani, Tanuzzu Pizzolo, Peppino Mendola, Turi Miceli, Pippo Leonardi, Francesco Coppola, Carmelo Ansaldo, ecc.)

133 Intitolate rispettivamente a Gramsci (la centrale di via Roma 10), a Lo Sardo (zona S. Paolo) e a Lenin (Sopra Fiera)

134 Un giorno due universitari socialisti, con cui intratteneva affettuosi rapporti di amicizia, si recarono a trovarlo a casa sua. La moglie li pregò di attendere qualche minuto nello studio; durante la breve attesa essi ebbero modo di notare che le pareti della stanza erano interamente ricoperte da scaffali pieni di libri. Non poterono, perciò fare a meno di chiedergli: "Ma tu li hai letti pro-

naria efficacia[135], appariva scontata ed inarrestabile, nonostante il mugugno dei suoi avversari interni, ormai sulla difensiva.

Anche in casa del PSI erano avvenuti notevoli cambiamenti, specialmente dopo la morte del suo prestigioso segretario, il ferroviere antifascista **Gaetano Zarbano**[136], avvenuta il 6 gennaio 1959. A succedergli era stato chiamato l'avv. **Filadelfo Pupillo**, nipote dell'on. Francesco Marino[137] e intellettuale intraprendente con una naturale inclinazione per l'attività politica. Al suo fianco esponenti della vecchia guardia, come Nino Giudice e Turi Sorbello e giovani emergenti come Sebastiano Centamore, presidente dell'Associazione dei Cacciatori e Peppino Battiato, sindacalista della CGIL nel settore "Enti locali". Animavano inoltre la sezione militanti influenti e impegnati come Alfio Ferrauto, ex assessore e Alfio Floridia, ex partigiano in Jugoslavia, Turi Mangiameli, Alfio Serratore, i giovani del Movimento Giovanile Socialista, e tanti altri.

---

prio tutti questi libri?". Ed egli rispose "Sì, ma vorrei aver letto tutti quelli che non sono in questa stanza".

135 Si diceva che il suo stile oratorio fosse analogo a quello di Mussolini, notoriamente oratore di grande presa sull'uditorio.

136 Nel 1924, dopo l'assassinio di Matteotti, Zarbano aveva abbracciato l'ideale socialista; nel 1935, accusato di propaganda socialista, gli era stato inibito l'ingresso in Sicilia. Era rientrato a Lentini dopo la guerra, aderendo subito alla sezione del PSI, ricostituita nel 1955-56. Fra i suoi collaboratori erano personaggi di assoluto prestigio e di illibata correttezza, come Peppino Aliano, Carlo Cicero, Guglielmo Moncada, Peppino Ferrauto, Luigi Di Pietro.

137 Marino, alcuni anni dopo la sua espulsione dal PCI per il suo voto – nonostante il diverso orientamento del suo partito – favorevole alla riforma agraria, era rientrato nel PSI a cui si era iscritto nel lontano 1911. Non vi svolgerà però alcun ruolo.

Circa un anno prima delle elezioni comunali rientrò a Lentini e quindi nella sezione socialista l'avv. **Mario Ferrauto**, la cui famiglia molti anni prima si era trasferita a Sortino. Il suo carattere aperto ed esuberante gli attirò presto molte simpatie e attorno a lui si formò un gruppo di entusiasti seguaci che ne sostenevano la *leadership* nella sezione. Si arrivò così ad una segreteria bicefala Pupillo-Ferrauto.

La composizione della lista per le comunali fu notevolmente sofferta, specie quando si diffuse la fobia delle omonimie: essendo ormai essenziali per i pochi seggi[138] che la proporzionale avrebbe assegnato al PSI, la battaglia per le preferenze divenne frenetica e si impose l'esigenza di impedirne ogni dispersione, anche evitando di mettere in lista candidati con lo stesso cognome. Così Alfio Ferrauto, consigliere uscente, rinuncerà alla candidatura per non intralciare Mario Ferrauto, mentre Carlo Centamore si ritirerà per non danneggiare Sebastiano Centamore.

Nulla di nuovo, invece, in casa PSDI, ormai divenuto "il partito di Castro", che ancora si leccava la ferita delle recenti elezioni regionali, in cui aveva preso solo 158 voti (1,87 %) e si rotolava nel suo ormai radicato anticomunismo, che spesso si estendeva ai cugini del PSI. Ma il partito resisteva, anche grazie al fatto di poter usufruire gratuitamente di una sede propria, in Via Italia, concessa al PSDI dagli assegnatari di Bonvicino, tutti devoti a Castro, che da brac-

---

138 Nel recente passato dei 20 candidati socialisti della lista "Gorgia" (PCI-PSI) del 1956 10 erano stati subito eletti (assieme a tutti i 20 comunisti) e gli altri 10 erano tutti diventati consiglieri comunali, in seguito a dimissioni o rinunce.

cianti che erano, grazie alla cooperativa "Il lavoro", li aveva fatti diventare proprietari di fiorenti agrumeti. Unico fatto relativamente nuovo, l'emergere di due validi quadri: Peppino Pisano, destinato a succedere a Castro in campo politico, e il geom. Carmelo Fangano. Il partito fu comunque in grado di presentare una lista.

Negli anni precedenti le elezioni la DC di Lentini si era andata meglio organizzando, mentre si modificava e si allargava la sua base di iscritti e di elettori. Da partito cattolico, quasi emanazione diretta della locale Chiesa cattolica[139], grazie all'apporto di nuovi associati provenienti per lo più da organizzazioni fiancheggiatrici[140] e dalla borghesia delle professioni, essa si stava trasformando in un partito moderato interclassista di massa, che acquistava sempre più autonomia dalla Chiesa, tuttavia sempre tenuta in grande considerazione.

Tale trasformazione comportò, al suo interno, anche il formarsi di due diverse visioni della presenza politica del partito nella società. Alla visione, in certo senso elitaria dei Bombaci, dei Tribulato, dei Butera prese man mano a contrapporsi una visione più popolare, più vicina alle masse, in un certo senso anche più laica, di cui esponente più influente divenne il giovane emergente **Enzo Nicotra**[141].

---

139 Come detto, animatore discreto, quanto perspicace, ne era stato il parroco della Chiesa Madre, mons. Francesco La Rosa.

140 ACLI, CISL, Coltivatori Diretti, Associazione Cristiana Artigiani, Associazione Sportiva "Libertas".

141 Nicotra, eletto consigliere comunale nel 1956, era diventato segretario della sezione nel 1957, col sostegno del segretario provinciale Graziano Verzotto (conserverà la carica fino al 1974). Nel 1958 entrò nella Commissione Provinciale di Controllo (CPC), dove rimase fino al 1970, negli ultimi quattro anni

Per il momento le due "anime" della DC convivevano, anche se la vecchia guardia cominciava a guardare con un misto di stupore e di diffidenza la crescita politica del giovane segretario e i mutamenti strutturali nel partito, in quanto si trovava di fronte ad una concretezza operativa che, se superava nei risultati la strategia precedente, le appariva troppo innamorata del potere.

Alle elezioni comunali la DC si presentò comunque compatta, mettendo in lista tutti i suoi maggiori big, ad eccezione di 'Nzino Bombaci, nominato da poco vicedelegato (vicepresidente) dell'Amministrazione Provinciale e di Enzo Nicotra, membro della Commissione Provinciale di Controllo. La sua lista era capeggiata dall'avv. Alessandro Tribulato, candidato alla sindacatura e capogruppo designato.

Anche nel MSI era emerso un nuovo gruppo dirigente attorno all'avv. **Salvatore Neri**[142], che sarà per molti anni leader del partito. Accanto a lui operavano personaggi di notevole spessore politico, come il cav. Attilio Iachelli, per lunghi anni segretario amministrativo della sezione.

La *leadership* dell'avv. Neri era però contrastata da un'altra forte personalità emersa nel partito: quella del rag. **Salvatore Manoli**. Il sostanziale dualismo che ne conseguiva, al di là delle differenze caratteriali e dell'inevitabile intreccio con le problematiche locali, poteva in certo qual modo farsi risalire alle due anime missine che, a livello nazionale, convivevano nel partito fin dalla sua costituzione:

---

da presidente.

142 Egli era figlio del leader storico e fondatore del partito a Lentini, rag. Sebastiano Neri, consigliere e capogruppo uscente.

quella, cosiddetta "in doppiopetto", incarnata da Michelini a Roma e da Neri a Lentini, propensa ad inserire il partito nella dialettica politica e a incidere sulle istituzioni; e quella, interpretata a Lentini da Manoli, che per lo più guardava ad Almirante, che era più legata idealmente alle istanze della Repubblica Sociale Italiana (1943-1945) ed era fautrice di un'azione politica che non si concentrasse esclusivamente sul momento elettorale. Il successivo dipanarsi delle vicende storiche assegnerà, senza ombra di dubbio, la prevalenza alle tesi di Neri, consegnando ad un passato senza ritorno le aspirazioni di Manoli[143] e dei suoi sodali. Il MSI aveva comunque raggiunto un'efficienza organizzativa tale da consentirgli di presentare, senza difficoltà, una propria lista alle elezioni del 1960.

Le urne, ancora una volta, decretarono la vittoria delle sinistre, questa volta comprensive dell'USCS.

IL PCI, cedendo qualcosa al PSI e all'USCS, raggiunse il 42,3 % e 18 seggi, in cui erano rappresentati tutti i gruppi interni[144] e registrò il

---

143 Il rag. Salvatore Manoli (Lentini 28-8-1930/Parma 7-11-1996), figura di gentiluomo di vecchio stampo, già da giovanissimo si era orientato politicamente a destra, ai cui ideali rimase fedele fino alla morte. Fu fondatore a Lentini di un *Centro Studi Mussoliniano*, con sede in Via Arrigo Testa. Nel 1964, con un gesto forse più esteriore che intimamente vissuto, aderì al movimento "Nuova Repubblica", fondato da Randolfo Pacciardi, che aveva capeggiato una scissione dell'ala destra del PRI. Successivamente rientrerà nel partito e nel 1972 sarà candidato missino alla Camera, dopodiché lascerà la politica attiva, senza nulla rinnegare dei propri ideali. Vicinissimo nella sua azione politica gli fu il fratello dott. Gregorio, per molto tempo considerato una delle maggiori autorità, dal punto di vista ideologico, della destra lentinese.

144 Fra gli eletti l'ex sindaco Vitale Martello, il capogruppo Bruno Ossino, il vecchio antifascista Carmelo Ansaldo ("areniano"), Ignazio Magrì ("centrista"),

trionfo del suo capolista Arena, che ottenne oltre 5.000 preferenze, ponendo così una fortissima ipoteca sulla carica di sindaco.

Al PSI (11,7 %) andarono quattro seggi che furono assegnati all'avv. Mario Ferrauto, trionfalmente eletto, con oltre 500 preferenze, ormai segretario unico del PSI lentinese; all'emergente Sebastiano Centamore, assessore uscente; all'ing. Carlo Cicero, prestigiosa figura di intellettuale[145]; al coltivatore diretto Giovanni Bruccone.

L'unico seggio dell'USCS (2,9 %) andò al suo fondatore prof. Giuseppe Nanfitò, il primo dei tre leader a parlare nel comizio di ringraziamento agli elettori, in cui esordì con queste parole. "Gioisci, popolo, perché hai vinto…". Anche il PSDI riuscì a conquistare un seggio, che riportò in Consiglio Comunale l'inossidabile Filadelfo Castro[146]; il PSDI, che alle regionali dell'anno precedente era precipitato all'1,87 %, riuscì a risalire la china con il 2,9 % delle comunali. Castro[147] morirà il 10 marzo 1963, non arrivando quindi a completare la legislatura; a lui subentrerà il primo dei non eletti della sua li-

---

Vincenzo Crisci, il più deciso avversario interno di Arena.

145 L'ing. Cicero fu, per molti anni, presidente del *Centro Studi Notaro Jacopo*, della Biblioteca Comunale e del famoso *Premio Lentini*. Era un socialista turatiano, proveniente dalla sinistra socialdemocratica. Aveva abbonato, di tasca sua, il Centro Studi all'*Avanti!* e la sezione del PSI alla più antica rivista socialista, fondata da Fillippo Turati, *Critica Sociale*.

146 Egli era ormai il leader indiscusso della locale socialdemocrazia; era anche cresciuto il suo anticomunismo, ormai divenuto – come si diceva allora – "viscerale", ampiamente ricambiato dai comunisti.

147 Castro, nella sua lunga carriera politica, non uscì mai dalle acque, pur agitatissime, del socialismo italiano, che egli attraversò tutte, da sinistra a destra, senza mai valicarne i limiti.

sta, Peppino Pisano, suo fedele seguace ed estimatore, che volle sempre onorare la memoria del suo Maestro.

Indiscutibile il successo della DC, la cui forza elettorale non fu neanche scalfita dalla scissione dell'USCS. Essa, infatti col suo ottimo 34,8 % superò il 31,4 % delle politiche del 1958 e confermò il successo delle regionali 1959, in cui aveva raggiunto il 34,41 %, ottenendo ben 14 seggi sui 40 del Consiglio Comunale. Nella campagna elettorale si erano impegnati a fondo tutti i suoi principali leader: Nicotra, componente della CPC ed assai vicino all'on. Andreotti, Bombaci, vicedelegato all'Amministrazione provinciale e molto legato all'on. Scelba, Tribulato, presidente del Consorzio di Bonifica del Lago di Lentini. Il partito aveva fatto appello alle forze sociali per le quali si era battuto negli anni precedenti: agli artigiani, a favore dei quali era stata emanata la legge per il "riconoscimento giuridico dell'artigiano", quella per la Cassa Mutua e quella per la pensione; ai coltivatori diretti, che avevano ottenuto la Cassa Mutua e la pensione; ai commercianti, che anch'essi avevano conquistato la Cassa Mutua; agli assegnatari della riforma agraria, ai quali era stato ricordato che l'apposita legge era stata approvata all'ARS col voto contrario delle sinistre[148], agli ex pescatori e cacciatori del Biviere, ai quali veniva ricordata l'azione di mons. La Rosa, dell'on. Gaetano Lo Magro e dello stesso Nicotra in loro favore, che gli aveva procurato l'assegnazione di fertilissimi terreni. Il partito aveva anche usufruito dell'immancabile sostegno delle organizzazioni cattoliche.

---

148 Con l'eccezione dell'on. Francesco Marino, per questo poi espulso dal PCI.

Risultarono eletti, oltre l'avv. Alessandro Tribulato, i maggiori esponenti della vecchia guardia come l'ing. 'Nzino Ragazzi, il cav. Pasquale Valenti, il cav. Salvatore Butera, presidente dei Coltivatori Diretti, e giovani emergenti come l'avv. Salvatore Moncada, futuro leader della minoranza interna.

Il MSI, col suo 5,4 % resse abbastanza bene, ottenendo due seggi, attribuiti al commerciante Saretto Amato e al cav. Attilio Iachelli, originario di Francofonte e galantuomo molto stimato anche oltre le file del suo partito, di cui non rinnegherà mai gli ideali.

Il 23 novembre 1960 **Sebastiano (Nello) Arena**, sostenuto dalla coalizione PCI-PSI-USCS, fu eletto sindaco e il 13 dicembre successivo si insediò la Giunta Comunale da lui presieduta[149].

L'oratore, l'agitatore, il polemista che ben sapeva interpretare i sentimenti delle masse, si trovò così a doversi confrontare con la prosaica realtà amministrativa di tutti i giorni, su un terreno che forse non era il suo, sempre alle prese con i lacci della burocrazia.

La sua forte personalità, secondo alcuni accentratrice, non poteva non suscitare opposte passioni. Nel suo stesso partito si crearono due fronti contrapposti: quello dei suoi sostenitori[150] e quello dei suoi oppositori, il cui esponente principale era Guido Grande, il cui

---

149 Assessori effettivi: Mario Ferrauto (vicesindaco), Sebastiano Centamore, Giovanni Bruccone (PSI), Ignazio Magrì, Giovanni Manganaro (PCI), Giuseppe Nanfitò (USCS); assessori supplenti: Cirino Garrasi e Peppino Mendola (PCI).

150 Molti suoi sostenitori, dopo la sua partenza da Lentini, diventeranno "filocinesi". Alcuni di loro andranno nel PSIUP o nella sinistra extraparlamentare.

gruppo, più politicizzato e meno esposto a spinte emotive, forse più allineato alla politica nazionale del PCI, agiva d'intesa con un trio di consiglieri comunali, destinati ad avere un notevole ruolo nella politica locale: il rag. Vitale Martello (che concluderà il suo cammino politico nel PSI), il corpulento commerciante Vincenzo Crisci[151] e, molto più pacatamente, il commerciante Bruno Ossino. In questo schieramento antiareniano cominciava ad emergere anche un giovane militante: Ciccio Vinci, futuro consigliere provinciale.

Anche nel PSI si profilavano divisioni tra una salda maggioranza interna facente capo all'avv. Mario Ferrauto, che cumulava la carica di segretario del partito e quella di vicesindaco, e una minoranza guidata dall'avv. Filadelfo Pupillo, ormai estromesso dalla segreteria. Sullo sfondo già si vedevano: una costante "mutazione genetica" della base, in cui affluivano nuovi iscritti, attirati, più che dalla battaglia per il socialismo, dall'inebriante odore del potere; un'insofferenza per ogni forma di critica; le lusinghe che arrivavano dall'opposizione, abilmente guidata dall'avv. Nicotra; il diffuso anticomunismo della base, derivante dal fatto che la maggior parte del gruppo dirigente era costituita da ex: ex comunisti ed ex socialdemocratici, tutta gente rancorosa nei confronti dei comunisti, dal canto loro piuttosto arroganti.

Questa propensione per la rottura a sinistra era emersa anche nel precongresso sezionale, tenuto in vista del 34° Congresso Naziona-

---

[151] Pare che in uno degli accesi dibattiti interni, Arena abbia gridato al suo antagonista: "Crisci, non abbiamo paura della tua circonferenza!".

le del marzo 1961, in cui l'intera assemblea sezionale si era espressa per la mozione "autonomista" di Nenni[152].

Nell'ottobre 1961 l'amministrazione Arena fu investita da una forte ondata di critiche, provenienti non solo dall'opposizione interna del PCI[153], facente capo a Guido Grande e da quella interna del PSI, guidata dall'avv. Filadelfo Pupillo, ma perfino dalla maggioranza dello stesso PSI, facente capo allo stesso suo vicesindaco Mario Ferrauto, ormai desiderosa di sperimentare anche a Lentini la formula di centro-sinistra, che dai primi anni '60 andava diffondendosi in Italia.

Questo accerchiamento di Arena, alimentato da rivalità e vecchi rancori, esterni ed interni al PCI, dall'anticomunismo diffuso nel PSI, al punto da determinare nella sezione l'improvviso accordo tra maggioranza e minoranza[154], le pressioni dell'opposizione consilia-

---

[152] Con la sola eccezione dello studente in medicina Paolo Messina, dichiaratamente "morandiano". Nel Comitato Provinciale furono poi eletti 4 rappresentanti, tutti autonomisti, della sezione di Lentini: l'avv. Filadelfo Pupillo, l'imprenditore edile Alfio Serratore, lo studente Ferdinando Leonzio (leader del MGS) e l'avv. Mario Ferrauto, che però in sede congressuale provinciale passò ad una mozione "autonomista locale" presentata dalla sezione di Canicattini, guidata da due professori di lettere: Vincenzo Bondì e Salvatore Miceli.

[153] Un segnale eloquente dell'imminente crisi fu il passaggio dell'assessore comunista Giovanni Manganaro dall'area "areniana", di cui era stato esponente di primo piano, a quella "martelliana". Manganaro, alcuni anni dopo, aderirà al PSI.

[154] Ad opporsi, nel PSI a quella che era ritenuta una specie di congiura di "destra" rimase, vigorosamente, solo Il forte Movimento Giovanile Socialista. Quest'ultimo, verso la fine del 1961, era divenuto organizzazione autonoma col nome di Federazione Giovanile Socialista (FGS), la cui tessera – particola-

re[155], desiderosa di mandare a casa i comunisti di tutte le scuole e di entrare nell'area del potere cittadino, portò alla crisi dell'amministrazione Arena, formalizzata da una mozione di sfiducia presentata dall'opposizione e approvata dal Consiglio Comunale con 22 voti su 40[156].

L'opposizione "democratica" (cioè non comprendente i missini) era però composta da 14 consiglieri DC e 1 PSDI, a cui si aggiunsero i 4 socialisti, ormai anch'essi fautori del centro-sinistra, per un totale di 19 consiglieri, numero insufficiente per qualunque deliberazione.

A rimuovere l'impasse era intervenuta, poco prima della crisi, l'uscita dai rispettivi partiti di due consiglieri comunali: il vecchio militante comunista Sebastiano Pignatello (la cosa suscitò notevole clamore in città, ancora non abituata a simili "uscite") e quella di Saretto Amato dal MSI[157].

L'apporto di Amato e Pignatello, divenuti indipendenti, diventerà determinante anche per l'elezione del nuovo sindaco e della nuova

---

re questo molto importante per gli sviluppi futuri della dialettica interna – attribuiva ai giovani la doppia militanza, nella FGS e nel PSI, nei cui organismi i giovani iscritti alla FGS avevano pertanto pieno diritto di voto.

155 Si arrivò al punto che l'avv. Nicotra, segretario della DC, fu fatto parlare in un'assemblea sezionale del PSI, per sollecitarne l'adesione all'auspicato centro-sinistra!

156 Votarono a favore della mozione di sfiducia 14 consiglieri della DC, 4 del PSI, 1 del Psdi, 1 del MSI e 2 indipendenti.

157 Tempo prima Amato aveva donato al MSI lentinese il gagliardetto della sezione.

Giunta Municipale di centro-sinistra, sostenuta da Dc-PSI-PSDI e Indipendenti e presieduta dall'avv. **Mario Ferrauto** (PSI)[158].

L'operazione rappresentava un grande successo per la locale sezione della DC, che per la prima volta, e con una qualificata delegazione, entrava nella "stanza dei bottoni"[159] cittadina. Ma era anche un successo personale del suo segretario **Enzo Nicotra** che, con la sua politica, aveva fatto raggiungere al suo partito un risultato da tempo molto desiderato, ma mai realizzato.

Intanto la crisi interna al PCI era cresciuta oltre ogni limite, tanto che la Federazione provinciale del partito, guidata dal giovane Manlio Guardo, si era vista costretta a sciogliere le tre sezioni di Lentini e a ricostituirne una sola, con un tesseramento del tutto nuovo, con l'evidente scopo di operare una severa selezione dei militanti, al fine di evitare per il futuro ogni possibile ritorno delle fazioni.

In seguito a questa impostazione, non richiesero la tessera e quindi rimasero fuori del partito le due ali estreme: la "sinistra" di Arena[160] e dei suoi sodali e la "destra" dei consiglieri Vincenzo Crisci e Vitale Martello. Fu in questa circostanza che si affermò e si consoli-

---

158 Della Giunta facevano parte gli assessori effettivi: Sebastiano Centamore e Giovanni Bruccone (PSI), l'avv. Giovanni Sgalambro (vicesindaco), l'ing. Alfio Buccheri, il dott. Salvatore Moncada, e il sig. Mercurio Di Mari (DC); assessori supplenti: Saretto Amato e Sebastiano Pignatello (Indipendenti).

159 Lo slogan sarà coniato da Nenni nel 1964.

160 La frazione areniana per qualche tempo rimarrà compatta attorno al suo leader e in seguito (1964) entrerà nel PSIUP. Arena emigrerà a Roma dove pare abbia ripreso la tessera del PCI, per interessamento dell'on. Umberto Terracini.

dò nel PCI la leadership di Guido Grande, il dirigente più allineato alla Federazione provinciale e alla politica nazionale del partito.

Dei 18 consiglieri eletti, ridotti a 17 dopo la defezione di Pignatello, solo dieci[161] rimasero nel gruppo consiliare comunista, ormai diviso in tre tronconi, tutti e tre comunque all'opposizione della giunta Ferrauto.

Sbolliti i primi entusiasmi dei vincitori, anche la giunta Ferrauto cominciò a vacillare, non solo per la ferma opposizione comunista, ma soprattutto perché un'ondata di malcontento per gli scarsi risultati prodotti, cominciò a serpeggiare nella DC, timorosa di doversi presentare al prossimo appuntamento elettorale con un insuccesso alle spalle.

La critica alla gestione Ferrauto si estese, durissima, anche all'interno del PSI, dove il gruppo dell'avv. Pupillo, ora in alleanza con quello dei giovani, riuscì a conquistare la maggioranza del Direttivo[162]; tale nuova maggioranza era però a sua volta fortemente contrastata dal gruppo Ferrauto, che poteva contare, oltre che sul potere derivante dal controllo dell'Amministrazione Comunale, anche sul sostegno del gruppo che si andava coagulando attorno all'emergente assessore Sebastiano Centamore.

---

161 Fra di essi il capogruppo Bruno Ossino, Ignazio Magrì, Alfio Raiti, Peppino Calamaro, Ciccio Ciciulla e Cirino Garrasi.

162 Nell'Assemblea sezionale del 30 aprile 1962. Segretario ridivenne l'avv. Filadelfo Pupillo, con vicesegretario Ferdinando Leonzio. La nuova dirigenza poteva contare sul sostegno del capogruppo consiliare ing. Carlo Cicero, sulla grande maggioranza della FGS e su tre componenti del Comitato Direttivo della Federazione (Pupillo, Leonzio, Serratore).

Essendosi le tensioni oltremodo acute, il Comitato Provinciale socialista, in data 14 luglio 1962, sciolse la sezione di Lentini, nominando una "Commissione di reggenza" di tre componenti[163], col compito di ricostituire la sezione su basi più solide e meno conflittuali.

Il provvedimento scoraggiò la componente Ferrauto - Centamore, ormai ritenutasi emarginata[164].

Il comportamento dei commissari però rovesciò la situazione in favore del gruppo Ferrauto-Centamore, non fece alcuna selezione per il nuovo tesseramento e, soprattutto, impedì ai giovani di votare nell'Assemblea per eleggere il nuovo direttivo sezionale, con la scusa che essi non avevano ripresentato la domanda per la reiscrizione nel partito, "dimenticando" che la tessera della FGS, non sciolta e pienamente riconosciuta dalla Direzione Nazionale giovanile, attribuiva ai suoi titolari il diritto di militare a pieno titolo e di deliberare anche nel partito.

---

163 I tre componenti rappresentavano le tre correnti del partito siracusano: Ciccio Ganci ("Sinistra"), Salvatore Pitruzzello ("Autonomia") e Vincenzo Bondì ("Autonomia locale"). Quest'ultimo gruppo (a cui si era legato l'avv. Mario Ferrauto), alleandosi inizialmente con la "sinistra" aveva consentito l'elezione a segretario provinciale dell'ottimo avv. Peppino Panico, della sinistra; successivamente aveva rotto l'alleanza, facendone un'altra con gli autonomisti puri, ed ottenendo in cambio la segreteria, nella persona del prof. Salvatore Miceli. Bondì e Miceli, entrambi di Canicattini, erano così diventati i veri "padroni" della Federazione.

164 Pare che essa abbia tentato un passaggio in massa nella socialdemocrazia locale, che l'esperto e prudente Castro avrebbe respinto.

Il nuovo direttivo sezionale, eletto a lista unica, consegnò il partito ad un nuovo gruppo, capitanato da don Antonino Di Noto, che con tale procedura divenne il nuovo segretario sezionale.

A tagliare il nodo della traballante Amministrazione Ferrauto, provvide la DC che se ne sganciò nel novembre 1962, dopo essersi assicurata i numeri per formare una nuova giunta, questa volta di centro, con l'esclusione del PSI.

Si trattava però di una giunta di minoranza, potendo ufficialmente contare solo su 19 consiglieri sui 40 del Consiglio Comunale e cioè 14 della DC, 1 dell'USCS, 1 del PSDI e 3 indipendenti (Saretto Amato, Sebastiano Pignatello e l'ex PSI Giovanni Bruccone, per l'occasione dichiaratosi indipendente). Sindaco divenne (21 novembre 1962) l'avv. **Alessandro Tribulato**, uno degli esponenti più prestigiosi della DC lentinese, uomo assai colto e dai modi signorili. Egli però era stato eletto (votazione segreta) con 21 voti[165], cioè con due voti in più di quelli su cui poteva ufficialmente contare, il che portò il nuovo direttivo del PSI, presieduto dal Di Noto, ad espellere dal partito (senza alcuna garanzia procedurale e statutaria) non solo Giovanni Bruccone, ma anche l'ing. Carlo Cicero, il più prestigioso esponente dei socialisti lentinesi[166].

---

165 Il nuovo gruppo dirigente del PSI, di fronte al pericolo di rimanere lontano dal potere, aveva tentato di riacquistare una verginità di sinistra, sostenendo la candidatura a sindaco del capogruppo del PCI Bruno Ossino, che però riportò 18 voti contro i 21 di Tribulato.

166 L'ing. Cicero, trasferitosi in seguito a Catania, fu riaccolto da quella Federazione, con tutti gli onori, nel PSI.

La nuova amministrazione[167], che per la prima volta vedeva alla sua testa un cattolico, aveva tuttavia in sé elementi di debolezza: non era sostenuta da una maggioranza consiliare, aveva al suo interno indipendenti di varia provenienza ed era praticamente sostenuta dalla sola DC.

Ma neanche il partito dello Scudo Crociato, nonostante l'indiscutibile successo e l'apparente solidità[168], era uscito indenne dalle vicende della travagliata legislatura che aveva visto succedersi già tre sindaci (Arena, Ferrauto e Tribulato). Fu, infatti, nel periodo dell'amministrazione Tribulato che nella DC comincerà ad emergere un contrasto di fondo tra le due anime della sezione che durerà fino allo scioglimento del partito.

L'avv. Tribulato, galantuomo di vecchio stampo, rispettoso delle leggi e delle istituzioni, non era forse la personalità più adatta a fronteggiare le aspettative clientelari che fatalmente emergono attorno all'area del potere, quando le file dei partiti immancabilmente si ingrossano. Inoltre il sindaco, geloso delle sue prerogative, mal si acconciava alle interferenze del partito; il quale però non si rassegnava ad essere escluso dalle scelte più importanti per la Città. Si intrecciavano perciò malintesi e malumori, che facevano riemergere gli antichi contrasti tra la visione "aristocratica" della poli-

---

167 Assessori effettivi erano: l'avv. Giovanni Sgalambro, il prof. Mario Ciancio, il geom. Antonino Casella, il sig. Mercurio Di Mari (DC), il prof. Giuseppe Nanfitò (USCS) e l'ex socialista Giovanni Bruccone; supplenti: Saretto Amato (ex MSI) e Sebastiano Pignatello (ex PCI). Il PSDI, come per la precedente giunta Ferrauto, diede solo l'appoggio esterno.

168 Il PCI si era diviso in tre parti e il PSI e il MSI avevano avuto i gruppi consiliari dimezzati.

tica, propria del vecchio gruppo dirigente e quella "popolaresca" del giovane segretario sezionale Nicotra e dei suoi sostenitori[169]. I nuovi arrivati vedevano i vecchi come nobilastri con la mosca al naso, mentre a loro volta erano considerati da quelli, più che come nuovi arrivati, come nuovi arrivisti.

I contrasti[170] fra gruppo e gruppo, fra Tribulato e Nicotra erano ormai ad uno stadio molto avanzato, quando un paio di risultati elettorali[171], negativi per la DC lentinese, indussero, con un gesto di rara eleganza istituzionale[172], il sindaco Tribulato a rassegnare le dimissioni.

A Tribulato non mancò il cavalleresco riconoscimento di Arena in Consiglio Comunale: "Nella vita politica occorrono due virtù: l'onestà e il coraggio. Al sig. sindaco stasera non sono mancate queste due virtù".

Il Consiglio Comunale tenne la sua ultima seduta proprio sotto la presidenza di Arena, nella sua qualità di consigliere anziano per voti, il 24 maggio 1963. I 32 presenti si astennero tutti dalla votazione per l'elezione del nuovo sindaco, aprendo così la strada a una gestione commissariale.

---

169 Fra di essi ricordiamo i noti Ciccio Greco e Delfo Pulia.

170 Tali contrasti si trascineranno per tutta la durata del partito, perdendo pian piano per strada ogni riferimento ideale e divenendo pura lotta di fazione.

171 La DC, che alle comunali aveva conseguito un ottimo 34,8 %, alle politiche del 28-4-1963 era precipitata al 25,6 % e alle regionali del 9-6-1963 si era fermata al 32,4 %.

172 Anche Castro, in seguito al negativo risultato del suo partito alle elezioni regionali del 1947, pur avendo ancora la maggioranza in Consiglio Comunale, si era dimesso da sindaco.

Il direttivo sezionale della DC era ormai a maggioranza saldamente nicotriana.

Commissario Regionale fu nominato il medico lentinese **Vincenzo Pisano**, che restò in carica un anno (2 dicembre 1963/9 dicembre 1964). La sua gestione fu fortemente avversata non solo dal PCI, ma anche dalla minoranza della DC, al punto che l'avv. Vincenzo Bombaci, che del partito era stato il primo organizzatore, si dimise dalle sue cariche provinciali, lasciò la DC e aprì un Circolo Don Sturzo, con sede in Via Roma.

Si cristallizzava cosi l'eterno contrasto tra le due anime della DC.

Al PCI, frantumato dalle vicende del recente passato, in vista delle nuove elezioni, per cercare di riprendersi non restava che ritornare ad un passato già una volta sperimentato: richiamare a Lentini **Otello Marilli**.

6 - La Lentini di Marilli (1964 – 1970) - prima parte

Otello Marilli

Durante l'anno della gestione commissariale del Comune di Lentini del dott. Pisano, fra il dicembre 1963 e il novembre 1964, il quadro politico locale subì notevoli mutamenti. Tutti gli schieramenti politici, per i più diversi motivi, alla vigilia delle elezioni amministrative del 22 novembre 1964 apparivano piuttosto mutati nei loro gruppi dirigenti e nelle loro strategie di lungo termine. La novità principale era costituita dal ritorno dell'on. Marilli a Lentini, col preciso compito di ricostruire il PCI.

Il partito comunista, che era arrivato alla fine della gestione areniana diviso in tre tronconi, dopo lo scioglimento delle tre sezioni e un commissariamento assai selettivo, fu riorganizzato in una sola sezione con una salda leadership affidata a Guido Grande e al suo gruppo[173], mentre emergevano nuovi quadri, come il rag. Ciccio Vinci, futuro consigliere provinciale, e il prof. Michelangelo Cassarino, futuro sindaco; gli ex esponenti del gruppo "centrista", come Ignazio Magrì e Angelo Peluso, rimasero nel partito, ma senza alcuna influenza reale e furono presto emarginati. La segreteria del

---

[173] Carmelo Baudo, Fortunato Mastrogiacomo, Ciccio Ciciulla, Cirino Garrasi, Delfino Tomasello (intramontabile tesoriere del PCI), Sebastiano Vinci, ecc.

partito fu affidata ad un nuovo elemento da poco rientrato a Lentini, il maestro Alfio Mollica, intellettuale brillante e militante appassionato[174].

Il gruppo che potremmo definire "di destra" nella geografia interna del comunismo locale, costituito essenzialmente dagli ex consiglieri Vincenzo Crisci e Vitale Martello[175], scelse di rimanere fuori del partito e si diede a costruire una sorta di lista civica, che avrebbe preso il nome, dall'incerto significato politico, di "Ruota Alata".

L'ex ala sinistra, quella che aveva fatto capo a Nello Arena[176], era rimasta relativamente compatta[177] e aveva trovato anche una sponda ideologica nelle cosiddette "Tesi di Pechino", cioè nella corrente filocinese che in quegli anni stava emergendo nel PCI e che successivamente avrebbe assunto forme organizzative autonome, dando vita a veri e propri partiti maoisti che si sarebbero collocati alla sinistra del PCI[178]. Gli ex areniani, però, per una serie di circostanze,

---

174 Di lui si ricorda, oltre la vivace intelligenza, la pittoresca espressione: "Signori capitalisti, giù le brache!".

175 Martello era stato sindaco prima di Arena nel periodo 1957-60.

176 Arena era emigrato a Roma, dove pare sia rientrato nel PCI, grazie all'intervento di Umberto Terracini, uno dei fondatori del partito nel 1921 e già presidente dell'Assemblea Costituente, e come tale firmatario della Costituzione Repubblicana.

177 Ne facevano parte Paolo Carani, che ne divenne di fatto il nuovo leader, Peppino Mendola, Francesco Coppola, Giuseppe Leonardi, Turi Miceli, ecc.

178 Per un quadro abbastanza completo della nascita e dell'evoluzione dei gruppi filocinesi in Italia, si può vedere, di Ferdinando Leonzio, *La diaspora del comunismo italiano*, ZeroBook, 2017.

finiranno per confluire nel nuovo partito socialista denominato PSIUP.

Comunque a dare l'impronta al PCI di Lentini sarà soprattutto **Otello Marilli**, un arguto ed equilibrato intellettuale fiorentino trapiantato in Sicilia. Con lui il PCI diverrà meno barricadiero, più aperto ai giovani e alle donne, che formeranno gruppi quantitativamente e qualitativamente assai consistenti; la leadership di Marilli si caratterizzerà anche per la tolleranza verso gli avversari politici, per la pazienza eccezionale del leader, capace di sorbirsi chilometrici interventi dei "compagni di base", soprattutto per aver capito che il PCI, già rappresentante del tradizionale bracciantato agricolo, doveva aprirsi ad altri ceti produttivi e agli intellettuali progressisti, se voleva rendere duratura la sua influenza sulla politica cittadina.

Nel dicembre 1963 era stato formato il primo governo "organico"[179] di centro sinistra, il governo Moro-Nenni, che poneva definitivamente termine al "frontismo" del PSI e al "centrismo" della DC, dando così uno scossone alla politica italiana, liberandola dalle pesanti incrostazioni precedenti che l'avevano praticamente mummificata e avviando il famoso e auspicato incontro fra socialisti e cattolici. La formazione di tale governo aveva suscitato però forti perplessità nella destra democristiana e in quella repubblicana, ma ancor di più nella forte corrente di sinistra del PSI, capeggiata da Tullio Vecchietti, Dario Valori e Lelio Basso e, in Sicilia, da Vincenzo Gatto e dal siracusano Salvatore Corallo, ex presidente della Regio-

---

[179] Cioè con la partecipazione diretta del PSI e non col solo appoggio esterno o con un'astensione concordata.

ne. Lo scontro interno al PSI che ne derivò portò all'uscita dal partito della grande maggioranza della sinistra che, l'11 gennaio 1964, si costituì in partito autonomo, assumendo la denominazione di Partito Socialista Italiano di Unità Proletaria (PSIUP)[180]. La scissione comportò la necessità, per il nuovo partito socialista, del suo radicamento nel territorio e quindi della costituzione di federazioni e sezioni in tutta Italia.

A Lentini non ci fu nessuna scissione, essendo l'intera sezione fortemente autonomista o, per meglio dire, anticomunista[181]. Un tentativo di inserimento nel nuovo partito fu fatto con i giovani socialisti che nel 1962 si erano allontanati dal partito, in polemica con la nuova dirigenza della sezione[182], eletta con lista unica, grazie al sostegno di alcuni dirigenti provinciali. I giovani, però, ormai ridotti di numero e disorientati[183], declinarono l'invito, nonostante il meritato prestigio di cui godeva il segretario provinciale del PSIUP, l'avv. Giuseppe Panico. Alla vigilia delle elezioni, essi accolsero in-

---

180 Tale denominazione riprendeva quella che il PSI aveva assunto nel 1943, dopo la confluenza con MUP e UP e che aveva abbandonato subito dopo la scissione socialdemocratica del 1947, nel timore che il neonato partito saragattiano si appropriasse della storica sigla PSI.

181 Ciò era dovuto essenzialmente alla sua originaria base, di iscritti, formata prevalentemente da ex comunisti e da ex socialdemocratici, gruppi per formazione fortemente anticomunisti, ai quali si era man mano aggiunta una massa clientelare del tutto disinteressata alla politica.

182 Segretario della sezione del PSI era diventato Antonino Di Noto.

183 Per un certo periodi essi diffusero dei ciclostilati molto apprezzati in città. Il gruppo, in seguito, rapidamente si assottigliò fino a scomparire: la maggior parte passerà al PCI, alcuni si ritireranno dall'attività politica, altri rientreranno nel PSI, dopo la "caduta" del gruppo Di Noto.

vece l'invito di Marilli ad inserire un loro rappresentante come indipendente nella lista del PCI. Venne indicato Enzo Tondo, già membro del Consiglio Direttivo dell'UGI[184] dell'Università di Catania[185].

A questo punto avvenne l'incontro fra due esigenze ormai impellenti: quella del PSIUP provinciale di avere una sezione anche a Lentini e quella del residuo gruppo degli ex areniani, ora guidato da Paolo Carani[186], di collocarsi un partito organizzato con cui promuovere le proprie istanze politiche. A questo gruppo centrale si aggiunsero nel tempo altre tre componenti, inizialmente di minore consistenza: 1- il prof. Peppino Ferrauto, ex sindaco (1952-1956), forse l'unico proveniente dal PSI, in cui comunque non era stato un militante molto attivo; 2- un gruppo di giovani[187] molto affine socialmente a quello di Carani, che negli anni futuri giocherà un ruolo abbastanza importante nella politica cittadina; un gruppo, infine, facente capo all'avv. Delfo Lazzara, fratello del celebre penalista

---

184 Unione Goliardica Italiana, l'organizzazione politica degli universitari di sinistra, che in passato aveva annoverato fra i suoi dirigenti nazionali personaggi come Marco Pannella e Bettino Craxi.

185 Per una piccola biografia politica di Enzo Tondo, limpida ed intelligente figura di militante della sinistra si può consultare il libro di Ferdinando Leonzio *13 storie leontine*, APED, 2007.

186 Paolo Carani sarà segretario della sezione del PSIUP fino al 1970 circa. Carani si era iscritto al PCI nel 1947. Dopo lo scioglimento del PSIUP aderirà a Democrazia Proletaria e, infine, durante una sua permanenza a Milano, al Partito marxista-leninista (filocinese). Ritornato a Lentini si ritirerà dall'attività politica.

187 Angelo Celso, Pippo Nicotra, Lino Spada.

ed ex ufficiale partigiano avv. Salvatore. Un settore del sottoproletariato[188] si riconoscerà nel nuovo partito.

Con queste premesse non può sorprendere il fatto che, in dissonanza con la politica di stretta alleanza nazionale del PSIUP col PCI, a Lentini emergessero atteggiamenti e sentimenti fortemente critici nei confronti del PCI, ora in buona parte diretto proprio da dirigenti che, in tempi piuttosto recenti, erano stati fra i più severi critici interni degli ex areniani che ora guidavano il PSIUP.

Anche nella sezione del PSI le cose stavano cambiando, soprattutto grazie all'ingresso nel partito di nuovi iscritti (soprattutto operai della manutenzione stradale e netturbini) che, con la loro presenza attiva, cominciarono a modificarne la maggioranza interna. Il rinnovo del Direttivo (9 novembre 1963), nonostante la riconferma del Di Noto alla segreteria, dovette infatti registrare il sorgere di un nuovo astro, quello di Sebastiano Centamore[189], già più volte asses-

---

188 Il comportamento politico del sottoproletariato oscillante tra posizioni estremiste di sinistra e di destra (come i *descamisados* argentini) è stato ampiamente studiato dal filosofo ungherese György Lucács (1885-1971).

189 Sebastiano Centamore aveva bazzicato nella politica fin da giovanissimo, diventando funzionario della Camera del Lavoro, allora completamente in mano al PCI, cui però il Nostro non aderiva. Alle comunali del 1946 favorì la presentazione, come indipendente nella lista del PCI, della moglie Elena Nipitella, che fu la prima donna in assoluto a sedere nel Consiglio Comunale di Lentini. Nella metà degli anni '50 fu tra i fondatori, assieme all'avv. Delfo Pupillo, a Peppino Battiato e alla vecchia guardia socialista riunita intorno al vecchio antifascista e pittore Peppino Aliano, a riaprire una sezione del PSI a Lentini, cancellato da anni dalla scena politica locale, dopo il passaggio di Castro e di quasi tutta la sezione socialista alla socialdemocrazia. Dal 1964 per quasi un quindicennio avrà un ruolo determinante nella politica lentinese.

sore, ma mai dirigente importante del PSI. Centamore dimostrò notevoli qualità di manovratore fra gruppi e correnti, buon conoscitore della psicologia dei suoi interlocutori e dei suoi avversari, ma soprattutto consapevole dei suoi mezzi[190], sicché dopo le dimissioni dello stanco Di Noto, gli succedette (26 luglio 1964) alla segreteria del partito, che si trovò così a guidare alla vigilia delle nuove elezioni amministrative. Il clima nel PSI, con questo cambio di leadership si fece molto più disteso.

Anche il terzo partito socialista[191], il PSDI, che aveva ereditato la storica sede di Via Italia, detta, ancor oggi "la casa dei socialisti", aveva subito notevoli mutamenti dovuti alla morte (10 marzo 1963) del suo famoso leader Filadelfo Castro. Castro, nei suoi cinquant'anni di militanza socialista, aveva attraversato tutte le correnti del grande fiume socialista, dal massimalismo al riformismo, senza tuttavia mai varcarne i confini politici e culturali. Negli ultimi anni era diventato un critico severissimo dei comunisti, che lo ripagavano della stessa moneta. Ma nessuno mai aveva tentato di intaccare l'onestà e il disinteresse dalle sue scelte politiche. A succedergli era stato, sia come consigliere comunale che come guida del partito, in maniera del tutto naturale, il suo pupillo Peppino Pisano, leale continuatore della sua politica.

---

190 Quest'ultima qualità, cioè la modestia, gli consentì di utilizzare al meglio le capacità tecniche o professionali degli altri militanti socialisti, fossero suoi seguaci, o alleati o anche avversari.

191 Il socialismo lentinese si presentava allora a Lentini, come del resto in tutta Italia, diviso in tre partiti che ne rappresentavano le tre diverse "anime": PSIUP (sinistra), PSI (centro), PSDI (destra).

Nello stesso periodo, all'interno della locale Democrazia Cristiana, si era consolidata la leadership dell'avv. Enzo Nicotra, che comunque si trovò sempre a dover fronteggiare una minoranza interna agguerrita e capace anch'essa di districarsi nella giungla correntizia che animava il partito. Una parte di questa minoranza, guidata dall'avv. 'Nzinu (Vincenzo) Bombaci si era scissa ed aveva fondato il circolo Don Luigi Sturzo, che alla viglia delle elezioni si alleerà con quanto rimaneva del partito liberale, rappresentato dal noto intellettuale avv. Alfio Sgalambro[192], ispettore onorario ai monumenti, dando vita ad una lista comune denominata "Torre e Bandiera". All'interno del partito della DC prendeva corpo e si consolidava un nuova opposizione interna, guidata dall'avv. Salvatore Moncada[193], che vedeva tra i suoi componenti elementi di grande valore, molti dei quali provenivano dai quadri dell'Azione Cattolica, come l'avv. Carlo Mugno e il dott. Cirino Di Mauro.

---

192 Alfio Sgalambro (1920-1984), figlio dell'avv. Francesco, uno dei pionieri del socialismo lentinese, e pronipote del grande storico Sebastiano Pisano Baudo, dedicò la sua esistenza soprattutto alla valorizzazione del patrimonio artistico e culturale della Città di Lentini. Fu anche uno dei fondatori, assieme all'ing. Carlo Cicero e al drammaturgo Carlo Lo Presti, del *Centro Studi Notaro Jacopo*, un club promotore di numerose iniziative culturali.

193 Salvatore Moncada, nato nel 1931, si era iscritto alla DC nel 1958. Nel 1960 era stato eletto consigliere comunale ed aveva poi fatto parte, come assessore alla Pubblica Istruzione della Giunta Comunale guidata dal socialista avv. Mario Ferrauto. Dopo una breve adesione alla corrente fanfaniana, da lui costituita in provincia assieme a Turi Magro, era approdato a quella andreottiana, a Siracusa guidata da Santi Nicita e da Gino Foti. All'apice della sua carriera politica, sarà eletto Presidente della Provincia di Siracusa.

Nel corso degli anni '60 la DC di Lentini subì quella che potremmo definire una "mutazione genetica". Da partito strettamente collegato alla Chiesa cattolica, di cui appariva diretta emanazione anche nel suo gruppo dirigente iniziale, col successivo afflusso[194] di forze moderate, che ne apprezzavano il ruolo di "diga" contro il comunismo, si era poi trasformato in partito conservatore di centro. Con la gestione di Nicotra, in questo assecondata dai giovani provenienti dall'Azione Cattolica, tutti quanti influenzati dal pensiero sociale del lapiriano pretore Salvatore Paglialunga, la DC aveva adottato una politica di penetrazione nei ceti popolari e nella piccola borghesia; il che stava trasformando lo Scudo Crociato in un partito interclassista di massa operante sul terreno della concretezza e sensibile alle istanze di miglioramento sociale della popolazione. Nello stesso periodo iniziava la "terza ondata"[195] con l'afflusso di nuovi quadri quali Gianni Cannone, Pippo La Rocca, Nino Guercio, Tanino Sferrazzo, cui seguiranno, qualche anno dopo, Salvatore Martines, Giacomo Capizzi, Davide Battiato, Ciccio Fisicaro, Roberto Addamo, ecc. Parallelamente il partito cominciò ad acquistare una sempre maggiore autonomia rispetto alla Chiesa cattolica, che rimarrà pur sempre punto di riferimento ideale, ma senza più alcun "filo diretto" tra sagrestia e sezione. Questi profondi cambiamenti, anche se il partito perdette qualcosa della sua antica anima, gli consentirono di affermare in modo completo la sua

---

194 Favorito anche dal liquefarsi dell'Uomo Qualunque

195 Terza rispetto al primo gruppo dirigente dei fondatori (avv. Bombaci, avv. Tribulato, cav. Valenti, cap. Alfio Parisi, prof. Rossitto, ing. Ragazzi, ecc.) e al secondo più pragmatico (avv. Nicotra, avv. Moncada, avv. Mugno, dott. Di Stefano, dott. Di Mauro, cav. Chiaramonte, ecc.).

personalità politica; questo processo di rinnovamento trovò il suo momento simbolico nel trasferimento di mons. La Rosa, notissimo parroco della Chiesa Madre[196].

Il dualismo fra le due forti personalità dell'avv. Salvatore Neri e del rag. Salvatore Manoli che per un certo periodo aveva vivacizzato la vita interna del MSI, si era momentaneamente risolto con l'uscita dal partito, vissuta più come un segno di protesta che per intima convinzione del rag. Manoli, che aveva aderito ad un nuovo movimento presidenzialista fondato dal leader della destra del PRI Randolfo Pacciardi, contrario alla scelta adottata dal suo ex partito per il centro-sinistra, e denominato Unione Democratica per la Nuova Repubblica (UDNR)[197]. In tale periodo nel MSI acquistavano spessore politico alcune figure di militanti, come quella di Nino Giudice, artigiano falegname, che sarà commissario della sezione e di Attilio Iachelli[198], impiegato postale, intramontabile tesoriere del partito e poi consigliere comunale di lungo corso.

---

196 Mons. Francesco La Rosa era stato nominato rettore del seminario di Siracusa. Era stato arcidiacono parroco della Chiesa Madre di Lentini dal 1935 al 1963. Morì a Ragusa il 21-7-1965. Il suo successore a Lentini Giovanni D'Asta esercitò sulla DC e quindi sulla politica locale un'influenza assai minore.

197 La permanenza del rag. Manoli (1930-1996) nel movimento durerà pochissimo e si concluderà col suo rientro nel MSI.

198 Il cav. Attilio Iachelli, nato a Francofonte il 1° novembre 1923, fu eletto quattro volte consigliere comunale. Diverrà anche presidente provinciale dei Probiviri del partito. Era, inoltre, appassionato sportivo e corrispondente di vari giornali. Al di là delle posizioni politiche, era molto stimato in Città per la sua correttezza ed onestà intellettuale.

Alle amministrative del 1964 il PCI ottenne un lusinghiero successo[199] conquistando, col suo 46,6 %, 20 seggi sui 40 del Consiglio Comunale. Oltre il capolista on. Otello Marilli, furono eletti il maestro Mollica, i sindacalisti Ciccio Ciciulla e Graziella Vistrè, il prof. Michelangelo Cassarino, l'indipendente Enzo Tondo[200], Peppino Calamaro, Cirino Garrasi, figlio di 'Nzulu, ex trombettiere della fanfara socialista.

Non fu possibile costituire una maggioranza organica di sinistra (PCI-PSI-PSIUP) giacchè il PCI decise di riservare la vicesindacatura all'unico eletto del PSIUP (2,4 %), il prof. Peppino Ferrauto, mentre il PSI, come secondo partito della coalizione (8,6 % e tre seggi)[201], secondo tradizione, la rivendicava per sé.

Il PSI concesse però alla maggioranza PCI-PSIUP l'appoggio esterno. Intanto venivano richiamati alla politica attiva alcuni miitanti che se n'erano allontanati per dissensi con la precedente segreteria Di Noto[202]. Il PSDI, in leggera ripresa (2,8 %), elesse il suo nuovo leader Peppino Pisano.

---

199 Era passato dai 18 consiglieri del 1960 ai 20 del 1964, ma aveva subito una flessione rispetto alle regionali dell'anno prima (50,7 %) avendo dovuto cedere voti ai nuovi arrivati PSIUP e Ruota Alata, formati in prevalenza da ex comunisti.

200 Dopo qualche mese Enzo Tondo (1941-2012) prenderà la tessera del PCI, che lascerà nel 1977 per aderire al PdUP di Lucio Magri.

201 Per il PSI furono eletti il segretario della sezione Sebastiano Centamore, il suo predecessore Antonino Di Noto e Alfio Bosco.

202 L'avv. Filadelfo Pupillo, il prof. Ferdinando Leonzio, l'imprenditore edile Alfio Serratore, tutti e tre ex componenti del Comitato Direttivo della federazione provinciale.

Per la lista "Ruota Alata" (2,5 %) fu eletto l'imprenditore Vincenzo Crisci, ormai strenuo avversario del PCI. Un discreto successo ottenne la lista "Torre e Bandiera" (6,1 %) che elesse i suoi due leader, gli avvocati Vincenzo Bombaci e Alfio Sgalambro.

La DC dovette registrare una flessione (24,5 %), passando dai 14 del 1960 a 10 seggi e rinnovando in buona parte il suo gruppo consiliare. Furono eletti, fra gli altri, il prof. Leonardo Odierna, che ne diverrà capogruppo, collaudati esponenti come il cav. Pasquale Valenti e il cav. Salvatore Butera e nuove leve come i futuri sindaci Gianni Cannone e Pippo La Rocca e il futuro presidente dell'ospedale Nino Guercio.

Il MSI riconfermò i due seggi precedenti, assegnandoli al *leader* Salvatore Neri[203] e all'artigiano Nicola Tarantino[204].

Sindaco diventò (10 dicembre 1964) **Otello Marilli**, con assessori effettivi Peppino Ferrauto (PSIUP) vicesindaco, Alfio Mollica, Carmelo Baudo. Michelangelo Cassarino, Ciccio Ciciulla (PCI), Enzo Tondo (ind.) e supplenti Cirino Garrasi (PCI) e Salvatore Formica (ind.).

La *leadership* di Marilli nel partito e nella città si caratterizzò subito per la politica di confronto e di dialogo con le opposizioni e per l'abbandono di ogni dogmatismo e settarismo. Segnale importante di questo nuovo clima furono la costituzione del circolo culturale Il Ponte (1965-67), il cui titolo alludeva ad un ponte ideale tra culture

---

[203] L'avv. Neri si dimise nel 1968. Gli subentrò il primo dei non eletti rag. Salvatore Manoli.

[204] Nicola Tarantino, ex segretario della sezione missina, morì durante la legislatura. Gli subentrò il cav. Attilio Iachelli.

diverse, principalmente quella di sinistra, nella sua versione comunista, e quella cristiano-democratica. Esponenti più noti ne erano il sindaco Marilli, lo scrittore Sebastiano Addamo e il pretore Paglialunga. Con il senno di poi possiamo dire che tale contaminazione tra culture diverse anticipava, e di molto, gli ideali del soggetto politico voluto e realizzato anni dopo (14 ottobre 2007) da Romano Prodi: il Partito Democratico. Un'altra occasione di confronto e di dibattito fu il Piano Regolatore del Comune che coinvolse tecnici, politici di varia estrazione e comuni cittadini.

Poco dopo le elezioni una nuova assemblea del PSI sanzionò il definitivo crollo del gruppo Di Noto, la riconferma e il consolidamento della segreteria Centamore e la ripresa delle trattative con PCI e PSIUP per l'ingresso in giunta dei socialisti, che si conclude con un accordo che prevedeva ancora la vicesindacatura del PSIUP, ma con due assessori al PSI. Furono scelti (9-12-1965) Sebastiano Centamore e Alfio Bosco[205]. A quel punto, essendo statutariamente incompatibile la carica di assessore con quella di segretario, Sebastiano Centamore dovette lasciare la segreteria (20 giugno 1966) e al suo posto venne eletto il dott. Giuseppe Centamore. Intanto giungeva a conclusione il processo nazionale di unificazione tra PSI e PSDI (30 ottobre 1966). Nello stesso periodo erano entrati nel PSI gli ex comunisti Giovanni Manganaro[206] e Francesco Aurora, quest'ultimo consigliere comunale in carica, eletto nella lista del

---

205 La nuova Giunta Municipale, ancora presieduta da Otello Marilli risultò composta dagli assessori effettivi Peppino Ferrauto (PSIUP) vicesindaco, Carmelo Baudo, Alfio Mollica, Michelangelo Cassarino (PCI), Sebastiano Centamore e Afio Bosco (PSI); supplenti Salvatore Formica (ind.) e Ciccio Ciciulla (PCI).

PCI. L'adesione al partito di Aurora rendeva determinante Il PSI per la formazione della maggioranza consiliare.

La fusione tra PSI e PSDI venne organizzata come peggio non si poteva, creando cioè un partito bicefalo perfino nel nome: "PSI-PSDI Unificati", dalla stampa più semplicemente ribattezzato Partito Socialista Unificato (PSU). Gli organi direttivi del nuovo partito unificato, da Roma in giù, non erano che la somma algebrica di quelli di due partiti. A Lentini si costituì dunque un Direttivo di 26 persone, i 13 del PSI più i 13 del PSDI, con due segretari di sezione: Pippo Centamore (PSI) e Peppino Pisano (PSDI). Il problema più grosso che si presentò subito al PSU di Lentini fu quello della collocazione del suo gruppo consiliare, dal momento che quelli provenienti dal PSI[207] stavano nella maggioranza (con PCI e PSIUP), mentre quello proveniente dal PSDI stava all'opposizione. Il Direttivo sezionale, a larghissima maggioranza, deliberò di dare alla Giunta un appoggio esterno, per consentire al gruppo consiliare di amalgamarsi. Il che significava che l'assessore Sebastiano Centamore doveva dimettersi. Ma l'interessato non ne volle sentire di quella musica e ciò provocò una nuova spaccatura nel partito. Il

---

206 Giovanni Manganaro, ex areniano, era stato assessore nella giunta Arena. Si era poi distaccato dal suo gruppo e, alla fine della legislatura (1964), si era ritirato dall'attività politica.

207 Erano rimasti in due: l'assessore Sebastiano Centamore e Antonino Di Noto, per giunta in dissenso fra loro. Infatti l'assessore Alfio Bosco si era dichiarato indipendente e Francesco Aurora era decaduto da consigliere comunale, lasciando il posto ad uno della lista di provenienza, cioè del PCI. Questi movimenti resero di nuovo il PSI ininfluente ai fini della formazione della maggioranza consiliare minima (21/40).

Centamore fu deferito ai probiviri, ma la cosa cadde nel nulla. Egli, comunque, sentendosi "esautorato" si dimise[208], ma solo nel maggio 1967, mentre l'unificazione socialista si avviava al fallimento. Il partito socialista, infatti, nel 1969 si divise di nuovo fra socialisti e socialdemocratici e i due partiti ripresero il loro cammino, ciascuno con la sua organizzazione e con la sua politica[209]. L'ormai ex assessore Sebastiano Centamore si dedicò a riprendere e consolidare il controllo del PSI e ci riuscì, anche se dovette sempre confrontarsi con opposizioni interne forti e agguerrite[210].

Intanto l'Amministrazione Comunale proseguiva nella sua azione, la cui continuità era assicurata dalla sindacatura Marilli. Particolare attenzione fu prestata alla questione urbanistica, al fine di programmare un coerente sviluppo edilizio della Città. Furono, infatti, approvati il Regolamento Edilizio, il Piano per l'attuazione della legge 167, il programma di fabbricazione e, nel 1968, il Piano Regolatore Generale (PRG). Si trattava di un complesso di necessarie regole che, tuttavia, spesso finiranno per confliggere con le abitudini individualiste e con le tendenze all'abusivismo in edilizia. Marilli intanto osservava i cambiamenti che incidevano sulla vita cittadina: la mancanza di investimenti in agricoltura, troppo legata alla

---

208 Fu sostituito da Cirino Garrasi (PCI).

209 Il rinato partito socialdemocratico inizialmente assunse la denominazione di Partito Socialista Unitario, per poi ritornare a quella tradizionale di PSDI. La rottura del partito unificato, che egli considerava una sua creatura, provocò le dimissioni di Nenni dalla carica di Presidente del PSI e il suo sostanziale ritiro dalla politica attiva.

210 Principalmente quelle guidate, dall'avv. Delfo Pupillo, dal dott. Giuseppe Centamore e da Saro Ferrauto.

monocultura agrumicola, il sorgere di una classe operaia nella nuova zona industriale, lo sviluppo del terziario, la scolarizzazione di massa, i fermenti culturali. Tutte cose che lo spinsero ad aprire il gruppo dirigente a nuove leve, per conquistare consensi al suo partito anche al di fuori del bracciantato agricolo, che si andava inesorabilmente assottigliando. Fra i giovani emergenti di allora possono annoverarsi Elio Magnano, Riccardo Insolia, Fino Giuliano, Carlo Arcidiacono. Il prestigio così acquisito sul campo rese quasi naturale la sua candidatura alle elezioni regionali dell'11 giugno 1967, che ridiedero al PCI la maggioranza assoluta (51,5 %) e portarono Marilli all'Assemblea Regionale Siciliana[211]. Il vero banco di prova, comunque, sarebbero state, per L'Amministrazione Comunale, per Il PCI e per Marilli, le nuove elezioni comunali, fissate per il 7 giugno 1970.

Intanto nella DC si andava rafforzando ulteriormente la leadership del segretario della sezione avv. Nicotra[212], che divenne vicesegretario provinciale ed acquisì un notevole carisma presso l'elettorato moderato. Ciononostante non mancò mai, all'interno del partito e nelle rappresentanze istituzionali, un'opposizione consistente e battagliera, principalmente quella guidata dall'avv. Salvatore Moncada. La dialettica interna, naturale in un partito democratico, ma facilitata e nutrita anche dal gioco delle correnti nazionali e pro-

---

211 Il risultato fu sostanzialmente riconfermato dal PCI alle politiche del 19-5-1968 (50,39 %).

212 Un ruolo importante ebbe, in quel periodo, il vicesegretario della sezione dott. Saverio Scapellato, che sarà nominato Commissario del Consorzio Anticoccidico di Lentini. Altro vicesegretario era il cav. Pasquale Valenti, rappresentante della vecchia guardia del partito.

vinciali, raggiungerà a volte toni accesi. Ma è pur vero che essa non travalicò mai i limiti di un corretto rapporto tra membri dello stesso partito. Un importante ruolo svolse, in particolare nel triennio 1965-67, il movimento giovanile[213], soprattutto per l'impulso del delegato di circolo, l'universitario Gianni Failla, i cui meriti furono sottolineati dalla sua nomina a vicedelegato provinciale e dall'organizzazione a Lentini di un convegno provinciale dei giovani democristiani[214]. Il movimento giovanile degli anni '60 contribuì non poco alla formazione di quadri dirigenti di notevole spessore, come Pippo La Rocca, Filadelfo Magnano, Salvatore Martines e Alberto Di Mari.

Il gruppo consiliare democristiano diede un significativo apporto all'elaborazione dei provvedimenti in campo edilizio e il partito consolidò il suo ruolo di unico oppositore temibile delle sinistre, come dimostrarono i risultai conseguiti sia alle regionali del 1967 (27 %) che alle politiche del 1968 (27,3 %), lasciando alla sua destra un partito liberale ormai avviato a diventare una piccola formazione di opinione e un MSI più consistente[215], ma sostanzialmente isolato dalla dialettica politica, anche se rafforzato dall'adesione di settori sociali insoddisfatti del centro-sinistra nazionale, ma anche antagonisti rispetto alle organizzazioni della sinistra. Rilevante,

---

213 Ne facevano parte, tra gli altri, Giovanni Coniglione, Aldo Failla, Salvatore Giuffrida e Vittorio Maci.

214 Ad un importante convegno sullo sport a Lentini partecipò anche il famoso arbitro internazionale di calcio Concetto Lo Bello.

215 7,9 % alle regionali e 5,8 % alle politiche. La *leadership* dell'avv. Salvatore Neri era ormai indiscussa.

nella società e nella scuola, l'attivismo del gruppo giovanile[216], in cui si mettevano in luce elementi politicamente preparati come Nino Giudice, Gregorio Manoli, Salvo Giuga, Salvo Rosolino.

La DC dunque si apprestava ad affrontare la nuova prova elettorale comunale in un clima di sostanziale compattezza, rafforzata dalla nomina a Presidente della Camera di Commercio di Siracusa del suo leader Enzo Nicotra, dal rientro (1966) nelle sue file dell'avv. Vincenzo Bombaci e dall'emergere di nuovi e validi quadri, provenienti dalla società civile, come Armando Bosco, Pippo Galatà, Alfio Cardillo, Cirino Floridia.

---

216 Giovane Italia, poi Fronte della Gioventù. L'organizzazione giovanile missina era stata a lungo diretta da Cirino Di Giorgio, dipendente comunale prematuramente scomparso.

7 - La Lentini di Marilli (1970-1975) - seconda parte

Gianni Cannone

Le votazioni per il rinnovo del Consiglio Comunale ebbero luogo il 7 giugno 1970, contestualmente a quelle per l'elezione del Consiglio Provinciale, per quest'ultimo le prime a suffragio diretto. Molto soddisfacente fu il risultato della DC che alla Provincia conquistò la maggioranza assoluta[217] e vi elesse due lentinesi: il giornalista **Gianni Cannone**, che fu nominato capogruppo, e l'avv. **Salvatore Moncada**, che diventerà assessore alla Pubblica Istruzione (1973-75). Anche il risultato delle comunali fu molto confortante per lo Scudo Crociato[218], che rientrò in Consiglio nuovamente con 14 rappresentanti su 40.

Fra gli eletti l'avv. **Vincenzo Bombaci**, che sarà l'autorevolissimo capogruppo, forse l'unico capace di tenere testa ad un politico del livello di Otello Marilli, il cav. Alfio Cardillo, rappresentante degli

---

[217] Nella carica di segretario provinciale, all'ex partigiano Graziano Verzotto era succeduto l'avv. Bernardo Giuliano. La DC alla Provincia ottenne 21 seggi su 40.

[218] La DC di Lentini alle provinciali ottenne il 30,4 % e alle comunali il 32,2 %.

artigiani cristiani, il geom. Pippo Galatà[219], il rag. Pippo La Rocca, che sarà in seguito segretario della sezione e sindaco, il prof. Tanino Sferrazzo, l'ex sindaco avv. Alessandro Tribulato[220], l'autorevole esponente della corrente di "Base" dott. Nicola Di Stefano[221], la vecchia bandiera Pasqualino Valenti.

Il maggior rimescolamento delle carte, a livello comunale, avvenne però, come di consueto, in campo socialista e interessò tutti e tre i partiti che ne erano espressione.

Il PSIUP ottenne un buon risultato (6,4 %) e raddoppiò il suo gruppo consiliare, passando da uno a due consiglieri: l'avv. Delfo Lazzara, che consolidò così anche la sua leadership nel partito, e il pescivendolo Angelo Celso, destinato a rivelarsi il più longevo consigliere comunale.

Nel PSI[222] (7 %), in prossimità delle elezioni, c'era stato un convegno delle opposizioni interne, le quali, ritenendo che l'inossidabile

---

219 Il geom. Galatà diventerà, diversi anni dopo, un fine dicitore di opere poetiche e letterarie, ricercato in molte manifestazioni artistiche e culturali della Città.

220 Tribulato si dimetterà nel corso della legislatura e, il 29-3-1971, sarà surrogato dal cav. Cirino Floridia, un ex dipendente delle Ferrovie dello Stato che si batterà strenuamente perché tutti i treni in transito per Lentini si fermassero alla stazione della Città. La sua vittoriosa battaglia sarà consacrata in una ormai rara pubblicazione dal significativo titolo di *Alt! Fermata a Lentini!*

221 Di Stefano, dimissionario, sarà surrogato, l'8-3-1971 dall'avv. Carlo Mugno, esponente della stessa corrente.

222 In prossimità delle elezioni vi aveva aderito l'ex comunista nonché consigliere uscente della Ruota Alata" Vincenzo Crisci, diventandone addirittura vicesegretario.

segreteria di Sebastiano Centamore si basasse essenzialmente sul potere comunale, avevano deciso di puntare su un unico candidato, al fine di ottenerne più facilmente l'elezione e di penetrare in tal modo nel cuore del potere locale.

Fu scelto, unanimemente, il prof. Ferdinando Leonzio, che infatti risultò il secondo degli eletti su tre. Fu eletto, ovviamente, anche il Centamore; al terzo posto l'ultimo rappresentante di quello che era stato il gruppo Di Noto, Rosario Chiarenza[223].

Anche nel PSDI ci fu la sorpresa: contro ogni previsione risultò eletto un professionista piuttosto nuovo all'attività politica: l'ing. Andrea Amore[224].

Per il MSI (5 %) furono eletti i due principali dirigenti del partito: il cav. Attilio Iachelli e il leader avv. Neri, il quale, essendo stato eletto anche al Consiglio Provinciale, lasciò il seggio alla prima dei non eletti della lista, la prof.ssa Rosaria Sferrazzo Curcio, che si rivelerà battagliera oppositrice delle giunte di sinistra.

Il partito comunista – era allora segretario Guido Grande[225] - subì una consistente flessione, passando al 42,3 % e perdendo due seggi, probabilmente a causa dell'erosione subita a sinistra per la rafforzata organizzazione del PSIUP e per la presenza di una lista del

---

223 Dopo alcuni mesi, in seguito ad un ricorso, fu sostituito dall'imprenditore Rosario Renna.

224 In seguito Amore lascerà il posto al primo dei non eletti della sua lista, Peppino Pisano.

225 Dopo qualche tempo gli subentrerà il prof. Alfio Siracusano, che resterà in carica fino agli inizi del 1975, quando sarà sostituito da Elio Magnano.

Partito Rivoluzionario marxista-leninista d'Italia (PRMLI), che però non ottenne seggi.

Tornarono in Consiglio Comunale il capolista **Otello Marilli**, il prof. Michelangelo Cassarino, il maestro Alfio Mollica, Ciccio Ciciulla; nuovi arrivi significativi furono quelli del sindacalista Fortunato Mastrogiacomo, del prof. Alfio Siracusano, dello scrittore Sebastiano Addamo (indipendente), del maestro Di Mauro e, successivamente, del grande pittore Luigi Dugo.

La nuova Giunta[226] fu composta, ancora una volta, da PCI e PSIUP, con l'appoggio esterno del PSI[227], ma nel febbraio 1971 nuove trattative fra i partiti portarono il PSI all'ingresso organico in Giunta, che perciò fu rieletta dal Consiglio Comunale[228], dopo le formali dimissioni della precedente[229].

Altri movimenti erano intanto avvenuti nell'area socialista. Celso, in polemica con l'avv. Lazzara, aveva lasciato il PSIUP e si era di-

---

226 Era stata abolita la distinzione tra assessori effettivi e supplenti.

227 La Giunta Municipale risultò così composta: On. Prof. Otello Marilli (sindaco), avv. Delfo Lazzara vicesindaco (PSIUP), prof. Michelangelo Cassarino, prof. Alfio Siracusano, Cirino Caracciolo, Luciano Conti, Paolo Innocenti (PCI), prof. Sebastiano Addamo e Salvatore Formica, *leader* dell'Alleanza Contadini (indipendenti).

228 Allora gli assessori erano eletti dal Consiglio Comunale e non nominati dal sindaco, come prescritto dall'attuale normativa.

229 La Giunta PCI-PSI-PSIUP risultava così composta: On. Prof. Otello Marilli (sindaco), Sebastiano Centamore vicesindaco, prof. Ferdinando Leonzio (PSI), avv. Filadelfo Lazzara (PSIUP), Graziella Vistrè, Paolo Innocenti, prof. Alfio Siracusano, Cirino Caracciolo (PCI), Salvatore Formica (ind.).

chiarato indipendente, ma rimanendo tuttavia nell'area della maggioranza, per poi entrare nel PSI; Renna era subentrato a Chiarenza e aveva costituito una nuova minoranza; al rinnovo del Comitato Direttivo della sezione socialista, Centamore aveva ottenuto una maggioranza di misura ed aveva fatto eleggere segretario Saro Chiarenza, estromesso dal seggio consiliare; ma il cartello delle minoranze cominciò presto a sgretolarsi, Celso e Renna lasciarono il PSI e costituirono un gruppo indipendente, che poco dopo richiese un posto in giunta, togliendolo al PSI, ridotto ormai a due soli consiglieri. Celso dunque, come indipendente, prese il posto in Giunta lasciato dal prof. Leonzio del PSI. Insomma un vortice di avvenimenti e di movimenti, in cui è difficile addentrarsi anche per lo storico. Successivamente Celso e Renna entrarono nel PSIUP, che si venne a trovare con due assessori (Lazzara e Celso) di fronte all'unico del PSI (Sebastiano Centamore). Sul finire del 1972 la segreteria del PSI passerà a Sebastiano Ventura, che la terrà fino al 1975. Si trattava insomma delle contorsioni dell'ennesima crisi del mondo socialista, stavolta dilaniato non più da motivi ideali o da diverse strategie, ma da acrobazie politiche sempre più dilaganti e incontenibili.

Nelle file del PCI, sempre più appiattito sull'Amministrazione Comunale, cominciavano nel frattempo a serpeggiare malumori per aspettative deluse o per la vita sezionale divenuta fiacca e distratta, mentre a livello nazionale maturavano avvenimenti che avrebbero in buona parte modificato anche il quadro politico locale.

Le elezioni politiche del 7 maggio 1972 decretarono, a Lentini, un calo dei partiti del centro-sinistra[230] e una crescita delle opposizioni di sinistra[231] e di destra[232]. Inoltre, a livello nazionale, accadde che il PSIUP alla Camera non raggiunse il quoziente richiesto dalla legge elettorale[233], non ottenendo di conseguenza alcun seggio[234], per cui il gruppo dirigente convocò un congresso straordinario per adottare i provvedimenti conseguenziali.

Il 13 giugno 1972, dunque un mese dopo, si tennero le elezioni regionali siciliane e **Marilli** fu riconfermato all'ARS. Ma il vero vincitore di quell'appuntamento elettorale fu il MSI, che raggiunse il suo massimo storico (18,6 %) a Lentini, nonostante la presenza in campo del declinante PDIUM[235], a danno soprattutto del PLI e della DC, essendosi avvantaggiato dell'insofferenza di alcuni settori sociali, che non vedevano più nella DC la vecchia "diga anticomuni-

---

230 DC 21,49 %, PSI 3,72 %, PSDI 2,59 %, PRI 1,08 %.

231 PCI 45,8 %; PSIUP 4,3 %, PCMLI, MPL e Manifesto 1,4 %.

232 PLI 2,27 %; MSI 17,3 %.

233 Aveva ottenuto l'1,9 % e circa seicentomila voti.

234 Al Senato si era presentato assieme al PCI, eleggendo perciò 11 senatori, fra cui il segretario Dario Valori, riuscendo a formare un proprio gruppo parlamentare, presieduto da Mario Livigni.

235 Il Partito Democratico Italiano di Unità Monarchica (PDIUM) era sorto l'11-4-1959 dalla fusione del Partito Nazionale Monarchico (PNM) di Alfredo Covelli e del Partito Monarchico Popolare (PMP) di Achille Lauro. Nel 1972 confluirà assieme al MSI, in un nuovo soggetto politico di destra che assumerà la denominazione di MSI-Destra Nazionale (MSI-DN).

sta", a causa della ormai stanca formula di centro-sinistra[236] da essa privilegiata e della sua politica di "attenzione" nei confronti del PCI. Anche la DC dunque perse consensi (24,3 %), nonostante la buona prova della candidatura dell'avv. Salvatore Moncada.

Nello stesso periodo in città venivano messi in atto i primi tentativi di costituire una sezione del PRI: promotori ne erano Giovanni Scuderi, Salvatore Giuffrida e Ciccio Consiglio.

Il congresso straordinario del PSIUP, tenutosi il 13 luglio successivo, decise lo scioglimento del partito; nello stesso tempo la maggioranza del partito (Vecchietti, Valori, Corallo) deliberò di confluire nel PCI, mentre una minoranza (Avolio, Menchinelli) optò per il rientro nel PSI e un'altra minoranza (Foa, Miniati) si schierò per la continuità e fondò un nuovo partito denominato Partito di Unità Proletaria (PdUP). A Lentini il gruppo dell'avv. Lazzara confluì nel PCI, mentre quello di Celso, maggioritario, si schierò per la sopravvivenza e costituì il PdUP. Tale scelta durò tuttavia pochi mesi, giacché, dopo laboriose trattative con la maggioranza centamoriana, il gruppo Celso confluì nel PSI. La stessa cosa farà qualche tempo dopo il gruppo Lazzara, che lascerà il PCI e confluirà anch'esso nel PSI. Nel giro di pochi mesi dunque l'intero PSIUP di Lentini approdò nel PSI, nelle cui file si preparò ad affrontare le elezioni comunali del 1975. Nel Psi entrò anche l'ex sindaco Vitale Martello, che subito si schierò con la minoranza interna dell'avv. Pupillo.

---

236 A livello nazionale tale politica era allora interpretata dai governi guidati da Mariano Rumor, Emilio Colombo e Giulio Andreotti.

Agli inizi dell'autunno 1972 fu posto, dalla Federazione comunista e dall'on. Marilli, il problema del suo doppio incarico di deputato e di sindaco, difficili da gestire ambedue in maniera soddisfacente. Si pose perciò il problema della sostituzione del sindaco. Dopo lunghe e defatiganti discussioni, la scelta alfine cadde sul prof. **Michelangelo Cassarino**, che aveva accumulato una notevole esperienza amministrativa facendo l'assessore dal 1964 al 1970. Questa operazione comportava le dimissioni della Giunta in carica. Centamore prese la palla al balzo per chiedere non più uno, ma due assessori, tanti quanti erano in quel momento i consiglieri del PSI, con la motivazione che la forza elettorale del PSI era doppia di quella dell'ex PSIUP, che però ne aveva due[237]. Il PCI non si oppose e il duo Renna-Celso venne così elegantemente escluso dall'esecutivo. Il 20 dicembre 1972 venne eletta la nuova Giunta[238], che rimarrà invariata fino alla fine della legislatura.

L'elezione a sindaco di Cassarino in sostituzione dell'ancor prestigioso Marilli fu più subita che digerita dalla base comunista, in nome del "centralismo democratico" vigente nel PCI. Ma il malessere latente cominciò ad emergere sempre di più, nutrito da un oggettivo distacco della sezione dalla delegazione al Comune e di questa con la base popolare e perfino col sindacato, mentre saliva l'insofferenza per le regole edilizie, in un periodo in cui tutti volevano al più presto abitazioni più comode e case al mare, anche a

---

237 Celso e Lazzara erano entrambi di provenienza ex psiuppina.

238 Essa era così composta: Prof. Michelangelo Cassarino, sindaco; cav. Sebastiano Centamore (vicesindaco) e prof. Ferdinando Leonzio (PSI); avv. Delfo Lazzara, on. Otello Marilli, Cirino Caracciolo, Paolo Innocenti, Graziella Vistrè (PCI), Salvatore Formica (ind.).

costo di forzature abusivistiche; inoltre aumentava la disoccupazione e la sottoccupazione dovuta alla crisi agrumaria, che si mangiava i posti di lavoro. Insomma, il PCI si apprestava ad affrontare le nuove elezioni comunali in condizioni affatto favorevoli.

Anche in campo democristiano ci furono importanti novità. Nel 1974 l'avv. Nicotra, oberato dai molteplici impegni politici e istituzionali, lasciò la segreteria della sezione al giornalista **Gianni Cannone**. Il nuovo segretario[239], giornalista allievo di Carlo Lo Presti, oltre che di politica, si era occupato anche di cultura ed aveva al suo attivo la presidenza della V e VI edizione del Premio Nazionale Lentini e l'organizzazione di un convegno internazionale su Vitaliano Brancati. Egli cercò di rinvigorire la vita della sezione e si occupò attivamente della formazione politica dei militanti, come dimostra la diffusione del settimanale politico-culturale del partito *La Discussione*[240]

E fu con la guida di Cannone che la DC lentinese si preparò ad affrontare la sfida elettorale che doveva segnare la svolta forse più importante per il suo ruolo politico e anche per quello degli altri partiti nella Città.

---

239 Attorno a lui si formò un gruppo di qualificati collaboratori: Davide Battiato, Franco La Ferla, Turi Amore, Armando Bosco.

240 Il giornale era stato fondato da Alcide De Gasperi. Per la quantità di abbonamenti procurati, Cannone venne citato nel numero del 14-5-1975.

8 - La Lentini postcomunista (1975-1980)

Riccardo Insolia

Le elezioni amministrative del 15 giugno 1975 segnarono la fine dell'egemonia comunista a Lentini. In un sol colpo il PCI subì un forte calo in voti, in seggi e in percentuale[241] rispetto alle precedenti consultazioni del 1970, perdendo la maggioranza relativa, in Città e nel Consiglio Comunale, e la guida della Giunta Comunale, da cui anzi rimase escluso.

Per di più il 90 % delle perdite comuniste andò a rimpolpare le file degli alleati/rivali socialisti, che riportarono una brillante affermazione. Con tutta evidenza si trattava di un chiaro messaggio, secondo cui quella parte di elettorato comunista che si era orientato sul PSI non si era spostato a destra, ma aveva specificamente voluto "punire" il gruppo dirigente comunista, che da tempo si era identificato con i maggiori esponenti impegnati nel Comune[242]. In-

---

241 Il PCI passò dai 7385 voti del 1970 ai 5767 del 1975, dal 42,3 % al 29,9 %, da 18 seggi su 40 a 12. Fra gli eletti gli uscenti Marilli, Cassarino, Innocenti, Siracusano e i nuovi Paolo Di Falco, Riccardo Insolia, Elio Magnano (segretario della sezione), e tre donne: Salvatrice Arcidiacono, Emanuela Neri (moglie del sindacalista Turi Raiti) e la sindacalista Graziella Vistrè.

242 Un ulteriore segnale di tale indicazione può leggersi nel risultato delle provinciali (contestualmente tenute assieme alle comunali e di solito più politi-

somma, le proteste contro l'Amministrazione venivano scaricate sul partito di cui essa era considerata l'espressione.

Come nel 1958, in seguito alla mancata rielezione di Marilli alla Camera, anche nel 1975 la rabbia dei militanti, privati di quello che per anni avevano sentito come un proprio fortilizio inattaccabile, il Comune, esigeva un qualche sfogo, l'individuazione fisica dei responsabili di tanto sfacelo, da punire severamente. Per cui il giovane e brillante segretario Elio Magnano, da troppo poco tempo alla guida della sezione per poter essere accusato di alcunché, non poté fare a meno di convocare una serie di riunioni degli organi del partito. Ma veramente conclusiva di quella che man mano era diventata una specie di "caccia alle streghe", fu l'assemblea di sezione del 17 luglio 1975 che si svolse alla presenza del segretario regionale del PCI, Achille Occhetto, appositamente intervenuto.

L'intenzione della dirigenza era quella di individuare le cause che avevano portato alla sconfitta e ricercare i possibili rimedi. Ma l'assemblea non tardò a trasformarsi in una specie di processo di Salem[243], alla fine del quale fu deciso che l'on. Marilli[244], il sindaco

---

cizzate di quelle): il PCI riportò il 33 % di fronte al 29,9 % delle comunali, in cui più direttamente era presente il gruppo dirigente comunista. Nell'occasione fu eletta consigliere provinciale Lidia Costanzo Tocco, esponente delle nuove leve.

243 A Salem, villaggio del Massachusetts, ebbe inizio, nel 1692, un processo per il reato di "stregoneria", al termine del quale furono impiccate 19 persone ed altre centinaia perseguitate in vario modo.

244 Marilli non partecipò a quella assemblea, perché impegnato a Palermo in una riunione del gruppo parlamentare comunista all'ARS. Scriverà successivamente un memoriale di protesta alla Commissione Centrale di Controllo

uscente Cassarino e l'assessore uscente Paolo Innocenti dovevano lasciare lo scranno di consiglieri comunali[245].

Anche se, riesaminando a distanza di tempo le vicende di quell'agitato periodo, si possono individuare varie cause di quella grave sconfitta[246], probabilmente strettamente intrecciate fra loro, a prevalere fu sostanzialmente un cieco senso di ribellione e di rivalsa contro il gruppo che aveva gestito il partito nell'ultimo decennio e che si riteneva politicamente responsabile della sconfitta.

Se il mondo comunista locale stentava, smarrito ed incredulo, ad assorbire il suo dolore e la sua rabbia, in campo socialista regnava l'euforia per la brillante affermazione ottenuta[247]: il partito sociali-

---

del PCI, per il metodo usato nei suoi confronti e per non essere mai stato ascoltato personalmente. Infine emigrerà a Catania, dove morirà il 29-11-1979.

245 Gli subentrarono Carlo Arcidiacono, Guido Arcidiacono e Nunzio Fisicaro. Poco tempo dopo si dimise da consigliere anche il prof. Alfio Siracusano, successore di Guido Grande e predecessore di Elio Magnano come segretario della sezione del PCI. In Consiglio Comunale gli subentrò Simone Pulia.

246 Fra di esse: il distacco tra gruppo dirigente, accusato di leaderismo e la base del partito; l'appiattimento quasi esclusivo del PCI sul bracciantato in calo numerico per la trasformazione di molti braccianti in piccoli proprietari, ecc.; un PRG ritenuto troppo avveniristico; la scelta della zona in cui allocare la "167"; la scarsa disponibilità di aree fabbricabili, che induceva taluni all'abusivismo; la crisi che cominciava a serpeggiare nel settore agrumario, in cui stava penetrando la DC; i disoccupati alla ricerca di continui cantieri di lavoro; le divergenze strategiche coi sindacati, i malumori di vario genere per aspettative insoddisfatte.

247 Il PSI passò dal 7 % del 1970 al 18,8 del 1975 e da 3 a 8 seggi. Furono eletti gli uscenti Sebastiano Centamore, Ferdinando Leonzio, Angelo Celso, gli ex

sta, in tutte le sue correnti e sottocorrenti, era in piena euforia. Ma una "leggenda metropolitana" vuole che il suo maggior leader, il vicesindaco uscente Sebastiano Centamore abbia pronunciato a caldo un profetico quanto sorprendente giudizio: "Semu cunsumati!" (Siamo rovinati!). Egli sapeva, infatti che, manovrando sul tesseramento, si può controllare un piccolo partito, ma che è quasi impossibile dirigerne uno improvvisamente cresciuto, specie se attraversato da così tanti orientamenti politici, ideologie, intese, accordi, cordate, rivalità e quant'altro. Egli comunque non intuì che, per mantenere l'elettorato ex comunista, e dunque di sinistra, occorreva al PSI non deluderlo, cercando di promuovere una nuova, sia pure risicata, maggioranza di sinistra[248], magari a guida socialista. Ma obiettivamente, nel clima di sconfitta bruciante in cui si contorceva, sarebbe stato politicamente impossibile anche il solo tentare una formula che riportasse, in qualche modo, il PCI al potere, da cui così clamorosamente l'elettorato aveva voluto escluderlo. E inoltre forse il leader socialista rimase abbagliato dall'ipotesi di una sua sindacatura, che la DC si affrettò ad offrirgli, obiettivo che lui, appena qualche settimana prima, non si sognava certo di poter raggiungere.

---

consiglieri Saro Chiarenza e Vitale Martello e i nuovi Nello Cardillo (capogruppo), Vittorio Maglitto e Alfio Mangiameli, il più giovane dei 40 consiglieri, destinato a diventare uno dei migliori conoscitori della macchina amministrativa.

248 Teoricamente sarebbe stato possibile mettere insieme una maggioranza di 21 consiglieri su 40, sommando gli 8 del PSI ai 12 del PCI e all'1 del PRI, per la prima volta presente (4,6 %) in Consiglio Comunale, con un eletto, l'avv. Salvatore Maddalena. Segretario del PRI era allora Giovanni Scuderi.

Anche la DC, nonostante due segnali negativi[249], poteva cantare vittoria, essendo, per la prima volta a Lentini, divenuta partito di maggioranza relativa ed in procinto di entrare nell'area del potere comunale, non più in seguito ad alchimie politiche[250], ma tramite alleanze organiche di centro-sinistra (DC-PSI-PSDI-PRI). Si apriva, in ogni caso, un periodo di larga influenza nel territorio per il partito dello Scudo Crociato, un periodo che vedrà il suo leader storico Enzo Nicotra Presidente della Camera di Commercio[251], l'avv. Salvatore Moncada Presidente della Provincia[252] e il rag. Pippo La Rocca Commissario dell'Ospedale Civile, oltre a una presenza costante e autorevole della DC nell'Amministrazione comunale[253]. Un

---

249 1) La mancata rielezione a consigliere provinciale del segretario Gianni Cannone (fu invece riconfermato il leader della minoranza interna avv. Salvatore Moncada, che nel corso della legislatura diventerà Presidente della Provincia); 2) La flessione elettorale, in quanto la DC passò dal 32,2 % delle precedenti comunali (1970) al 30 % e da 14 a 13 consiglieri comunali.

250 La precedente Amministrazione a guida DC, con sindaco Alessandro Tribulato (21-11.1962/1-12-1963), si era poggiata su una maggioranza debole e poco omogenea, sostenuta dal voto di fuoriusciti da altri partiti.

251 All'intensa attività di raccordo dell'avv. Nicotra col sottosegretario alla Pubblica Istruzione, il letterato catanese Domenico Magrì, si deve l'istituzione a Lentini di alcune scuole: il Liceo Scientifico, l'Istituto Professionale per l'Agricoltura e quello per il Commercio.

252 Alla sua Amministrazione va attribuito il merito della costruzione del Polivalente a Lentini.

253 Di notevole prestigio il gruppo consiliare democristiano. Ne facevano parte, fra gli altri, Vincenzo Bombaci (capogruppo), Francesco Fisicaro, Pippo La Rocca, Franco Rossitto (tutti e quattro futuri sindaci di Lentini), Il giovane Roberto Addamo, il decano del Consiglio Comunale cav. Pasquale Valenti, il lapiriano Cirino Di Mauro e il giornalista politologo Salvatore Martines.

ruolo, dunque, di grandissimo peso nella realtà cittadina.

Furono premiati anche i partiti che con maggior virulenza avevano attaccato il PCI durante la campagna elettorale: il MSI-DN (11 %), che raddoppiò i suoi seggi, portandoli da due a quattro[254] e il PSDI (5,7 %) che ritornò in Consiglio Comunale con due consiglieri[255].

Venne dunque costituita, presieduta da **Sebastiano Centamore** (PSI), una Giunta di centro-sinistra (DC-PSI-PRI)[256] che si insediò il 4 agosto 1975. Essa, man mano che svolgeva la sua attività, i cui risultati erano ritenuti insoddisfacenti, lasciava uno strascico di malumori, insoddisfazioni e critiche, sia all'interno della DC, che del PSI, la cui minoranza ben presto cominciò a chiedere addirittura il

---

[254] Furono eletti il cav. Attilio Iachelli (capogruppo), la prof.ssa Sara Sferrazzo Curcio (ind.), il prof. Salvatore Sciuto (segretario della sezione) e il dott. Nello Neri, futuro deputato di AN e sindaco di Lentini. Il MSI-DN, nonostante disponesse di un gruppo consiliare compatto e qualificato, sarà però escluso da tutte le formule che si alterneranno alla guida del Comune nel corso della legislatura. Ciò in assonanza con la situazione nazionale, che vedeva i suoi voti "ibernati" e l'opposizione conservatrice ai governi di centro-sinistra rappresentata dal PLI. La segreteria di Almirante era perciò contestata sia dall'ala più nostalgica, guidata da Pino Rauti, sia da quella moderata, rappresentata da Lauro e Nencioni, che alla fine lascerà il MSI- DN per fondare (dicembre 1976) un proprio partito, Democrazia Nazionale (DN), che tuttavia avrà vita effimera.

[255] L'ing. Andrea Amore e il *leader* storico della socialdemocrazia locale, Peppino Pisano.

[256] La Giunta era così composta: Sebastiano Centamore (sindaco), Angelo Celso, Vitale Martello (PSI), Pasquale Valenti (vicesindaco), Salvatore Martines, Francesco Fisicaro, Cirino Floridia, Tanino Sferrazzo (DC) e Salvatore Maddalena (PRI).

ritiro della delegazione socialista, il che ovviamente significava le dimissioni del Centamore. Il quale, dunque, si trovò a dover fronteggiare non solo i virulenti attacchi del PCI, dentro e fuori del Consiglio Comunale, ma anche a gestire i forti dissensi che la sua amministrazione suscitava dentro il suo partito e nel gruppo consiliare socialista e, in più, come leader della maggioranza interna, a cercare di dare un riassetto alla sezione. Non riuscì però a trovare soluzioni che conciliassero fedeltà ed efficienza, per cui si ebbe nel PSI un periodo di agitato interregno, che vide alternarsi alla guida della sezione, dopo il ritiro del vecchio e fedele Sebastiano Ventura, il dott. Giuseppe Centamore, presto costretto a rinunciare ai suoi disegni di rilancio del partito[257]; il commerciante Saro Ferrauto, elemento di spicco della minoranza, presto eliminato assieme ai suoi propositi di rinnovamento, ed infine l'imprenditore edile Alfio Serratore, il quale si vide costretto a gestire una situazione politica, già in gran parte compromessa, soprattutto in seguito a due importati novità.

Era avvenuto che il vertice nazionale del PCI, guidato da Enrico Berlinguer, in seguito ad una approfondita riflessione, seguita alla tragica conclusione in Cile dell'esperimento del cartello di sinistra

---

257 Durante la segreteria del dott. Giuseppe Centamore si ebbe tuttavia un'importante adesione al partito (aprile 1976): quella del dott. Santo Ragazzi (Santino per gli amici), proveniente dalle file dell'Azione Cattolica ed ex presidente della FUCI (Federazione Universitaria Cattolica Italiana) di Lentini. Il nuovo orientamento di apertura alle tematiche sociali era emerso in quell'organizzazione cattolica nel corso della precedente presidenza di Armando Rossitto.

di *Unidad Popular*, guidata dal socialista Salvador Allende[258], aveva adottato la nuova linea politica del compromesso storico, secondo cui per una nuova politica di necessarie riforme, occorreva un accordo fra le principali correnti di pensiero: quella comunista, ovviamente, la socialista e la laica e la cattolica. Insomma, per dirla in soldoni, si apriva la porta ad una possibile collaborazione fra PCI e DC. Il congresso sezionale del PCI lentinese del 6-7 marzo 1976 recepì subito tale direttiva:

> *Noi comunisti proponiamo quindi che, sulla base di un preciso ed avanzato programma... si giunga ad un definitivo superamento del centro-sinistra e alla costituzione di una Giunta a cui portino il loro contributo direttamente tutte le forze democratiche e in primo luogo il PCI.*

Tale presa di posizione metteva in campo una possibile formula di governo locale alternativa al centro-sinistra e toglieva al PSI il suo ruolo di "ago della bilancia" senza il cui apporto in precedenza era stato impossibile formare maggioranze di sinistra o di centro-sinistra. In fondo non era che un invito alla DC a liquidare la sindacatura Centamore.

Il secondo e importantissimo segnale di crisi fu dato dai risultati delle elezioni regionali e nazionali, che si tennero contestualmente il 20 giugno 1976. Esse, dopo un solo anno di centro-sinistra a gui-

---

258 L'11 settembre 1973 una rivolta di generali traditori aveva rovesciato con la forza il governo cileno, democraticamente eletto, di Salvador Allende (1908-1973), caduto combattendo lo stesso giorno, e imposto la sanguinaria dittatura di Augusto Pinochet.

da socialista, ridiedero a Lentini la maggioranza assoluta al PCI[259], ridussero di due terzi la forza del PSI[260] e ridimensionarono la forza della DC[261].

Il sindaco Centamore, dimostrando sensibilità democratica, ne colse il messaggio politico e rassegnò le dimissioni, mentre nel suo partito, senza più una maggioranza interna coesa, risultava sempre più difficile la formazione di una passabile dirigenza. Anche Serratore dunque rassegnò le dimissioni da segretario, mentre al leader di fatto Sebastiano Centamore non restò altro che chiedere lui stesso il commissariamento della sezione[262], perdendo così, d'un sol colpo, il controllo dell'Amministrazione Comunale e quello del partito.

Il crollo elettorale del PSI, il calo dei suoi alleati in Giunta DC e PRI[263], la contemporanea riconquista della maggioranza assoluta da parte del PCI[264], la buona affermazione del MSI-DN[265] indicavano con chiarezza il fallimento in città della formula di centro-sinistra. Per cui, vista la disponibilità del PCI a un accordo program-

---

259 PCI: Regionali 51,61 %, Senato 53,2 %, Camera 52,93 %.

260 PSI: Regionali, nonostante la candidatura dello stesso sindaco Centamore, 6,40 %, Senato 5,7 %, Camera 5,72 %.

261 DC: Regionali 25,31 %, Senato 23,7 %, Camera 24,56.

262 Commissario della sezione del PSI fu nominato il dott. Francesco La Face di Augusta, poi sostituito dal prof. Pippo Amara, pure di Augusta.

263 Anche il piccolo PRI aveva perso per strada oltre metà dei suoi consensi: 2,08 % alle regionali e 1,44 % alla Camera.

264 Il PCI elesse deputato all'ARS l'on. Guido Grande, ex segretario della sezione di Lentini ed ex segretario provinciale della CGIL.

265 Il MSI-DN conseguì il 10,67 % alle regionali e l'11,26 % alla Camera.

matico con la DC, iniziarono, e si conclusero positivamente, le trattative per la costituzione di una Giunta Comunale che sarà chiamata di "larghe intese", formata da DC, PCI, PSI, e PSDI, con sindacatura alla DC, partito di maggioranza relativa in Consiglio Comunale[266]. Il nuovo esecutivo guidato dal dott. **Francesco Fisicaro** riprese la tematica dello sviluppo urbanistico, approvò le lottizzazioni, effettuò opere di miglioramento nella "zona 167", cercò di arginare l'abusivismo mediante una modifica della variante al PRG, si adoperò per la realizzazione di una nuova ala dell'Ospedale Civile, fece installate ringhiere di ferro, tuttora esistenti, in tutte le numerose scalinate della città, ecc.

Intanto un certo malumore serpeggiava all'interno della Dc per i nuovi equilibri interni che vi si stavano configurando: accanto alla tradizionale corrente maggioritaria (Nicotra) e alla consistente minoranza (Moncada) si stava configurando una terza componente, guidata dal segretario Cannone, che in un certo senso stava modificando i consolidati equilibri interni. Il congresso sezionale del 24 ottobre 1976, convocato per il rinnovo del Comitato sezionale e per l'elezione dei delegati al Congresso provinciale, si concluse con la vittoria della maggioranza nicotriana. Lo stesso avv. Nicotra ritor-

---

266 La nuova Amministrazione era così composta: Dott. Francesco Fisicaro (sindaco), Salvatore Martines (in seguito sostituito da Roberto Addamo), prof. Tanino Sferrazzo (DC), prof. Riccardo Insolia (vicesindaco), dott. Carlo Arcidiacono, Simone Pulia (PCI), prof. Ferdinando Leonzio (in seguito sostituto da Nello Cardillo), Saro Chiarenza (PSI), ing. Andrea Amore (PSDI). Gli assessori socialisti, essendo la sezione commissariata, furono scelti dalla Federazione, su una rosa di quattro, precedentemente votata dal gruppo consiliare.

nò alla segreteria del partito, con vice un giovane emergente, originario di Floresta: l'avv. Giacomo Capizzi. Le fibrillazioni che attraversavano il partito a Lentini erano probabilmente dovute ad una crisi di crescita, in cui si facevano largo nuove e forti personalità, come Pippo La Rocca e Salvatore Martines. C'è da osservare, comunque, che le rivalità interne, a volte molto accentuate, non portarono mai al "taglio della testa", cioè all'eliminazione dell'avversario politico interno, in quanto nella DC c'era, in tutti i gruppi, la consapevolezza che la forza e l'incidenza del partito erano basate essenzialmente sulla sua unità, come si poteva constatare nella distribuzione delle cariche interne ed esterne, da cui nessuno veniva mai totalmente escluso.

L'Amministrazione Fisicaro, logorata dalle rivalità fra i partiti, la collaborazione tra i quali si era rivelata piuttosto fragile, e soprattutto dal loro frazionismo interno, durò poco più di un anno (18 gennaio 1976/10 marzo 1978) e si dimise per consunzione, con una motivazione generica, ufficialmente *per consentire una ristrutturazione dell'attuale Giunta così come disposto dai partiti* che l'avevano sostenuta.

Si aprì così una lunga crisi che travolse soprattutto il PSI e modificò gli schieramenti consiliari, provocando altresì lo sganciamento del PCI dalla formula delle larghe intese. Nel periodo a cavallo della crisi comunale il PSI aveva attraversato un periodo piuttosto agitato, caratterizzato da lotte tra gruppi e sottogruppi, di cui è difficile seguire il filo logico. Il quadro che si presentò, quando, a conclusione della gestione commissariale, fu convocata l'assemblea di sezione per l'elezione del nuovo Direttivo, era alquanto frastagliato. La minoranza si era divisa in due: una "manciniana", facente capo a Lentini all'avv. Delfo Pupillo e provincialmente al prof. Vincenzo Bondì e l'altra, "autonomista", guidata a Lentini da Saro Ferrauto e provincialmente dal prof. Raffaele Gentile. A quest'ultima aderì il dott. Santo Ragazzi, che presto ne diverrà il leader. La maggioranza, capeggiata a Lentini da Sebastiano Centamore e con riferimento a Siracusa al prof. Salvatore Miceli era al suo interno alquanto composita, annoverando nelle sue file gli ex psiuppini facenti capo ad Angelo Celso, mentre era in formazione un nuovo gruppo guidato da Saro Renna e Turi Mangiameli. La turbolenta assemblea per l'elezione del Comitato Direttivo si concluse con il ritiro del gruppo Ferrauto, mentre tutti gli altri si accordarono per una lista unica di 15 componenti, che ovviamente furono tutti eletti. Segretario ritornò ad essere l'ex sindaco Centamore.

La crisi comunale seguita alle dimissioni della giunta Fisicaro colse il PSI in questo periodo di forti turbolenze, dal momento che ogni gruppo cercava di assicurarsi un posto nel futuro esecutivo. Proprio per porre un argine a questa fibrillazione assessoriale, al Comitato di sezione non restò altro che decidere (12 dicembre 1977) la non partecipazione alla Amministrazione che si sarebbe formata, limitandosi a dare un appoggio esterno, e rinviando a tempi migliori la partecipazione diretta del PSI. Tuttavia , il giorno dopo (13 dicembre 1977) alcuni dirigenti si riunirono privatamente per un riesame della situazione. La cosa non fu ovviamente gradita ai "non invitati", sicché quando i due gruppi, finito l'incontro, vennero a contatto fecero... scintille. L'episodio, riportato dalla stampa, non poteva rimanere senza conseguenze e perciò provocò un nuovo scioglimento della sezione[267], la riduzione del gruppo consiliare a cinque membri[268], il divieto assoluto, per tutti i consiglieri socialisti di partecipare a qualunque maggioranza consiliare[269].

Ovviamente la crisi socialista, lo sganciamento del PCI, le rivalità e le incomprensioni fra i politici rischiavano di scaricarsi sulla città, ormai da troppo tempo senza un'Amministrazione. Per questo la DC si intestò un'iniziativa di interesse civico, in nome di quello che allora si chiamava "spirito di servizio" nei confronti delle istituzioni: quella di costituire una Giunta di minoranza, in ciò assecondata dal PSDI.

Fu dunque eletta, l'11 marzo 1978, una Giunta "di servizio" di minoranza DC-PSDI, presieduta dall'ing. **Andrea Amore**[270], il quale però, a causa della differenza di vedute tra il PSDI e tutti gli altri partiti sulla questione del Biviere, dopo qualche mese rassegnò le dimissioni (27-7-1978), facendo però salva la formula. La successiva Giunta, infatti, rimase invariata rispetto alla precedente, con la sola inversione dei ruoli tra l'ing. Amore e l'avv. **Bombaci**, che perciò divenne sindaco.

---

267 Commissario il dott. Franco Vinci di Ferla.

268 Rag. Vitale Martello (capogruppo), prof. Ferdinando Leonzio, Saro Chiarenza, Vittorio Maglitto, Sebastiano Centamore.

269 Successivamente un gruppo di militanti, guidato da Saro Renna e comprendente i consiglieri Nello Cardillo e Alfio Mangiameli, aderì al PRI. Il consigliere Celso rimase appartato.

270 Sindaco l'ing. Andrea Amore (PSDI), assessori: l' avv. Vincenzo Bombaci (vicesindaco), il rag. Roberto Addamo, il rag. Pippo Emmi, il cav. Cirino Floridia, il rag. Pippo La Rocca, il prof. Tanino Sferrazzo, il cav. Pasquale Valenti e il politologo Salvatore Martines, tutti della DC.

Anche quest'ultimo Esecutivo, per la sua stessa natura minoritaria, non poteva durare a lungo; sicché, quando il clima politico si fu rasserenato e stabilizzato, si dimise anch'esso, per agevolare l'allargamento della Giunta Municipale, ad altre forze politiche, lasciando cioè il posto ad una nuova giunta di "larghe intese" (DC-PCI-PSDI), questa volta presieduta dal prof. **Riccardo Insolia**, giovane promessa del nuovo PCI[271] e destinata a durare per tutto il resto della legislatura.

Intanto in campo socialista, per il momento autoesclusosi da ogni maggioranza, si stavano verificando nuovi e importanti movimenti. Essendo ormai imminente la conclusione della gestione commissariale, le varie componenti[272] avevano ripreso a organizzarsi, nel tentativo di conquistare la maggioranza, e quindi la guida, della sezione. Sebastiano Centamore, non più sostenuto dal gruppo ex psiuppino di Celso, rimasto fuori del partito, prese contatto con un

---

271 Il nuovo Esecutivo risultò così composto: Riccardo Insolia (sindaco), Angelo Brancato, Simone Pulia, Guglielmo Tocco (PCI), Vincenzo Bombaci (vicesindaco), Pippo La Rocca, Franco Rossitto e Salvatore Martines che si stava ritagliando un proprio ruolo, collocandosi nell'area provincialmente facente capo all'on. Gino Foti (DC), Andrea Amore (PSDI).

272 Dal 1976 segretario nazionale del PSI era diventato l'autonomista Bettino Craxi, che apportò notevoli mutamenti all'ideologia del partito, alla sua prassi interna e al suo indirizzo politico. Con la gestione Craxi scomparvero rapidamente le vecchie correnti organizzate e tutti divennero "craxiani". Ma nelle federazioni e nelle sezioni le rivalità interne rimasero, anche se ormai senza copertura ideologica o politica. Si cominciò così a parlare non più di correnti (di pensiero), ma di "cordate" e di gruppi, che pudicamente si autodefinivano "componenti". Nella Federazione siracusana emersero così le componenti facenti capo a Turi Miceli, a Raffaele gentile, a Carlo Giuliano, ecc.

gruppo di medici desiderosi di far politica e godenti di un certo seguito[273], che decise di entrare nel PSI.

Sicché, in vista dell'Assemblea di sezione che doveva segnare il ritorno agli organi statutari ordinari (Comitato Direttivo), nel clima di personalizzazione ormai creatosi a tutti i livelli nel PSI, nel tentativo di rinnovare il partito, il tesseramento fu in un certo senso "appaltato" ai due nuovi leader emergenti: Filadelfo D'Anna e Santo Ragazzi. La diarchia unitaria non resse, D'Anna divenne segretario e la rivalità fra le due "componenti" si trasformò in aperta rottura, quando la maggioranza decise di riammettere nel partito Celso e i suoi (9-10-1979)[274]. Mentre cresceva la conflittualità fra le due componenti, ne sorse una terza, facente capo all'avv. Filadelfo Pupillo[275], sicché quando, alla scadenza statutaria, si svolsero le elezioni interne per il rinnovo del Direttivo sezionale (13 gennaio 1980) furono presentate tre liste, facenti capo rispettivamente a D'Anna (che ottenne 6 seggi nel Direttivo), Ragazzi (4 seggi) e Pupillo (3 seggi). Le due minoranze, alleate fra loro, divennero maggioranza ed elessero segretario il prof. Filippo Motta, un docente di Storia e Filosofia di origine catanese, trapiantatosi a Lentini per ragioni di

---

273 I *medici* erano Nello Greco (vecchio militante), Delfo D'Anna (figlio di Salvatore, ex assessore di Castro nel dopoguerra), Nino Moncada e Alfio Lombardo (nipote di Peppino Pisano).

274 In data 5-11-1979 il segretario del PSI D'Anna comunicò al sindaco di Lentini la nuova composizione del gruppo consiliare socialista: Vitale Martello (capogruppo), Ferdinando Leonzio, Saro Chiarenza, Vittorio Maglitto, Angelo Celso, Rosario Cattano (subentrato a Sebastiano Centamore, deceduto).

275 A essa aderirono il consigliere Martello e i medici Nello Greco e Alfio Lombardo.

lavoro. Il quale, al momento della preparazione della lista per le elezioni comunali, si schierò per l'inserimento di Celso, in ciò assecondato dal gruppo D'Anna, ma contrastato dai gruppi che lo avevano eletto. Egli perciò si dimise, ma le sue dimissioni furono respinte dal gruppo D'Anna, a cui egli poi aderì, e che perciò ridivenne maggioranza (7 seggi sui 13 del Direttivo). Con questo clima e con questi movimenti il PSI si accingeva a partecipare alle imminenti elezioni comunali dell'8 e 9 giugno 1980.

Intanto, durante la sindacatura Insolia, avevano avuto luogo le elezioni politiche anticipate del 3 e 4 giugno 1979, che avevano grosso modo confermato la forza dei partiti maggiori (PCI 47,22 %[276], DC 26,15 %, PSI 6,13 %), un consolidamento nel territorio di PSDI (3,27 %) e PRI (2,98 %) e un calo della destra missina (7,97 %). Le elezioni europee, seguite una settimana dopo (10-6-1979), non avevano cambiato di molto il quadro politico locale.

Nel febbraio 1980 il XIV congresso nazionale della Dc decise di considerare ormai esaurita la breve stagione del "compromesso storico" e perciò anche delle giunte di "larghe intese", che ne erano la conseguenza sul piano locale. Il nuovo orientamento del partito, impersonato dal nuovo segretario Flaminio Piccoli, accantonata ogni intesa col PCI, privilegiava invece accordi col PSI e coi partiti laici (PSDI, PRI, PLI). Queste decisioni contribuirono ad alimenta-

---

276 La flessione del PCI era dovuta principalmente alla presenza nelle elezioni politiche di partiti non presenti a quelle comunali, che in qualche modo pescavano nel suo elettorato: PDUP (Partito di Unità Proletaria per il Comunismo) 1,43 %, PR (Partito Radicale) 2,65 %, DP (Democrazia Proletaria) 0,29 %. In queste elezioni il PCI elesse alla Camera l'on. Luigi Boggio, originario di Nicosia (EN), ma lentinese di adozione.

re, anche sul piano locale, le tensioni interne fra le componenti della DC, del resto mai completamente sopite e in aumento all'approssimarsi di ogni appuntamento elettorale. Infatti il vero confronto all'interno della DC lentinese sarebbe avvenuto in occasione del rinnovo dei consigli comunale e provinciale.

Sulla natura di tale rivalità, che durerà quanto il partito stesso, una riflessione è comunque necessaria. In origine il confronto era stato tra l'iniziale impostazione etico - aristocratica, piuttosto arroccata nel suo conservatorismo medio-borghese, dei fondatori, tutti strettamente legati alla Chiesta e la nuova ala nicotriana, più pragmatica e movimentista e anche popolaresca, anch'essa legata alla Chiesa, ma in modo più laico. Grazie alle sue intuizioni strategiche nella lotta al PCI, da essa efficacemente contrastato sul terreno sociale, quest'ultima, ben allineata all'energica segreteria Fanfani, e con la benedizione del segretario provinciale (l'ex partigiano Graziano Verzotto) era poi prevalsa, ma quasi subito era stata costretta a confrontarsi con la nuova opposizione guidata dall'avv. Salvatore Moncada, intellettualmente vivace e impregnata di senso delle istituzioni. Differenze, quelle fra le due componenti, sottili e difficili da decifrarsi, ma che esploderanno in modo visibile in seguito. Una cosa, tuttavia, si può certamente affermare: non si può assolutamente ridurre il confronto Nicotra-Moncada a puro personalismo.

Si trattava invece di visioni politiche certamente non opposte, ma solamente diverse, come diverse erano le "anime" del partito cattolico, peraltro abbastanza rispettose l'una dell'altra. Tanto è vero che, all'interno della DC, non si parlò mai di provvedimenti disciplinari né di cancellazioni politiche.

Dunque la parola ai fatti, che sono maestri di Storia più delle parole degli storici.

9 - Lentini tra la Balena Bianca e l'Elefante Rosso (1980-1985)

Mario Bosco

In prossimità delle elezioni provinciali e comunali dell' 8-9 giugno 1980, la DC scese in campo con un imponente spiegamento di forze, che vide impegnati tutti i suoi maggiori esponenti, fatta eccezione per l'avv. Bombaci, ritiratosi dalla politica attiva.

Il leader del partito e segretario della sezione, avv. Enzo Nicotra, si presentò alle provinciali, probabilmente per dare una dimostrazione visibile della sua presa elettorale. Ci riuscì in pieno, classificandosi primo degli eletti, non solo del collegio di Lentini, ma dell'intera provincia di Siracusa[277]. Egli, tuttavia, rimase in carica solo per circa un anno, essendo stato poi chiamato alla presidenza (1981-1983) del Consorzio Area Sviluppo Industriale di Siracusa[278], lasciando perciò quella della Camera di Commercio.

Alle comunali, la DC, ormai percepita come il partito della responsabilità istituzionale, rispetto alla instabilità degli altri, ottenne il 42,4 %, suo massimo storico e ben 18 consiglieri sui 40 spettanti a

---

277 A Lentini, alle provinciali, la DC ottenne un ottimo 42,48 % certamente dovuto alla presenza in lista del Nicotra.

278 Nicotra riuscirà ad ottenere un finanziamento di circa 15 miliardi di lire per l'approntamento della zona industriale, con annesso centro sociale.

Lentini, mettendo così una seria ipoteca sulla guida della cosa pubblica locale.

Di gran prestigio il gruppo consiliare, fra cui figuravano l'ex sindaco Francesco Fisicaro, i futuri sindaci Giacomo Capizzi, Gianni Cannone, Nino Mazzone e Franco Rossitto, gli ex segretari giovanili Salvatore Martines e Alberto Di Mari, l'ex presidente dell'Unione Sportiva Leontina Carmelo Russo, il decano del Consiglio Comunale Pasquale Valenti, l'ex presidente della Provincia e leader della minoranza interna Salvatore Moncada, che fu eletto capogruppo[279]. Questa forte e qualificata rappresentanza dello Scudo Crociato aveva però dentro di sé il germe della divisione, che dopo qualche anno darà i suoi frutti amari per il partito.

Il PCI alle provinciali ottenne il 38,08 % ed elesse l'ex segretario Elio Magnano, il quale, a metà legislatura, essendo stato chiamato a far parte dell'Assemblea Generale dell'USL di Lentini, lascerà il posto all'uscente Lidia Costanzo Tocco. Alle comunali, invece, superò solo di poco i pessimi risultati del 1975, portandosi al 30,27 % ed eleggendo 13 consiglieri, fra i quali l'ex segretario provinciale della CGIL on. Guido Grande, l'ex sindaco Riccardo Insolia, il futuro sindaco Mario Bosco, il noto sindacalista Ciccio Ciciulla, i nuovi quadri Pippo Moncada, Angelo Brancato e Guglielmo Tocco.

Il PSI, ormai saldamente governato dalla corrente detta dei medici, perfettamente allineata alla politica craxiana, pur non confermando il successo del 1975, nonostante le vicissitudini attraversate negli anni precedenti, ottenne una buona affermazione sia alle pro-

---

279 Nuovo segretario della DC lentinese era diventato il rag. Pippo La Rocca.

vinciali (10,68 %)²⁸⁰, che alle comunali (11,58 %) in cui elesse cinque consiglieri: tre (Nino Moncada, capogruppo, Angelo Celso e Nuccio Fisicaro) della maggioranza e due (Alfio Lombardo e Vitale Martello) della minoranza facente capo all'avv. Delfo Pupillo. Nessun seggio fu invece conquistato dalla minoranza di Santo Ragazzi, che perciò ebbe un momento di scoramento.

Anche il PRI sembrò stabilizzarsi, soprattutto in seguito alla confluenza degli ex socialisti. A rappresentare il partito, ora guidato dall'imprenditore Saro Renna, furono eletti l'uscente Alfio Mangiameli, capogruppo, e lo zio paterno di questi Nunzio Mangiameli, allora neofita dell'impegno politico, ma ben presto rivelatosi gran raccoglitore di consensi.

Per il PSDI (3,21 %), sempre più lontano dalla tradizione di Delfo Castro, fu riconfermato consigliere comunale l'ex sindaco Andrea Amore.

In piena crisi il MSI-DN, che aveva visto rigettata la propria lista al Consiglio Provinciale per difetto di documentazione e che alle comunali (4,58 %) si dovette accontentare di un solo seggio, andato a Nello Neri, che nel 1982 sarà sostituito da Salvatore Sciuto.

Sembrava pertanto giunto a conclusione il periodo in cui ad essere premiate dall'elettorato erano le ali estreme dello schieramento po-

---

280 Alle provinciali si presentò il segretario della sezione, il pediatra Filadelfo D'Anna che ebbe una buona affermazione, pur senza essere eletto. D'Anna era l'unico lentinese componente del Direttivo Provinciale del PSI, il che gli conferiva notevole autorità.

litico a scapito dei partiti dell'area governativa, ora coincidente con quella del *pentapartito*[281].

Tutto ciò avveniva mentre la Città si apprestava a vivere la crisi sempre più evidente di quello che era stato il settore portante della sua economia, quello agrumario, con milioni di quintali di agrumi portati nei centri AIMA[282] e con molti magazzini per la lavorazione che chiudevano o si trasferivano altrove. Intanto tardava la costruzione del nuovo Biviere e riemergevano la disoccupazione e l'emigrazione.

Il clima politico e la distribuzione delle forze consiliari, che avevano visto il trionfo della DC, non potevano avere che uno sbocco: un'Amministrazione a guida dc, sostenuta dalle forze di area governativa, del resto già tutte orientate per una tale soluzione.

La scelta per la sindacatura cadde su Giacomo Capizzi[283], giovane ma già affermato professionista, che sarà riconosciuto amministratore equilibrato, capace e corretto. Per la DC entrarono in Giunta il dott. Pippo Zarbano, che si rivelerà uno dei più lucidi e preparati amministratori, l'ex segretario del partito, il giornalista

---

281 DC, PSI, PSDI, PRI, PLI.

282 Azienda per gli Interventi sul Mercato Agricolo, istituita con Legge n.3033/1966 e soppressa nel 1999.

283 Giacomo Capizzi, avvocato, era originario di Floresta, dove era nato il 1° novembre 1942. Trapiantatosi giovanissimo a Lentini, assieme alla sua famiglia, si era avvicinato alla politica attiva nel 1970, quando aveva cominciato la pratica legale nello studio dell'avv. Enzo Nicotra. Era stato vicesegretario della sezione nel periodo 1976-1980 e, come Nicotra, faceva parte della corrente andreottiana. Dal 1985 al 1994 sarà sindaco di Floresta.

Gianni Cannone, il dott. Franco Rossitto e il prof. Nino Mazzone, vicinissimo all'avv. Nicotra[284].

Il PSI[285] ottenne tre assessorati affidati al segretario scolastico Nuccio Fisicaro (vicesindaco), discendente da una famiglia di antica tradizione socialista[286], ad Angelo Celso, ormai alla sua terza legislatura, e al dott. Alfio Lombardo.

Il PRI venne rappresentato dal geom. Alfio Mangiameli, che avrebbe diretto l'importante settore dei Lavori Pubblici. Il PSDI rimase all'opposizione.

In data 23 marzo 1981 ebbe luogo l'assemblea sezionale del PSI per il rinnovo del Direttivo, a cui le opposizioni interne di Ragazzi e di Pupillo, scoraggiate e disorientate, scelsero di non partecipare. Si ebbe perciò un direttivo interamente controllato dalla corrente dei „medici", che riconfermò alla segreteria il prof. Filippo Motta.

La nuova direzione politica del PSI cominciò ben presto a dare segni di insofferenza per l'andamento dell'Amministrazione comunale: furono richieste verifiche programmatiche, ci furono incontri più o meno chiarificatori fra i partiti della maggioranza (DC, PSI, PRI), che però non approdarono a nulla, fino a quando si giunse

---

284 Il sindaco conferì la delega allo sport al consigliere comunale Carmelo Russo (DC).

285 Segretario del PSI era il prof. Filippo Motta, succeduto al dott. Filadelfo D'Anna, della cui componente faceva ora parte.

286 Il nonno materno Mariano Raiti era stato consigliere comunale socialista prima del fascismo ed il padre Antonino aveva ricoperto lo stesso ruolo nel 1946.

alle dimissioni degli assessori socialisti, seguiti subito dopo da quelle di tutti gli altri.

La nuova crisi venne rapidamente risolta con una nuova formula di governo locale DC-PRI, con l'appoggio esterno del PSDI, che però poteva contare sul sostegno in Consiglio Comunale di soli 21 consiglieri su 40.

Sindaco venne riconfermato l'avv. **Giacomo Capizzi** (DC), con vicesindaco il giovane Alfio Mangiameli (PRI) e con assessori gli uscenti dott. Pippo Zarbano, prof. Nino Mazzone e dott. Franco Rossitto e i nuovi prof. Tanino Sferrazzo, dott. Marcello Ciaffaglione, cav. Pasqualino Valenti e cav. Alfio Cardillo, autorevole esponente dell'Associazione Cristiana Artigiani.

Nello stesso periodo in cui si risolveva la crisi comunale avevano avuto luogo le elezioni regionali del 21 giugno 1981, che avranno forti ripercussioni sul quadro politico lentinese.

Esse decretarono un arretramento della DC (36,05 %) e dei partiti laici, che complessivamente a Lentini raccolsero solo il 4,44 %[287], una tenuta del PSI (10,81 %), ormai passato all'opposizione, le cui correnti si erano tutte impegnate a sostenere i loro leader provinciali, tutti in lista,, e, nello stesso tempo, un significativo avanzamento del PCI (40,56 %) che aveva così riconquistato il primo posto in città ed aveva anche eletto deputato il consigliere Mario Bosco.

Questi risultati col tempo avranno notevoli ripercussioni nella DC e nel PSI.

---

287 PSDI, PRI e PLI si erano presentati assieme in provincia di Siracusa, nel tentativo, riuscito, di conquistare un seggio all'ARS, che essi ottennero strappandolo al MSI-DN.

Il congresso nazionale della DC del maggio 1982 si concluse con l'elezione a segretario di Ciriaco De Mita, leader della sinistra, il quale volle contrapporre un atteggiamento risoluto nei confronti dell'altrettanto risoluto segretario del PSI Craxi, suo alleato/rivale. Questo clima non contribuì certamente a colmare le distanze che si erano create a Lentini tra i due partiti. Sicché le dimissioni presentate nello stesso periodo da Capizzi, benché fossero ufficialmente motivate dalla volontà di favorire la formazione di una più larga maggioranza comunale, che includesse anche i socialisti, in realtà erano dovute al cattivo collegamento e alle incomprensioni che si erano creati tra l'Amministrazione comunale e la sezione democristiana e, in particolare, con la corrente di appartenenza del Capizzi, cioè quella nicotriana. Tanto è vero che la nuova crisi si conclude con la riedizione della stessa formula DC-PRI, con l'appoggio esterno del PSDI.

Stessa formula, ma diverso sindaco, perché a succedere a Capizzi fu chiamato Gianni Cannone[288], ormai in sintonia con l'avv. Nicotra e col segretario Pippo La Rocca.

La nuova Giunta, ad eccezione del vicesindaco repubblicano Alfio Mangiameli, era interamente formata da democristiani: il prestigioso dott. Pippo Zarbano, il politologo Salvatore Martines, il prof. Nino Mazzone, il cav. Pasquale Valenti, simbolo vivente della storia della DC lentinese, che tutta aveva attraversato, il geom. Davide

---

288 Fra le iniziative più importanti realizzate da Cannone sono certamente da menzionale l'organizzazione di un convegno internazionale su Gorgia e la sofistica e l'impegno profuso per far ottenere a Lentini il titolo di "Città". Tale titolo fu concesso con D.P.R. 7-8-1990, durante la sindacatura Battiato della cui giunta il Cannone farà parte.

Battiato, il dott. Alberto Di Mari, l'appassionato organizzatore sportivo Carmelo Russo, vicinissimo al segretario La Rocca.

La giunta Cannone, sostenuta, come la precedente, da una maggioranza ristretta di 21 consiglieri, cadde per il ritiro dell'appoggio esterno da parte del PSDI (20-5-1983), che dissentiva dal Regolamento Edilizio proposto dall'Amministrazione.

Si apriva così una lunga e difficile crisi che vedeva la DC in rotta col PSDI, in cattivi rapporti col PSI e sottoposta ai virulenti attacchi del PCI. Per di più anche le acque interne del partito apparivano piuttosto agitate, in seguito alla decisione di Nicotra di lasciare la corrente andreottiana, a Siracusa guidata dagli onorevoli Gino Foti e Santi Nicita, per aderire a quella demitiana, in Sicilia orientale rappresentata da Rino Nicolosi e provincialmente da Nitto Brancati. Tale scelta fu condivisa sostanzialmente da tutti i suoi sodali, tranne l'avv. Capizzi, che rimase con la corrente andreottiana, a cui già aderiva la minoranza locale di Salvatore Moncada.

Mentre si snodavano tali sussulti tellurici in seno alla DC lentinese, nel PSI erano accadute parecchie cose di rilevante importanza.

Le ultime elezioni regionali, alle quali si erano presentati tutti i grossi calibri provinciali del partito, avevano impegnato a fondo tutte le correnti e in particolare quella "gentiliana", capitanata dal dott. Santo Ragazzi, che aveva cercato di acquisire nuovi consensi attorno alla innovativa candidatura del prof. Raffaele Gentile[289], il quale risulterà vincitore dell'appassionante gara.

Vista la crescente personalizzazione della politica, dilagante ormai in tutti i partiti, e i legami della stessa con le posizioni di potere, praticamente la corrente che riusciva ad avere un parlamentare, finiva col controllare anche la federazione provinciale. Il PSI non fece eccezione a questa "regola" e Gentile, sotto le cui bandiere accorsero in molti, da leader della minoranza provinciale in pochissimo tempo divenne leader della maggioranza. In tale veste provvide a "sanare" le varie situazioni locali, fra cui quella di Lentini, la cui sezione era governata dalla sola corrente dei „medici", per giunta sconfitta alle regionali, mentre non erano rappresentate nel Direttivo le correnti facenti capo al dott. Ragazzi e all'avv. Pupillo e la nuova creata da Nicola Spada, che tutte avevano dato un determinante apporto al risultato complessivo del partito.

Insomma, con le elezioni regionali, l'era dei „medici" era sostanzialmente finita.

Con un provvedimento da tutti atteso, anche se da alcuni temuto e da altri auspicato, la sezione socialista di Lentini venne sciolta ancora una volta e commissario venne nominato Santo Gallo di Canicattini. Il quale, contrariamente alle speranze di rinnovamento suscitate, nel ricostituire la sezione, adottò un rimedio peggiore del male. Furono, infatti, fissati dei giorni in cui chiunque poteva chie-

---

289 Fra i quali, in qualità di amico personale e collega del prof. Gentile, il prof. Ferdinando Leonzio che non si era ricandidato e che si era appartato dalla politica attiva. Vi aderirono, inoltre il giovane poeta Pippo Cardello e l'ex psiuppino Pippo Nicotra.

dere l'iscrizione al partito, semplicemente riempendo un modulo, senza neanche pagare nulla. Le domande, senza nessuna verifica o cernita, vennero tutte automaticamente accettate. I rapporti di forza tra le "correnti" scaturenti da tali elenchi di "iscritti", pieni di "suocere ignare" e di "amici inconsapevoli" rimarranno cristallizzati fino allo scioglimento del partito.

Sulla base di tale tesseramento, il 22 maggio 1982 si tenne il congresso di ricostituzione della sezione socialista di Lentini, in cui venne eletto il nuovo Comitato Direttivo. Nessuno ottenne la maggioranza dei 15 componenti: 5 seggi andarono alla corrente D'Anna, 5 a quella Ragazzi, 3 a quella Spada e 2 a quella Pupillo. Poiché la corrente D'Anna, provincialmente guidata dal prof. Pippo Amara, era traslocata sotto le insegne del neo onorevole Raffaele gentile, i "gentiliani" disponevano complessivamente di 10 seggi (5 D'Anna e 5 Ragazzi). Così la segreteria andò al più gentiliano di tutti, il dott. Santo Ragazzi, con vicesegretario l'imprenditore edile Alfio Serratore e responsabile dell'organizzazione il prof. Ferdinando Leonzio[290].

La segreteria Ragazzi, basata su una maggioranza fittizia, composta da ex rivali, sia per divergenze politiche che per incomprensioni caratteriali, che spesso inevitabilmente riemergevano, non ebbe vita facile. Il PSI si era trovato dunque diviso di fronte alla crisi se-

---

290 Dopo qualche tempo, come poi avverrà per altri, il prof. Leonzio, insofferente alla rigida disciplina di gruppo (le riunioni di Direttivo erano sempre precedute da riunioni dei gentiliani "puri"), divenne di fatto indipendente, cioè al di fuori di ogni corrente.

guita alle dimissioni della giunta Capizzi ed era perciò rimasto fuori anche della giunta Cannone.

Dopo qualche tempo la situazione nel PSI precipitò e il dott. Ragazzi, rimasto senza maggioranza, attaccato dalle minoranze interne, senza un soldo in cassa e con uno sfratto in corso dai locali della sezione, allora in Via Garibaldi, con una difficile crisi comunale seguita alle dimissioni della giunta Cannone, con un gruppo di 5 consiglieri, di cui nessuno appartenente alla sua corrente, con lettera circolare del 26 giugno 1983[291] ai componenti del Direttivo, rassegnò le dimissioni da segretario. Il PSI evitò un crollo totale solo grazie alla prudenza e alla passione politica del vicesegretario Serratore, che si affrettò a convocare il Direttivo per l'elezione di un nuovo segretario.

Nessuno si sentiva di prendere la guida del partito in una così difficile situazione. Fu solo dopo un mese di inutili riunioni che, per le pressioni ricevute dal dott. Pippo Centamore, suo intimo amico, e per senso di responsabilità verso il partito in cui militava da giovanissimo, che il prof. Ferdinando Leonzio, sulla base della linea politica detta della governabilità[292], accettò la difficile eredità, unanimemente conferitagli. Nel mentre veniva rapidamente rinvigorita – mediante sottoscrizioni - la vuota cassa del partito, affittata una

---

291 Lo stesso giorno iniziarono le votazioni per il rinnovo del Parlamento nazionale.

292 Di trattava della linea politica nazionale, secondo cui il PSI, quando il suo apporto si fosse rivelato essenziale, aveva il "dovere" di assicurare la governabilità delle istituzioni. Nel caso di Lentini la DC, partito di maggioranza relativa (18 consiglieri), che con l'alleato PRI arrivava a solo 20 consiglieri su 40, non era in grado di assicurare un governo alla Città.

nuova sede, riattivati gli organi di partito e il gruppo consiliare, coinvolta la base del partito, furono portate avanti con rinnovato prestigio le trattative per dare un nuovo governo alla Città.

Esse si conclusero con l'elezione di una nuova giunta **Cannone** sostenuta da DC, PSI e PRI e composta di tre assessori socialisti (Nuccio Fisicaro, vicesindaco, Angelo Celso e Vitale Martello), quattro democristiani (Alberto Di Mari, Salvatore Martines, Tanino Sferrazzo e Pippo Zarbano) e uno repubblicano (Alfio Mangiameli).

La decisione dell'avv. Nicotra e della sua corrente, maggioritaria nella sezione di Lentini, di rompere col gruppo prevalente nella DC siracusana e cioè con la corrente andreottiana, per approdare in quello della sinistra demitiana, non fu senza conseguenze. Se, da un lato, l'avv. Nicotra dovette lasciare la presidenza dell'ASI, dall'altro ottenne la candidatura alla Camera dei deputati e il sostegno dei demitiani e del loro leader regionale Rino Nicolosi, in vista delle elezioni politiche del 26-27 giugno 1983. Ciò, unitamente all'impegno profuso da lui nell'esteso collegio della Sicilia orientale e alla sua intraprendenza[293], comportò l'elezione del Nicotra [294] alla Camera, per la IX legislatura repubblicana.

Il cambio di corrente ebbe però anche la conseguenza di acuire all'interno della sezione dc di Lentini le tensioni da tempo esistenti

---

293 L'avv. Nicotra inviò una lettera aperta ai lentinesi, in cui chiedeva il loro sostegno in nome del loro senso civico.

294 La DC a Lentini ottenne il 27,67 % al Senato e il 36,90 % alla Camera. La forte differenza percentuale, equivalente a circa 2.500 voti, era indubbiamente dovuta alla presa elettorale di Nicotra

tra la maggioranza neodemitiana di Nicotra (che controllava la sezione) e la minoranza andreottiana di Moncada (che controllava la federazione), cui in qualche modo si collegavano altri andreottiani "indipendenti", come Capizzi e Martines.

Tale divisione attraversava verticalmente anche il gruppo consiliare, completamente spaccato a metà, e non poteva non avere conseguenze anche sull'Amministrazione comunale presieduta da Cannone, tanto da esplodere, infine, pubblicamente, nella seduta del Consiglio Comunale del 12 dicembre 1983, culminata con le dimissioni presentate dall'intera Giunta. Fu, da allora, un crescendo di polemiche fra i due tronconi della DC.

I quali finirono per prendere posizioni nettamente contrapposte anche sulle prospettive future. I nicotriani, guidati da Cannone e Mazzone, si schierarono nettamente per le dimissioni in massa dei consiglieri, in modo da determinare lo scioglimento del Consiglio Comunale e quindi un ritorno alle urne che restituisse la parola ai cittadini, che a suo tempo avevano assegnato la vittoria alla DC, ora impossibilitata a governare – secondo il loro punto dii vista - per responsabilità dei rivali.

Gli andreottiani-moncadiani, invece, erano per una soluzione "istituzionale" che evitasse una gestione commissariale e salvasse la legislatura, per poter procedere alla risoluzione dei problemi cittadini.

Di fronte a questo braccio di ferro, la posizione del PCI[295] cominciò a prendere in seria considerazione la possibilità di realizzare l'ipotesi dello scioglimento del Consiglio Comunale, scaricandone però

---

295 Era segretario del PCI di Lentini il prof. Michelangelo Cassarino.

la grave responsabilità sulla DC, in quanto probabilmente intravvide la possibilità di trarre, da una nuova elezione, visto il fallimento di ben quattro amministrazioni a guida DC[296], un considerevole vantaggio elettorale[297].

Insomma la Balena Bianca e l'Elefante Rosso, sia pure per motivi assai diversi, stavano per convergere sulla strada dello scioglimento del Consiglio Comunale.

Ma per una volta entrambi i due colossi persero l'iniziativa politica, che passò interamente al PSI, per l'occasione in piena intesa col PRI.

Il PSI, in particolare, che, come abbiamo accennato, praticava la linea politica della „governabilità", era invece del tutto contrario a consentire che le divisioni e le contraddizioni interne della DC si scaricassero sulla Città, la quale invece aveva bisogno di essere governata.

Suscitò perciò sorpresa, e forse disorientamento, l'imprevisto intervento del segretario del PSI e del capogruppo repubblicano ad un'assemblea "aperta" del PCI, con cui i due annunciarono pubblicamente l'iniziativa di invitare il PCI e il PSDI ad incontri a brevissimo termine per formare assieme un'amministrazione, che allora fu definita di alternativa democratica[298].

---

296 Le due a guida Capizzi e le due a guida Cannone.

297 Il PCI lentinese alle politiche del 1983 era risalito, ottenendo il 46,32 % al Senato e il 41,81 % alla Camera ed aveva anche risanato le ferite della dura sconfitta del 1975, come dimostrava anche la segreteria affidata al Cassarino.

298 Tale soluzione aveva una maggioranza numerica in Consiglio Comunale: 13 PCI, 5 PSI, 2 PRI, 1 PSDI, per un totale di 21 consiglieri su 40

Le trattative, invece, si rivelarono lunghe e difficilissime, soprattutto per l'atteggiamento del PCI, piuttosto indispettito dall'attivismo socialista e sempre pronto a sfruttare ogni minimo dissenso per rompere le trattative.

Alla fine la spuntò la linea del PSI e venne costituita la nuova amministrazione di alternativa democratica, sostenuta da PCI, PSI, PRI e PSDI.

A presiedere la nuova Amministrazione fu chiamato l'on. **Mario Bosco** (PCI), con assessori Nuccio Fisicaro (vicesindaco), Angelo Celso, Vitale Martello (PSI), Angelo Brancato, Paolo Di Falco, Pippo Moncada (PCI), Nunzio Mangiameli (PRI), Andrea Amore (PSDI).

Sarà però il meglio organizzato PCI, rispetto al sempre rissoso PSI[299], ad intestarsi, sul piano propagandistico, la positiva soluzione della lunga e difficile crisi[300] e a raccoglierne i frutti in termini di voti, come dimostrarono i risultati delle elezioni europee del 17 giugno 1984[301].

---

299 La scelta degli assessori socialisti non era stata indolore. Nuovo capogruppo del PSI, in sostituzione del dimissionario Nino Moncada, fu eletto il rag. Vitale Martello.

300 Mesi dopo, il nuovo segretario di sezione del PCI Riccardo Insolia si prenderà, per la soluzione raggiunta in sede comunale, i pubblici elogi del segretario nazionale del PCI Alessandro Natta, nel corso di un pubblico convegno tenuto a Lentini. In realtà il PCI, che avrebbe preferito il ritorno alle urne, aveva ostacolato in vari modi la soluzione della lunga crisi, durata dal 12-12-1983 (dimissioni della giunta Cannone) al 20-2-1984 (insediamento della giunta Bosco).

301 Il PCI ritornò alla maggiorana assoluta (52,4 %), mentre il PSI, nonostante il grosso successo politico e d'immagine, mantenne a stento le posizioni (6,3 %)

I mesi seguenti furono anch'essi densi di avvenimenti all'interno dei vari partiti, fino alla viglia delle nuove elezioni provinciali e comunali, che si sarebbero tenute il 12 maggio 1985.

La DC, rimasta all'opposizione, assunse nei confronti della giunta Bosco due atteggiamenti diversi: l'ala moncadiana scelse un linea di opposizione istituzionale, mentre quella nicotriana assunse un atteggiamento più virulento.

Man mano, però, che il tempo scorreva le polemiche interne dello Scudo Crociato si affievolivano, finché a prevalere fu lo spirito di partito e la necessità di trovare un accordo in vista delle elezioni comunali. Si giunse, così, nel gennaio 1985, ad un accordo unitario, il cui primo effetto fu la ricostituita unità politica ed operativa del gruppo consiliare. L'accordo si presentava abbastanza solido, essendo basato sul rispetto del ruolo delle diverse componenti e delle diverse personalità, a cominciare da quelle dai due principali leader Enzo Nicotra e Turi Moncada, e dei due ultimi sindaci Giacomo Capizzi e Gianni Cannone.

Fu dunque costituito un esecutivo sezionale unitario, con il ritorno alla segreteria dell'on. Nicotra, ora considerato il deputato di tutti, e con un sapiente dosaggio delle varie sensibilità locali. Ne facevano parte, per gli andreottiani, il leader della minoranza dott. Salvatore Moncada, l'ex sindaco Giacomo Capizzi, molto vicino all'on. Nicita e unico degli andreottiani a non aver seguito Nicotra nel cambio di corrente, e l'ex assessore Salvatore Martines, molto vicino all'on. Foti; per i demitiani/nicotriani: l'ex sindaco Gianni Cannone, il capogruppo Nino Mazzone e l'ex assessore Alberto Di

---

e la DC precipitò al 22,1 %. In lieve calo i partiti laici e in ripresa il MSI-DN.

Mari, demitiano della prima ora, stretto sodale del leader provinciale della corrente Nitto Brancati. Fu anche lanciato un appello agli altri partiti per un confronto su come affrontare i problemi cittadini, che sostanzialmente era un invito a superare la realtà della giunta Bosco. Rimasto senza concreti riscontri tale appello, alla DC non rimase altro che intraprendere la strada di una dura opposizione all'Amministrazione comunale, al PCI e al PSI, accusato addirittura di succubanza nei confronti del PCI! Con questo spirito unitario e battagliero la DC si apprestava ad affrontare la nuova prova elettorale.

Al contrario, nell'irrequieto PSI, l'imminenza delle elezioni, anziché rafforzare lo spirito di partito, rafforzò quello delle singole "componenti", sulla carta tutte craxiane, ma nella realtà locale costituite da gruppi con obiettivi particolari, tutti ormai avvezzi a considerare una carica istituzionale, anche piccola, come quella di consigliere comunale, come lo strumento per determinare le scelte del partito e tutto ciò che ne conseguiva.

Il segretario della sezione, logorato da una serie infinita di impegni[302], si trovò di fronte a situazioni assai lontane dal costume socialista, con un tesseramento elefantiaco, dalla federazione ridotto a 250 iscritti, contenuti in un elenco immutabile che cristallizzava la forza delle "componenti", poiché di anno in anno veniva automaticamente riconfermato, senza alcuna possibilità di variazione, la pretesa delle "componenti" di designare i candidati autonomamen-

---

302 Riunioni di corrente, di direttivo, di gruppo consiliare, di maggioranza, di Consiglio Comunale, di federazione, incontri bilaterali con gli altri partiti, con singoli dirigenti, ecc.

te, come partiti nel partito, in base alla loro rappresentanza nel direttivo, senza possibilità di vagliarne l'idoneità politica.

Il punto di rottura fu toccato quando le due "componenti" che rappresentavano la maggioranza e la minoranza provinciale si accordarono per l'inserimento in lista di elementi che nulla avevano a che vedere con la tradizione socialista: fu allora che il prof. Ferdinando Leonzio rassegnò le dimissioni da segretario, non ritenendo di poter avallare una simile impostazione[303].

Non fu possibile sostituirlo e pertanto fu costituita una specie di segreteria collegiale, composta da un rappresentante per ogni "corrente"[304]. I candidati furono scelti col sistema proporzionale in base alla rappresentanza di ciascuna componente nel direttivo, senza possibilità per nessuno di poter interferire nelle scelte degli altri.

Con tale spirito il PSI, o meglio quel che ne restava, si accingeva ad affrontare le nuove elezioni.

Anche nel PRI erano emerse dissonanze tra il capogruppo ed ex vicesindaco Alfio Mangiameli ed il segretario della sezione Saro Renna, tant'è che nel primo congresso sezionale il Renna venne sostituito alla segreteria dal prof. Silvio Pellico. Il Renna, ormai leader della minoranza interna, dopo qualche tempo, assieme ad Enzo Reale, abbandonerà il partito per fondare il MDR (Movimento Democratico Repubblicano).

---

[303] In questa circostanza il segretario dimissionario commise l'errore di rifiutare varie interviste per informare il pubblico delle reali motivazioni delle dimissioni, per non danneggiare il partito nell'imminenza delle elezioni.

[304] Pippo Cardello, Nello Greco, Delfo D'Anna, Santo Ragazzi e Lino Spada.

Anche nel PSDI si preparavano importanti cambiamenti di direzione che avrebbero portato il partito lontano dalla tradizione di Castro.

Al MSI-DN, sostanzialmente fuori dal gioco politico ed escluso da tutte le possibili coalizioni, non restava che difendere tenacemente il proprio zoccolo duro.

E nel frattempo si veniva formando a Lentini, dopo tanto tempo, una sezione del PLI, per iniziativa dell'imprenditore Rosario Ossino Fisicaro.

Cominciava a tramontare l'Italia dei partiti, sconfitta dai personalismi e dai particolarismi. Cominciava a tramontare, inesorabilmente e malinconicamente, la prima Repubblica...

10 - Lentini e la liquefazione dei partiti (1985-1990)

Santo Ragazzi

Molto si è detto e molto si è scritto contro la cosiddetta „Italia dei partiti", caratterizzata dalla sistematica occupazione delle istituzioni da parte delle varie burocrazie politiche insediatesi ai vertici dei partiti e diventate inamovibili col sistema della „cooptazione".

I partiti, tuttavia, non sono sempre stati così come noi oggi li conosciamo, caratterizzati da una forte centralizzazione attorno alla figura di un leader e capaci di strappare dalle mani degli elettori la loro unica possibilità di verifica sui candidati: il voto di preferenza.

I partiti, come la Costituzione li ha previsti[305], avevano inizialmente uno stretto legame col sistema democratico. I cittadini che vi si iscrivevano, che frequentavano le loro sedi, anche periferiche (allora c'erano!), si facevano portavoce dell'elettorato e, tramite i loro rappresentanti nelle istituzioni, erano in grado di influenzare le pubbliche decisioni. In essi si svolgeva pure un rigoroso e selettivo

---

[305] Art. 49 Cost.: „Tutti i cittadini hanno diritto di associarsi liberamente in partiti per concorrere con metodo democratico a determinare la politica nazionale".

apprendistato per il personale che un giorno sarebbe stato delegato a gestire la cosa pubblica.

Ebbene, questo sistema, soprattutto negli anni dal 1985 al 1990, entrò in crisi e cominciò a liquefarsi, lasciando il posto a forme diverse (peggiori) di democrazia, quali il personalismo, il leaderismo, il verticismo e il populismo.

Questo ovviamente, in quegli anni, avvenne anche a Lentini.

Alle elezioni comunali del 12 maggio 1985[306] la vittoria arrise – com'era logico – a quei partiti che avevano salvato l'ultima legislatura, messa in forse dalle risse in casa DC e promosso l'insediamento a Palazzo di Città di una Giunta detta di "Alternativa democratica", di cui il PCI (che pure aveva cercato di ostacolare in mille modi tale soluzione), aveva cercato poi, con mefistofelica furbizia, di attribuirsi il merito: il PSI e il PRI e, appunto, il PCI.

Il PSI (15,53 %) passò da 5 a 7 seggi, non avendo risentito della crisi interna che lo aveva investito, proprio alla vigilia delle elezioni e che – per sua fortuna – era stata ignorata dall'opinione pubblica. I risultati questa volta furono favorevoli ai gentiliani "puri", guidati

---

306 Contestualmente si tennero anche le elezioni provinciali. Il PCI di Lentini (38,32 %) elesse consigliere provinciale l'ex ufficiale partigiano e famoso penalista avv. Salvatore Lazzara, che per un certo periodo sarà anche assessore. Per la DC (31,98 %) fu eletto il rag. Roberto Addamo, che nel 1988-89 diverrà assessore all'Ecologia. Addamo, di area nicotriana, era stato consigliere comunale di Lentini, eletto nel 1975 e nel 1980 e, nel 1987, era diventato assessore all'Assistenza e alla Sanità nella giunta Fisicaro.

dal dott. Santo Ragazzi, che ebbero quattro dei sette seggi socialisti[307], mentre due[308] andarono alla corrente dei "medici", sempre diretta dal dott. Delfo D'Anna, ma ormai in piena eclissi e uno[309] al gruppo facente capo all'avv. Delfo Pupillo, passato alla corrente lombardiana, provincialmente guidata dal dott. Turi Formica. Essendosi il Comitato Direttivo in carica rivelato incapace di eleggere un nuovo segretario[310], le trattative per la formazione della nuova Giunta furono condotte da una delegazione presieduta dal capogruppo Santo Ragazzi.

Tale "novità" non era che uno dei primi segnali della trasformazione del PSI (ma anche degli altri partiti) da partito degli iscritti (allora 250) a partito degli eletti (i 7 consiglieri), e per essi del loro leader.

Anche il PRI, che si era ormai ben radicato nel territorio, fu premiato dall'elettorato (8,48 %), passando da due a tre seggi[311]. Ma anche nel PRI c'erano stati cambiamenti significativi, in quanto la se-

---

307 Santo Ragazzi, divenuto capogruppo, l'architetto Carmelo Grasso, l'uscente Vittorio Maglitto, l'ex psiuppino Pippo Nicotra.

308 Gli uscenti Nuccio Fisicaro e Angelo Celso.

309 L'ex sindaco PCI rag. Vitale Martello.

310 L'ultimo segretario, il prof. Ferdinando Leonzio, si era dimesso prima delle elezioni, non condividendo i criteri adottati per la formazione della lista. La segreteria collegiale (Pippo Cardello, Delfo D'Anna, Nello Greco, Santo Ragazzi, Lino Spada) a cinque (uno per ogni corrente) che lo aveva sostituito aveva praticamente lo scopo di assicurare una rappresentanza al partito in vista delle elezioni e si era poi sfaldata subito dopo. In seguito alle dimissioni della maggioranza dei suoi componenti il CD della sezione fu poi dichiarato decaduto dalla Federazione Provinciale.

greteria, con il sostegno determinante dei due Alfio e Nunzio Mangiameli, era passata dall'imprenditore Saro Renna al prof. Silvio Pellico. Il Renna, persona di notevole acume e fiuto politico, aveva intuito i cambiamenti che si avvicinavano all'orizzonte politico lentinese, e cioè che senza consiglieri comunali stava diventando assai difficile fare politica a Lentini. Aveva perciò costituito un proprio gruppo di minoranza, che poi era riuscito ad eleggere Enzo Reale.

Cambiamenti importanti si stavano verificando anche nel piccolo PSDI (3,82 %): Il partito che era stato di Delfo Castro, poi di Peppino Pisano, poi ancora dell'ing. Andrea Amore, era ora guidato da un nuovo gruppo dirigente, che aveva espresso l'unico consigliere comunale: il prof. Lorenzo Cattano.

Il PCI, che l'anno precedente aveva riacciuffato la maggioranza assoluta[312], alle comunali dovette accontentarsi di quella relativa (30,59 %), riconfermando comunque i precedenti tredici seggi[313].

La formula di governo locale (PCI, PSI, PRI, PSDI) si era nel complesso rafforzata, essendo passata dai 21 seggi della precedente le-

---

311 Gli uscenti Alfio Mangiameli e Nunzio Mangiameli e l'imprenditore Enzo Reale, astro nascente della politica lentinese, facente parte della minoranza interna.

312 Alle europee del 17-6-1984, in cui aveva ottenuto il 52,4 %.

313 Fra i riconfermati: l'on. Mario Bosco, sindaco uscente, il prof. Riccardo Insolia (ex sindaco e segretario del partito), il prof. Pippo Moncada (futuro segretario del PRC), il leader contadino Paolo Di Falco, l'abile politico Angelo Brancato. Fra i nuovi: l'ex segretario della sezione Elio Magnano, Salvatore Di Mari, Paolo Censabella, un giovane sindacalista partito da rappresentante aziendale e diventato poi segretario della Camera del Lavoro di Lentini e quindi segretario provinciale della FILLEA.

gislatura ai 24 della nuova, per cui la sua riconferma apparve naturale[314].

L'uscente **Mario Bosco** del PCI fu rieletto sindaco con 20 voti sui 24 che la maggioranza schierava in Consiglio Comunale. Essendosi un consigliere socialista[315] allontanato dall'aula prima delle votazioni e ipotizzando un'astensione di eleganza istituzionale del candidato sindaco, rimanevano pur sempre due franchi tiratori nella maggioranza. Segnale questo che non poteva essere ignorato.

Probabilmente malumori e personalismi stavano emergendo anche nel già monolitico PCI.

L'opposizione era composta principalmente dalla DC (30,25 %), che pagò lo scotto delle sue precedenti divisioni[316], perdendo ben 5 consiglieri, essendo passata dai precedenti 18 del 1980 ai 13 della nuova legislatura[317]. Un altro segnale di malessere interno lo Scudo Cro-

---

314 La nuova Amministrazione fu così composta: Mario Bosco (sindaco), Angelo Brancato, Elio Magnano, Pippo Moncada (PCI), Santo Ragazzi (vicesindaco), Nuccio Fisicaro, Pippo Nicotra (PSI), Nunzio Mangiameli (PRI), Lorenzo Cattano (PSDI).

315 Il rag. Vitale Martello.

316 La crisi riguardava anche il livello provinciale, tanto che la Federazione Provinciale della DC venne commissariata (commissario l'on. Mario D'Acquisto).

317 Fra gli eletti Natale Addamo, il geom. Davide Battiato, il giornalista Gianni Cannone, ex sindaco, il prof. Nino Mazzone, considerato il „braccio destro" dell'on. Nicotra, il dott. Salvatore Moncada, leader della forte minoranza interna, la giovane promessa Enzo Runza, Enzo Vinci, Salvatore Basile, oltre a due valenti professionisti: il dott. Delfino Brancato (subentrato al rinunciatario Pippo La Rocca) e il dott. Concetto Madeddu, che in seguito si dimetterà, lasciando il posto (13-10-1986) al dott. Pippo Zarbano.

ciato lo aveva avuto poco prima delle elezioni, quando Salvatore Martines, uno dei suoi esponenti di più vasta esperienza[318], aveva deciso di staccarsi dal partito e di presentare una propria lista, denominata Unione Democratica Leontina (UDL)[319]. La lista ottenne una buona affermazione (4,41 %) ed elesse un consigliere nella persona del suo leader Salvatore Martines, che dopo qualche tempo rientrò nella DC[320].

Pure all'opposizione rimasero il MSI-DN, in leggera crescita (3,38 %), che ottenne un consigliere[321] e, nonostante la successiva scomparsa del suo stimato leader prof. Salvatore Sciuto e lo sbandamento che ne conseguì a livello locale, ancora per qualche tempo potrà contare su uno zoccolo duro, che gli consentirà di conseguire risultati apprezzabili, e il PLI (2,55 %), che dopo tanti anni ritornava in Consiglio Comunale con un suo consigliere[322].

---

318 Martines aveva fatto parte delle giunte presiedute da Centamore (PSI), Fisicaro (DC), Amore (PSDI), Bombaci (DC), Insolia (PCI) e Cannone (DC).

319 La lista adottò come simbolo una margherita, quasi precedendo in ciò il noto partito "Democrazia è Libertà-La Margherita", che avrà anch'esso come simbolo una margherita, fondato (2001) come cartello elettorale di centro-sinistra, poi costituitosi in partito vero e proprio (2002| e infine confluito (2007) nel Partito Democratico.

320 Entrato a far parte del Comitato di Gestione dell'USL, Salvatore Martines lasciò in seguito il suo seggio al Consiglio Comunale. Gli subentrò il primo dei non eletti della lista di provenienza, il fratello rag. Giuseppe.

321 Il prof. Salvatore Sciuto, il quale morirà nel corso della Legislatura. Gli subentrerà (13-10-1986) il primo dei non eletti, il sarto Salvatore Puglisi, il quale l'8-2-1988 si dichiarerà indipendente e successivamente aderirà alla DC.

322 L'imprenditore Rosario Ossino Fisicaro.

Se la maggioranza di "Alternativa democratica" era uscita numericamente rafforzata dalle urne, lo stesso non poteva dirsi della sua compattezza politica. Mentre la Giunta operava alacremente, anche grazie al dinamismo del vicesindaco Ragazzi, il malcontento covava sotto la cenere praticamente di tutti e quattro i partiti che ne facevano parte e i dissensi politici che ne derivavano erano appesantiti anche dai forti antagonismi che vi andavano emergendo.

Nel gruppo comunista il malumore si stava trasformando in vera e propria dissidenza riguardante ben quattro consiglieri comunali, che in seguito finiranno per lasciare il partito[323].

Nel PSI, il cui vecchio Comitato Direttivo era stato dichiarato decaduto, non si era provveduto a convocare l'assemblea degli iscritti per eleggerne uno nuovo. Sicché il vuoto direzionale era stato riempito dal gruppo consiliare, che tendeva a sostituire nelle decisioni l'organo statutario, mentre all'interno del gruppo si affermava la leadership del gentiliano Ragazzi, con pregiudizio delle minoranze interne e di conseguenza della democrazia di partito. Sicché l'iniziale dissenso del consigliere Martello si era esteso ad altri settori del partito.

Nel PRI la divaricazione tra la segreteria del prof. Pellico, sostenuta dai due Mangiameli, e la minoranza di Renna e Reale andava allargandosi sempre più, fino a portare, in seguito, alla rottura ufficiale[324].

---

323 Renato Casetto lasciò il PCI il 27-1-1986 per poi aderire al PRI, collocandosi nella sua ala minoritaria Renna-Reale.

324 In seguito la minoranza repubblicana aderirà a un movimento scissosi dal PRI, denominato Movimento Democratico Repubblicano (MDR).

Perfino nel piccolo PSDI la residua pattuglia della vecchia guardia capitanata da Peppino Pisano cominciava a sentirsi emarginata.

Non stava molto meglio la minoranza, con una DC, con la Federazione commissariata e in provincia di Siracusa dilaniata dalla rivalità tra la sinistra demitiana di Brancati-Nicotra e gli andreottiani di Foti, da cui si staccherà il gruppo dell'on. Santi Nicita, che passerà ai gullottiani, mentre il MSI-DN dava i primi segnali di decadenza dopo la scomparsa del suo leader prof. Sciuto.

Alle regionali del 22 giugno 1986 a Lentini risultarono in crescita il MSI-DN (6,61 %), che riconquistò il seggio all'ARS e il PCI (41,10 %), che però perse uno dei suoi due seggi in provincia e non rielesse il sindaco Bosco. In crescita risultò anche la DC (32,55 %) e in calo tutti gli altri, con in testa il PSI (8,42 %).

Mentre covava sempre più il malessere nella maggioranza, la DC continuava a premere a tutti livelli per il suo ritorno nell'area del governo cittadino.

Alle politiche del 14 e 15 giugno 1987 si presentò per la terza volta, sempre per la Camera, l'on. Nicotra, la cui candidatura – risultata vincente - riuscì, ancora una volta, a trainare anche i risultati del suo partito[325].

Qualche mese dopo la latente crisi amministrativa finì per esplodere, sotto la duplice pressione dei dissensi interni e delle richieste democristiane e la Giunta presentò le sue dimissioni - che il 13 otto-

---

325 Infatti la DC ottenne a Lentini il 25,64 % al Senato e il 30,53 % alla Camera. La differenza percentuale indicava l'apporto personale di Nicotra.

bre 1987 furono accolte dal Consiglio Comunale - con la motivazione ufficiale di voler favorire la formazione di una maggioranza più solida.

Intanto la sezione del PSI era riuscita ad eleggere finalmente un nuovo Comitato Direttivo di 15 componenti, che a loro volta elessero segretario il rag. Vitale Martello, il quale dunque si trovò ad affrontare la lunga e complicata crisi comunale. Si riapriva così il dialogo tra un PCI interessato a formare una maggioranza più forte numericamente[326] e quindi non soggetta a pressioni di singoli o di partiti ed una DC rimasta troppo a lungo lontana dal potere locale.

In questo clima fu facile celebrare un matrimonio d'interesse tra l'Elefante Rosso e la Balena Bianca, con un contratto di nozze che stabiliva per il PCI la riconferma della sindacatura e per la Dc la maggioranza in Giunta. Gli altri tutti fuori, a crogiolarsi nelle loro beghe.

In effetti ufficialmente i partiti laici[327], fra i quali stava sorgendo a livello nazionale una forma di intesa, onde potersi presentare assieme e non in ordine sparso nei vari confronti con la DC, si erano tirati fuori perché avevano intravisto nella nuova formula una specie di riedizione del mai digerito compromesso storico[328]. Probabilmente nella loro decisione influì anche la consapevolezza che il

---

326 Il 17-11-1987 i consiglieri Salvatore Bifera, Claudio Bosco e Paolo Di Falco lasciarono il PCI per poi aderire a Democrazia Proletaria (DP), che aveva partecipato alle comunali del 1985, ma senza ottenere alcun seggio (0,98 %).

327 PSI, PSDI, PRI, PLI.

loro ruolo e la loro presenza in Giunta, di fronte al connubio PCI-DC, sarebbero stati alquanto ridimensionati.

La nuova amministrazione, formata da tre assessori del PCI e cinque della DC[329], fu ancora una volta presieduta dall'on. **Bosco**, per la terza volta eletto sindaco.

Poco dopo la formazione della Giunta, l'on. Nicotra, oberato dai troppi impegni politici, lasciò la segreteria della DC lentinese, che ritornò al rag. Pippo La Rocca.

Lo stesso fece il rag. Martello che, insofferente della tutela, vera o presunta, che il gruppo Ragazzi esercitava sulla sezione, lasciò la segreteria del PSI. A succedergli fu eletto, di stretta misura, col sostegno delle minoranze, per l'occasione coalizzate, il sindacalista UIL Alfio Ira[330].

---

328 Non così i consiglieri Casetto e Reale, ormai in rotta con la maggioranza del PRI.

329 La nuova Giunta Municipale risultava così composta: Mario Bosco (sindaco), Angelo Brancato, Riccardo Insolia, Elio Magnano (PCI), Salvatore Moncada (vicesindaco), Davide Battiato, Pippo Laganà, Salvatore Martines, Alfio Mastrogiacomo (DC). L'elezione della Giunta Municipale avvenne con le nuove modalità stabilite dalla legge 6-3-1986 e cioè mediante l'apposizione di un SI o di un NO su una scheda recante la lista degli assessori proposta dal sindaco precedentemente eletto. Il SI espresso a maggioranza assoluta dei votanti implicava, oltre l'elezione degli assessori, anche l'assenso del Consiglio Comunale sul programma.

330 Alfio Ira era entrato nel PSI nel 1981 e dal 1982 al 1985 era stato segretario della UIL di Lentini, per passare successivamente ai quadri provinciali del sindacato come segretario organizzativo provinciale.

Anche Ira, dopo qualche tempo, si troverà ad affrontare una nuova crisi politica, quando si dimetterà anche la terza giunta Bosco, quella PCI-DC.

Le cause della nuova crisi sono soprattutto da ricercarsi nei malumori interni della DC, isolata da tutti i suoi tradizionali alleati, tutti schierati all'opposizione, e quindi ritrovatasi troppo strettamente abbracciata ai suoi ex acerrimi avversari del PCI. Ampi settori dello Scudo Crociato, infatti, poco gradivano l'alleanza diretta, cioè senza altri partiti a far da cuscinetto, con i comunisti, cosa che avrebbe potuto alienare al loro partito le simpatie dei settori più moderati dell'elettorato lentinese.

I malumori e i ripensamenti diedero luogo ad analisi, a confronti, a riesami, che poi divennero trattative lunghe e laboriose per trovare una soluzione che soddisfacesse tutti. Quando essa fu trovata – almeno così si pensava – la giunta presieduta da Bosco rassegnò le dimissioni.

La soluzione, che sulla carta avrebbe dovuto lasciare tutti soddisfatti, prevedeva che ai due partiti più grossi, PCI e DC, fossero assegnati tre assessorati ciascuno, al PSI, peso medio, il sindaco e un assessore, e un assessore al PRI[331]. Tutti soddisfatti dunque?

Non si poteva certo dirlo dai primi segnali: la nuova maggioranza PCI-DC-PSI-PRI-PSDI aveva sulla carta 36 seggi sui 40 del Consi-

---

331 La nuova Giunta Municipale risultava così composta: Santo Ragazzi (sindaco), Nuccio Fisicaro (PSI), Nino Mazzone (vicesindaco), Alfio Mastrogiacomo, Salvatore Moncada (DC), Angelo Brancato, Elio Magnano, Simone Pulia (PCI), Alfio Mangiameli (PRI).

glio Comunale[332], ma il sindaco designato, il dott. **Santo Ragazzi** del PSI, fu eletto (11-10-1988) con soli 20 voti. Il malumore dunque serpeggiava già da allora in tutti i partiti e i nodi sarebbero presto arrivati al pettine.

Il XVIII congresso nazionale della DC (Roma, 17-22 febbraio 1989) si concluse con il passaggio della segreteria da Ciriaco De Mita ad Arnaldo Forlani; sicché, nel giro di qualche mese, l'asse politico della DC si spostò verso destra e sorse il cosiddetto CAF[333].

A Lentini i risultati delle elezioni europee del 18 giugno 1989 rivelarono, a sinistra, un rafforzamento del PCI (40,26 %) e di DP (2,35 %), che ora poteva contare su tre consiglieri comunali, e una discreta affermazione di PSI (7,75 %) e PSDI (3,56 %) e, a destra, del MSI-DN (7,71 %). Ciò avvenne a danno dei due partiti laici PRI e PLI, che si erano presentati assieme (6,20 %) e della DC (26,91 %), a cui aveva probabilmente nociuto il ruolo di alleato, prima unico e poi nel calderone generale, del PCI e la dissonanza del quadro politico locale rispetto a quello nazionalmente perseguito dal CAF, che aveva seppellito ogni forma di collaborazione col PCI, privilegiando, invece, soluzioni di pentapartito.

---

332 Rimanevano fuori i tre di DP e il liberale. Il MSI-DN non aveva più consiglieri dopo l'adesione di Puglisi alla DC.

333 Asse politico tra Craxi (segretario del PSI), Andreotti (Presidente del Consiglio) e Forlani (segretario della DC). Tale intesa tendeva a privilegiare coalizioni di pentapartito (DC-PSI-PSDI-PRI-PLI), con esclusione quindi dei comunisti.

L'insoddisfazione della DC era tuttavia giunta a compimento già nell'aprile precedente, quando si era fatta strada l'idea di rivendicare il sindaco, essendo ormai essa divenuta, in Consiglio Comunale, il partito di maggioranza relativa[334].

Questa ipotesi aveva incontrato l'ostilità del PCI, timoroso di essere tagliato fuori da una nuova formula di governo locale, e suscitato un dibattito acceso nel PSI.

Qualche tempo dopo l'insediamento della giunta Ragazzi si era dimesso dalla sua carica il segretario della sezione del PSI Alfio Ira, deluso dall'atteggiamento di vari dirigenti, tutto mirato alle vicende comunali. Fu chiamato a succedergli Francesco Marino[335], subentrato in Consiglio Comunale al dimissionario architetto Carmelo Grasso[336]. Marino nel marzo 1989 organizzò il congresso sezionale per il rinnovo del Comitato Direttivo della sezione, che lo riconfermò nella carica con 8 voti su 13, ma qualche mese dopo, per sopraggiunti dissensi sulla gestione della sezione, si dimise anche lui. Il Comitato lo sostituì quindi con Lino Spada[337].

---

334 La DC, dopo l'adesione di Martines e di Puglisi poteva ormai contare su 15 consiglieri, mentre il PCI, in seguito alla defezione di Casetto, Bifera, Claudio Bosco e Di Falco, era rimasto con 9 consiglieri.

335 Francesco Marino era un operaio da tempo attivista della CGIL, che nel 1986 era passato alla UIL. Aveva aderito al PSI nel 1980.

336 Questo avvicendamento aveva, fra l'altro, fatto perdere al dott. Ragazzi la *leadership* nella sezione del PSI, non avendo più la maggioranza nel gruppo consiliare.

337 Lino Spada era un piccolo commerciante che era entrato in politica nelle file del PSIUP ed era poi passato al PSI, con l'intervallo di una breve militanza nel PCI. Spada sarà l'ultimo segretario della sezione del PSI di Lentini.

Fu proprio durante la segreteria Spada che si fece sempre più pressante la richiesta della DC di avere il sindaco. Il che aprì un amletico dibattito in seno al PSI: nella prospettiva di una più che probabile crisi della giunta Ragazzi era meglio schierarsi per una formula di sinistra, con cui a pieno titolo si poteva rivendicare la riconferma della sindacatura socialista, avendo però per conseguenza meno assessorati? Oppure era meglio allearsi con la DC in una formula di centro-sinistra, lasciando il sindaco allo Scudo Crociato, ma potendo ottenere più assessori? Quando, di fronte alla liquefazione della maggioranza che l'aveva sostenuta, l'amministrazione Ragazzi rassegnò le dimissioni, fu la seconda ipotesi a prevalere e Spada siglò l'accordo con DC e PRI.

A presiedere la nuova Giunta di centro-sinistra DC-PSI-PRI[338], che durerà fino alla fine della legislatura, fu chiamato (1-8-1989) il geom. **Davide Battiato**[339] figura emergente della DC.

---

338 Segretari dei tre partiti alleati erano allora rispettivamente Pippo La Rocca, Lino Spada e Silvio Pellico. La Giunta Municipale risultò così composta: Davide Battiato (sindaco), Gianni Cannone, Nino Mazzone, Turi Moncada, Enzo Vinci (DC), Nuccio Fisicaro (vicesindaco), Angelo Celso, Pippo Nicotra (PSI), Alfio Mangiameli (PRI).

339 Per la carica di sindaco, nella DC era emersa anche la candidatura di Alberto Di Mari, ma alla fine a prevalere fu quella di Battiato. Quest'ultimo era stato eletto una prima volta consigliere comunale nel 1980 e, nel 1982, era entrato a far parte della prima giunta Cannone, diventando successivamente capogruppo. Nella legislatura in corso era stato assessore nella terza giunta Bosco (PCI-DC), eletta nel 1987.

Ci si avviava così alle nuove elezioni amministrative, le ultime che saranno tenute con il sistema proporzionale, fissate per il 6 e 7 maggio 1990, con una DC euforica per il suo trionfale ritorno ai vertici del Comune e per l'indubbia intraprendenza del sindaco, mentre il PCI, che si accingeva ad *un'opposizione concreta, sulle cose, mirata ad affermare idee e scelte precise*, puntava ad una rivincita, utilizzando le notevoli esperienze che aveva accumulato negli anni precedenti.

Il PSI, dal canto suo, si avviava ad una crisi organizzativa irreversibile: mentre il gruppo Ragazzi pian piano cominciò a disimpegnarsi dalla vita di partito, quello dell'avv. Pupillo, in qualche misura rinvigorito[340], confermò la sua adesione alla corrente di „sinistra socialista", che si ispirava al pensiero di Riccardo Lombardi ed era ora provincialmente guidata dal dott. Ciccio La Face di Augusta.

Il PRI era costretto a fronteggiare il raggruppamento nato da una sua scissione: il già ricordato Movimento Democratico Repubblicano, a Lentini capeggiato dal suo ex segretario Saro Renna e dal consigliere Enzo Reale.

In piena crisi la sezione del MSI-DN, ormai priva dei suoi leader storici.

---

340 Vi aderivano, fra gli altri, il rag. Vitale Martello, il di lui fratello Salvatore Martello, ex responsabile organizzativo del PCI, Il dott. Alfio Lombardo, il prof. Ferdinando Leonzio, il dott. Nello Greco, il fedele militante socialista Andrea Risuglia. Alle elezioni comunali del 1990 la corrente candiderà Enzo Pupillo, futuro dirigente di spicco di Alleanza Democratica (AD) e poi del Partito Democratico (PD).

Una certa struttura si erano dati Democrazia Proletaria, guidata dal consigliere Paolo Di Falco, e il PLI di Ossino Fisicaro.

In fibrillazione il PSDI per l'ingresso nelle sue file dell'attivissimo commerciante Alessio Aloisi; il che però spingerà parte del vecchio gruppo dirigente di Peppino Pisano, di fatto emarginato, a guardare con simpatia, per un certo periodo, a ciò che era rimasto del PSI.

Nessuno di questi partiti immaginava che, negli anni della successiva legislatura, sarebbero tutti naufragati assieme alla Prima Repubblica...

11 - Lentini e la fine della Prima Repubblica (1990-1993)

Elio Magnano

L'entusiasmo con cui la DC, forte della buona riuscita dell'amministrazione **Battiato** e della sua riconquistata compattezza, si avviò alle elezioni provinciali e comunali del 6 e 7 maggio 1990, a scrutini fatti, risultò del tutto giustificato.

Alle provinciali essa conseguì un ottimo 41,45 % e riconfermò il rag. Roberto Addamo[341], intanto divenuto uno dei più noti *leader* democristiani del Lentinese.

Alle comunali il successo fu ancora più solido (41,58 %) e la DC ritornò in Consiglio Comunale, ancora ignara delle nuvole che si addensavano sul suo futuro, con 18 consiglieri[342], eguagliando il primato raggiunto nel 1980. Rilevante il successo personale di prefe-

---

341 Il rag. Addamo nel periodo 1991/94 sarà assessore provinciale alla Pubblica Istruzione, allo Sport e al Personale.

342 Questi gli eletti: Natale Addamo, Maria Arisco, Salvatore Basile, Davide Battiato (capogruppo), Alberto Di Mari, Francesco Fisicaro, Pippo La Rocca, Alfio Linfazzi, Giuseppe Martines, Alfio Mastrogiacomo, Nino Mazzone, Turi Moncada, Enzo Runza, Carmelo Russo, Rosario Siena, Alfio Toscano, Aldo Vasta, Enzo Vinci.

renze del rag. Pippo La Rocca[343], già segretario[344] della sezione dc e, per molti anni, alla guida dell'Ospedale Civile di Lentini.

Abbastanza bene se la cavarono anche gli alleati in Giunta (PSI e PRI) della Democrazia Cristiana. I socialisti, in particolare, nonostante la disorganizzazione con cui avevano affrontato le elezioni e la loro sempre accesa conflittualità interna, o forse proprio grazie ad essa, ottennero alle comunali il 12,54 %, scendendo però da 7 a 5 consiglieri[345]: la forte concorrenza fra i candidati, e quindi il loro spasmodico impegno nella caccia alla preferenza, avevano fatto conseguire al PSI risultati che, se non erano esaltanti, non erano neanche disastrosi[346].

Nel gruppo consiliare c'era però un grave elemento di debolezza, che ben presto avrebbe giocato un ruolo negativo: i cinque eletti avevano ciascuno una diversa collocazione correntizia o erano collegati a diverse e concorrenti personalità del partito a livello pro-

---

343 Pippo La Rocca, nato a Francofonte il 23-12-1938, ma trasferitosi giovanissimo a Lentini, era stato eletto per la prima volta consigliere comunale nel 1964; riconfermato nel 1970 e nel 1975, era stato assessore nella giunta Amore (PSDI) e nella giunta Bombaci (DC); dal 1969 al 1976 era stato Commissario dell'Ospedale Civile di Lentini, di cui era poi divenuto Presidente nel 1989-90; aveva anche ricoperto varie cariche nel partito, fra cui, per due volte, quella di segretario della sezione di Lentini.

344 La Rocca fu l'ultimo segretario della Dc lentinese. A succedergli sarà un "Comitato di Reggenza" della sezione, con coordinatore Davide Battiato.

345 Angelo Celso, Nuccio Fisicaro, Ciccio Marino (capogruppo) Lino Spada, Santo Ragazzi.

346 Infatti alle contestuali provinciali, dove non c'era stata tale grande concorrenza, il risultato si era fermato al 9,10 %.

vinciale. Se si considera, inoltre, che il gruppo consiliare ormai, di fatto, surrogava gli organi statutari del partito (Comitato Direttivo), si può intuire il caos organizzativo che ne derivava e il motivo per cui la sezione di Lentini si dissolverà prima dello scioglimento del partito a scala nazionale.

Il Partito Repubblicano Italiano (7,61 %), guidato dal prof. Silvio Pellico e ormai saldamente radicato nel territorio, nonostante avesse dovuto affrontare una consistente scissione, capeggiata dal suo ex segretario Saro Renna e dal consigliere di minoranza Enzo Reale, aveva riconfermato i tre seggi nel Consiglio Comunale che aveva avuto nella precedente legislatura[347]. È generale convincimento, come i fatti futuri confermeranno, che il buon risultato del PRI era ascrivibile, in larga misura, alle notevoli qualità di aggregazione del consenso, dimostrate da Nunzio Mangiameli[348].

Anche i suoi cugini-rivali del Movimento Democratico Repubblicano (MDR), in cui gli scissionisti erano confluiti, se la cavarono egregiamente (4,58 %), eleggendo, al loro esordio elettorale, ben due consiglieri[349]. Anche in questo caso un ruolo significativo nel conseguimento del buon successo aveva avuto l'imprenditore Enzo Reale, anch'egli ottimo catalizzatore di consensi[350].

---

347 Alfio Mangiameli (capogruppo), Nunzio Mangiameli e il neoeletto rag. Umberto Ferriero, dipendente USL.

348 Alle provinciali, dove la presenza dei candidati si faceva sentire di meno, il PRI si era fermato al 5,87 %.

349 L'uscente Enzo Reale e il neo eletto Giuseppe Greco.

350 Alle provinciali, infatti, il MDR ottenne solo il 2,28 %.

Piuttosto male andarono le cose per la maggior forza d'opposizione, il PCI, il cui simbolo, in una scheda elettorale, apparve per l'ultima volta.

La sua forza elettorale risultò drasticamente, e questa volta definitivamente, ridimensionata (21,57 %)[351], scendendo da 13 a 9 consiglieri comunali[352], rimanendo tuttavia numericamente la seconda forza presente nel Consiglio Comunale.

Ma avvenimenti ben più importanti investivano la sorte del PCI, per il quale all'orizzonte si profilavano grosse novità. Già dal 1989 si era verificata la caduta del Muro di Berlino (9 novembre 1989), che simboleggiava l'inizio di una nuova era in cui nell'Europa orientale cadevano, uno dopo l'altro, i regimi comunisti, per lasciare il posto ad istituzioni democratiche, cui sarebbe seguita la dissoluzione dell'URSS (26 dicembre 1991).

Il segretario del PCI Achille Occhetto[353] si era fatto interprete dell'esigenza di rinnovamento per il PCI, nonostante questo partito avesse già una sua peculiarità rispetto ad altri partiti fratelli. Di conseguenza, in occasione del XIX congresso nazionale del partito (Bologna, 7-11 marzo 1990), aveva proposto di avviare la costituzio-

---

351 Alle provinciali conseguì però a Lentini il 27,65 % ed elesse al Consiglio Provinciale l'ex sindaco on. Mario Bosco.

352 Cirino Cillepi (ind.), Alfio Cormaci, Turi Di Mari, Alfio Gaeta, Lucio Inserra (ind.), Alfio La Ferla, Elio Magnano (capogruppo), Turi Randazzo, Guglielmo Tocco.

353 Occhetto era succeduto, il 21-6-1988, nella segreteria del PCI, ad Alessandro Natta.

ne di un nuovo partito che si inserisse nell'alveo della socialdemocrazia europea. La mozione del segretario era prevalsa col 67 % dei consensi.

Democrazia Proletaria, col suo 3,23 % aveva ottenuto un seggio al Consiglio Comunale, ma, con sorpresa di tutti gli osservatori politici, esso non era stato conquistato – come da tutti previsto - dal suo attivissimo leader Paolo Di Falco, ma era andato a un esordiente Alfio Scandurra, il quale, peraltro, il 22 febbraio 1991, aderirà al PSDI.

Quest'ultimo partito, ormai saldamente in mano al commerciante Alessio Aloisi, ora suo unico rappresentante in Consiglio Comunale, ben collegato con gli organi regionali e centrali della socialdemocrazia, aveva confermato le posizioni (4,06%) delle precedenti comunali. Aloisi si rivelerà battagliero oppositore e critico impietoso di vari esecutivi. Il gruppo socialdemocratico della vecchia guardia, capeggiato da Peppino Pisano, sentendosi emarginato, aveva però scelto di appoggiare la lista del PSI.

Scomparve, dal consenso civico, un partito tradizionale, quale era stato il MSI-DN, che col suo 1,99 % non riuscì a conquistare nemmeno un seggio.

Il PLI, invece, ben guidato dall'imprenditore Rosario Ossino Fisicaro, confermò il suo unico seggio, attribuito appunto al suo *leader*. Il partito, nel corso della legislatura, riuscirà a giocare un certo ruolo nella politica locale.

Lo scenario, appena descritto, derivante dai risultati elettorali, non lasciava spazio se non alla riconferma della precedente formula tripartita DC-PSI-PRI, ma con un' importante variante.

La sindacatura Battiato, pur potendo vantare dei buoni risultati, non poteva avere la forza di contrastare l'enorme successo personale di La Rocca, cui dunque lo Scudo Crociato decise di affidare la guida del Comune. Nel corso delle trattative si verificò un inghippo: il PSI, nonostante la perdita di due consiglieri, chiedeva la riconferma dello stesso numero di assessori (tre) che aveva nella uscente giunta Battiato. Motivava la sua richiesta con l'argomentazione che si dovesse tener conto, non del peso numerico, ma di quello politico, del partito. Voleva, inoltre, impedire che la DC avesse in Giunta, oltre il sindaco, anche la maggioranza assoluta[354], che non aveva in Consiglio Comunale, ed in ciò il PSI era assecondato dal PRI. Infatti nell'esecutivo, in base alla sua proposta ci sarebbero stati tre assessori del PSI, uno del PRI e uno del MDR, oltre i quattro della DC su un totale di nove componenti.

La DC, dal canto suo, invece dava rilevanza al calo del PSI e, soprattutto, al fatto che la composizione del gruppo socialista difficilmente avrebbe garantito la compattezza dello stesso, per cui appariva assai probabile che i consiglieri rimasti fuori della Giunta avrebbero potuto svolgere un'azione di fronda. Si aggiunga infine che da parte del PCI sembrava trasparire, seppure in maniera assai sfumata, una sorta di benevola attesa.

---

354 La Giunta Municipale di Lentini era composta dal sindaco e da otto assessori.

A dare un'accelerata alle tortuose trattative ci pensò il candidato-sindaco La Rocca, noto per il suo „decisionismo", il quale modificò impostazione e orientamento e concluse un accordo per una giunta di centro col MRD (2 seggi) e col PLI (1 seggio) che, assieme ai 18 della DC avrebbero assicurato una maggioranza di 21 consiglieri sui 40 del Consiglio Comunale. Particolare curioso: poco dopo la conclusione dell'accordo, il PSI portò la sua richiesta di assessori da 3 a 2, ma quando era ormai troppo tardi. PSI e PRI rimasero perciò fuori dell'esecutivo cittadino.

La nuova Giunta, presieduta da **La Rocca**, insediatosi il 25 giugno 1990, contava sei assessori della DC, 1 del MRD e 1 del PLI[355].

Dopo qualche mese la nuova Amministrazione, per l'occasione sostenuta da tutte le forze politiche, si trovò a dover fronteggiare una drammatica emergenza: quella causata dal terribile terremoto del 13 dicembre 1990, durante il quale il sindaco La Rocca mise in campo tutte le sue capacità manageriali.

Superato, però, questo tragico periodo, la risicata maggioranza che sosteneva la giunta rivelò tutta la sua intrinseca debolezza, numerica e politica, soprattutto per le eterne rivalità in seno al gruppo DC. Per cui il La Rocca decise di anticipare i tempi e, il 15 febbraio 1991, rassegnò le dimissioni, ufficialmente motivate dalla volontà di favorire la formazione di una maggioranza più ampia.

---

355 Questa la nuova Giunta Municipale: Giuseppe La Rocca (sindaco), Natale Addamo, Maria Arisco, Alberto Di Mari, Ciccio Fisicaro, Nino Mazzone, Enzo Vinci (DC), Enzo Reale (vicesindaco, MRD), Rosario Ossino Fisicaro (PLI).

Il 14 aprile 1991 **La Rocca** fu rieletto sindaco, ma con una diversa e più forte maggioranza (28 consiglieri), questa volta di centro-sinistra, DC-PSI-PRI-MDR[356].

Il 16 e il 17 giugno 1991 si svolsero le elezioni regionali, le ultime a cui partecipò la DC, che riconfermò la sua forza, conseguendo il 41,41 %. Tali risultati favorirono la costituzione di un asse tra andreottiani e forlaniani, che ebbe per conseguenza una certa emarginazione della sinistra demitiana, provincialmente guidata dagli on. Nitto Brancati ed Enzo Nicotra.

Intanto i segni del malessere che serpeggiavano nella DC nazionale si scaricavano sulla compattezza provinciale del partito, agitato dalle lotte di frazione, che non riusciva a darsi i normali organi statutari, con la federazione di Siracusa, dal 1990 governata da un commissario[357], che aveva, a sua volta, affidato la direzione della sezione di Lentini a un „Comitato di Reggenza" composto da Rosario Lo Faro, Salvatore Martines, Nino Mazzone, Claudio Rossitto e dal capogruppo consiliare Davide Battiato, quest'ultimo con le funzioni di coordinatore.

Alla fine i malumori cronicamente serpeggianti fra i partiti e nel gruppo DC, dopo pochi mesi (ottobre 1991), indussero La Rocca a rassegnare le dimissioni, augurandosi „di contribuire, con tale ge-

---

356 La 2° giunta La Rocca era così composta: Giuseppe La Rocca (sindaco), Natale Addamo, Maria Arisco, Alberto Di Mari, Ciccio Fisicaro (DC), Angelo Celso, Lino Spada (PSI), Alfio Mangiameli (vicesindaco, PRI), Enzo Reale (MRD).

357 L'on. Mario D'Acquisto.

sto, a provocare un profondo chiarimento in tutte le forze politiche".

Intanto in seno al PSI proseguiva lo sfaldamento organizzativo. I locali della sezione erano stati disdetti alla fine del 1991 e da allora erano praticamente cessate le riunioni del Comitato Direttivo, del resto già da tempo in pratica esautorato dai consiglieri comunali, attorno ai quali ruotavano piccoli gruppi di militanti, amici di questo o quel consigliere. Tutto ciò con grave pregiudizio della democrazia interna e con la dispersione della base, ormai esclusa dalla vita e dalle decisioni del partito. Non potevano mancare i riflessi elettorali di una simile situazione, come evidenziò il forte calo alle recenti regionali (8,05 %). I cugini del PSDI, galvanizzati dall'attivismo di Aloisi, ma soprattutto dalla presenza nella loro lista, come indipendente, dell'ex Presidente dc della Regione Sicilia Santi Nicita, ottennero, invece, un buon 6,63 %, mai raggiunto dopo Castro.

Ma i cambiamenti più importanti avvennero nel PCI. Il segretario nazionale Occhetto, il 10 ottobre 1990, annunciò il nome del nuovo partito: Partito Democratico della Sinistra (PDS), con simbolo una quercia, alla cui base stava il vecchio emblema, rimpicciolito, del PCI.

Nel precongresso sezionale del PCI di Lentini, che sarà definito il congresso del SÌ e del NO (alla proposta Occhetto) erano state presentate tre mozioni[358]:

---

358 Fatto inconsueto nel PCI, che ben presto lo farà assomigliare, anche a seguito della degenerazione correntizia che ne seguirà, al tanto criticato PSI.

A) Una presentata da Angelo Brancato, considerata „di centro", che si richiamava alle posizioni di Occhetto, ed era ovviamente favorevole al cambiamento;

B) un'altra, presentata dall'on. Mario Bosco, che si rifaceva alle posizioni dei „miglioristi" (ala „destra") nazionalmente rappresentati da Giorgio Napolitano[359], anch'essa schierata per il SÌ;

C) Una terza, detta dei „comunisti unitari", che si richiamava a Pietro Ingrao (la „sinistra"), contraria ai mutamenti proposti, di cui gli esponenti più noti a Lentini erano l'on. Guido Grande e l'ex segretario della sezione Elio Magnano, che risultò largamente minoritaria.

Ma nell'elezione del nuovo Comitato Direttivo, che ne era seguita, le alleanze erano state capovolte e la corrente di Brancato si era alleata con quella di Magnano, che ridivenne segretario, lasciando pertanto all'opposizione interna la corrente facente capo all'on. Bosco[360].

Nel successivo XX congresso nazionale, quello decisivo, l'ultimo del PCI, iniziato a Rimini il 31 gennaio 1991, erano ancora prevalse le posizioni riformatrici di Occhetto-Napolitano, condivise da molti „quarantenni"[361], mentre per il fronte del „NO" si erano schierati molti vecchi big del Partito[362].

---

[359] Il futuro Presidente della Repubblica.
[360] Ne facevano parte Alfio La Ferla (per molti anni segretario dei giovani comunisti della FGCI), Pippo Cosentino, Simone Pulia.
[361] D'Alema, Fassino, Mussi, Veltroni.
[362] Ingrao, Cossutta, Garavini, Salvato, Magri, Bertinotti, Natta, Tortorella.

Una parte della sinistra comunista[363], quella facente capo a Cossutta, aveva deciso di non aderire al nuovo partito e di costituirsi in Movimento per la Rifondazione Comunista (MRC). Dopo la confluenza in esso di Democrazia Proletaria (9 giugno 1991) e del filocinese Partito Comunista d'Italia marxista-leninista (15 settembre 1991), col suo primo congresso (Roma, 12-15 dicembre 1991) il movimento deciderà di trasformarsi in Partito della Rifondazione Comunista (PRC), conosciuto anche semplicemente come Rifondazione Comunista (RC).

Anche a Lentini aveva vinto la stessa linea di Rimini, sostenuta da due diverse liste: quella occhettiana di Angelo Brancato e quella „migliorista" dell'on. Mario Bosco. Una terza lista, vicina ai „comunisti democratici" era stata presentata da Elio Magnano e Guglielmo Tocco, che resteranno dunque nel nuovo partito PDS. Segretario del PDS sarà eletto il sindacalista Paolo Censabella.

Non avevano partecipato al voto del precongresso sezionale i militanti che si rifacevano alle posizioni di Cossutta e Garavini, a Lentini guidati dall'on. Guido Grande[364], che decisero di costituire a Lentini il MRC, con segretario Paolo Innocenti e con un unico consigliere comunale: Turi Di Mari. Quando però nel MRC confluì Democrazia Proletaria, a Lentini guidata da Paolo Di Falco, l'on.

---

363 Una novantina di delegati sui 332 del „fronte del NO", precisamente quelli facenti capo ad Armando Cossutta e a Sergio Garavini. Gli altri, capeggiati da Pietro Ingrao, decideranno di restare nel PDS, costituendo la corrente interna dei „comunisti democratici", guidata da Aldo Tortorella.

364 Ne facevano parte Armando Amore, Turi Di Mari, Paolo Innocenti, Carmelo Liberto, Francesco Santocono.

Grande ritenne tale innesto incoerente con i principi che avevano ispirato la sua azione e lasciò RC, seguito da Innocenti, Santocono e Di Mari, che pertanto in Consiglio Comunale si dichiarò indipendente. Successivamente questo gruppo rientrerà nel PDS, mentre RC si darà un nuovo segretario nella persona di Andrea La Ferla, un ex emigrato rientrato dalla Svizzera.

Grande rimescolamento di sigle e di personaggi, come si vede, in cui non è facile destreggiarsi.

Intanto la crisi comunale seguita alle dimissioni della giunta La Rocca si trascinava stancamente da due mesi in frequenti e laboriosi, ma anche inconcludenti e inutili, incontri e riunioni, mentre l'attività amministrativa era paralizzata, fino a quando essa non fu sbloccata dal capogruppo del PDS Elio Magnano, il quale propose la formazione di una „giunta di programma", da costituirsi al di fuori degli schieramenti politici[365]. Vi aderirono il PDS[366], sette consiglieri della DC[367], capeggiati dal sindaco uscente La Rocca, il PRI, Il MDR, il PLI e il consigliere del PSI Santo Ragazzi, contro il parere degli altri consiglieri del suo gruppo.

---

365 I punti programmatici proposti riguardavano essenzialmente il piano di ricostruzione, reso indispensabile dal sisma del 13 dicembre 1990, e l'attuazione del PRG, con un'attenzione particolare alle fasce più deboli della popolazione.

366 Il consigliere Di Mari, allora indipendente, si asterrà dal voto. Successivamente aderirà al gruppo del PDS come indipendente e poi al PDS stesso.

367 I "nicitiani" Maria Arisco, Alfio Linfazzi e Aldo Vasta e i "nicotriani" Pippo La Rocca, Nino Mazzone, Carmelo Russo e Alfio Toscano.

Nella seduta del Consiglio Comunale del 10 dicembre 1991 dunque **Magnano** venne eletto sindaco, con 23 voti, contro i 15 riportati dal dott. Salvatore Moncada (DC), a capo di una giunta composita[368] Il PSI ufficiale rimase all'opposizione, come dichiarò il capogruppo Marino in Consiglio Comunale, ma nessun provvedimento disciplinare poté essere preso nei confronti del dott. Ragazzi, non esistendo più gli organi di partito idonei. I restanti consiglieri socialisti dovettero accontentarsi di un loro manifesto di disapprovazione, rimasto ovviamente senza conseguenze pratiche. Il consigliere Scandurra decise di appoggiare il tentativo di Magnano.

Non mancarono le (garbate) polemiche fra i consiglieri democristiani favorevoli alla soluzione Magnano e quelli contrari. Ma va rilevato che le lacerazioni non riguardavano la sola DC, ma tutti i partiti, il cui ruolo di cerniera tra le istanze della società civile e le pubbliche istituzioni andava inesorabilmente esaurendosi sempre più.

Due avvenimenti sono da segnalare nel corso della sindacatura Magnano, entrambi collegati alla festa di S. Alfio del 1992: la venuta a Lentini di un gruppo di pellegrini – calorosamente accolti - di Vaste, frazione del Comune di Poggiardo (LE), luogo natìo dei tre fratelli cristiani Alfio, Filadelfo e Cirino, martirizzati e uccisi a Lentini, nell'ambito della persecuzione dell'imperatore Valeriano del

---

368 La Giunta era così composta: Elio Magnano (sindaco), Alfio La Ferla, Guglielmo Tocco (PDS), Maria Arisco (vicesindaco), Carmelo Russo (DC), Nunzio Mangiameli (PRI), Enzo Reale (MDR), Rosario Ossino Fisicaro (PLI), Santo Ragazzi (PSI).

253; il concerto tenuto dalla Banda musicale dell'Esercito Italiano in piazza Umberto il pomeriggio dell'11 maggio.

A decretare la fine della giunta Magnano furono, seppure indirettamente, le elezioni politiche del 5 e 6 aprile 1992, che si sarebbero svolte col sistema della preferenza unica, secondo quanto stabilito da un referendum popolare del 9 giugno 1991, promosso da Mario Segni[369], che aveva abrogato la preferenza plurima alle elezioni.

All'approssimarsi delle elezioni, i vertici siracusani dello Scudo Crociato, al fine di evitare il disimpegno e la conseguente perdita elettorale, eventualmente derivanti dalle divisioni in atto nella DC lentinese, consapevoli che un danno al partito sarebbe stato anche un danno per tutte le correnti, misero da parte rivalità e risentimenti e si adoperarono per ricompattare il lacerato gruppo consiliare.

Si svolse, pertanto, a Lentini, una riunione plenaria, presieduta dal coordinatore Battiato, a cui parteciparono esponenti locali e provinciali di tutte le componenti.

Dall'incontro scaturì un accordo generale che sanava le precedenti fratture e accantonava anche ogni velleità di provvedimenti disciplinari nei confronti di chicchessia. Agnello sacrificale della ricostituita unità democristiana non poteva che essere la giunta Magnano, il cui destino apparve dunque segnato.

---

369 Mario Segni, in seguito, dopo aver lasciato la DC, darà vita ad un movimento centrista denominato Patto Segni.

Un problema particolare si pone per il deputato nazionale lentinese Enzo Nicotra, di fronte alla sua terza candidatura. Nicotra, ormai da molto tempo, aveva lasciato la corrente andreottiana, per aderire alla sinistra demitiana, in Sicilia guidata dall'ex Presidente della Regione Sicilia Rino Nicolosi e in provincia di Siracusa da Nitto Brancati. Nelle due precedenti occasioni in cui era stato eletto, cioè nel 1983 e nel 1987, Nicotra era stato sostenuto dalla sua nuova corrente, ma nel 1992 lo stesso Nicolosi, dimessosi da deputato regionale (22 ottobre 1991), manifestò la volontà di candidarsi alla Camera dei deputati nella stessa circoscrizione di Catania (Sicilia orientale) di Nicotra, il che avrebbe privato quest'ultimo di un notevole e sperato apporto.

Per di più le elezioni, seppure ancora col sistema proporzionale, si sarebbero svolte col nuovo sistema della preferenza unica, il che avrebbe impedito i collegamenti tra candidati, le cosiddette „cordate", che consentivano abbinamenti e alchimie varie. Insomma, Nicotra quella volta se la doveva vedere proprio da solo.

Come se non bastasse non tirava più un vento favorevole alla DC, logorata da molti anni di potere e di sottopotere che ne avevano diminuito l'originaria tensione ideale e cristiana, cosa che faceva prevedere anche un calo di consensi e perciò una perdita di seggi in Parlamento.

In questo grigio quadro le sorti politiche del Nicotra apparivano alquanto incerte; ma, dopo qualche perplessità, il politico lentinese decise di affrontare ugualmente la nuova battaglia.

Benché a livello nazionale la DC subisse un forte calo, precipitando al 29,7 %, nella circoscrizione della Sicilia orientale, in controtendenza, passò dagli 11 seggi che aveva in precedenza a 12. E il dodicesimo eletto fu proprio Nicotra[370]. Il quale successivamente sarà eletto Presidente della Commissione Giustizia della Camera.

Tuttavia nuove nubi si addensavano sulla prestigiosa carriera del parlamentare lentinese: il ricorso del primo dei non eletti della sua stessa lista, tendente ad ottenere un ricalcolo delle preferenze.

La seduta del Consiglio Comunale del 21 maggio 1992, dopo gli interventi dei maggiori esponenti democristiani e l'annuncio del loro raggiunto accordo che faceva superare la situazione di emergenza che era stata affrontata dalla giunta Magnano, si concluse con le dimissioni di quest'ultima.

La crisi che si aprì fu, come al solito, lunga e tormentata e si concluse con la formazione di una nuova maggioranza di centro-sini-

---

370 A Lentini la DC ottenne 3854 voti (28,09 %) al Senato e 5290 voti (40,83 %) alla Camera. La differenza tra le due percentuali dimostrava, ancora una volta, l'incidenza della candidatura Nicotra, che ottenne ben 2478 preferenze. Nelle stesse consultazioni il PDS ottenne il 22 % al Senato e il 23,6 % alla Camera; il PSI l'8,93 % sia al Senato che alla Camera, dove venne superato dal PRI (9,67 %). In queste elezioni apparvero, per l'ultima volta, le sigle della DC e del PSDI.

stra DC-PSI-PRI e con una giunta[371] presieduta dal prof. **Nino Mazzone**[372].

La vita della giunta Mazzone (22 luglio 1992/15 ottobre 1992), l'unica eletta col nuovo sistema elettorale[373], fu breve e travagliata, soprattutto per la crescente tensione fra i partiti e nei partiti e per i dissapori tra il sindaco e gli assessori del PSI, al punto che, nell'ottobre 1992, Ciccio Marino e Lino Spada si dimisero da assessori.

La residua maggioranza rimasta, di appena 21 consiglieri (18 DC + 3 PRI) scoraggiò il sindaco dal proseguire la sua attività. Molti consiglieri, inoltre, si resero conto che era impresa assai ardua sperimentare o semplicemente immaginare nuove formule, dal momento che, nel corso della legislatura, tutte quelle possibili erano

---

371 La nuova giunta (ultima della Prima Repubblica) era così composta: Nino Mazzone (sindaco), Natale Addamo, Salvatore Basile, Alfio Linfazzi, Giuseppe Martines, Alfio Mastrogiacomo (DC), Francesco Marino (vicesindaco), Lino Spada (PSI), Nunzio Mangiameli (PRI).

372 Mazzone, nato il 14-8-1946, era stato eletto la prima volta al Consiglio Comunale nel 1980 ed aveva fatto parte della 1a e della 2a giunta Capizzi e della 1a giunta Cannone. Rieletto nel 1985, era stato assessore e vicesindaco nella giunta Ragazzi e assessore nella giunta Battiato. Rieletto per la terza volta nel 1990 era stato assessore nella giunta La Rocca. Mazzone era l'"allievo" prediletto dell'on. Nicotra. Allievo di Nicotra in senso stretto Mazzone lo era stato davvero quando frequentava l'Istituto Tecnico per Geometri, dove Nicotra aveva insegnato per qualche tempo.

373 L'elezione avvenne secondo quanto stabilito dalla nuova L.R. 48/1991, congiuntamente e a scrutinio palese, per il sindaco e gli assessori, sulla base di un documento programmatico sottoscritto da almeno un terzo dei consiglieri. Nel caso della giunta Mazzone i sottoscrittori erano stati 22 su 40 consiglieri e sui 26 di maggioranza (18 DC, 5 PSI, 3 PRI).

state realizzate ed erano regolarmente fallite, e cominciarono a propendere per lo scioglimento del Consiglio Comunale.

Il 15 ottobre 1992 il sindaco si presentò dimissionario e annunciò le sue dimissioni anche da consigliere comunale. Nel corso della seduta si dimisero anche altri 29 consiglieri comunali di vari partiti e altri 8 lo fecero successivamente, creando, con questo gesto, le premesse giuridiche per lo scioglimento del consesso civico.

Fra gli assessori l'unico a non dimettersi fu **Alfio Mastrogiacomo** (DC), a cui pertanto, in base all'ordinamento degli Enti Locali, spettò svolgere, per un breve periodo (19-10-1992/29-10-1992) le funzioni sindacali fino all'arrivo del Commissario Regionale dott. **Angelo Politi** (29-10-1992/15-2-1993), poi sostituito dal Commissario Straordinario dott. **Antonino Vella** (16-2-1993/13-12-1993).

Si chiudeva così una tormentata legislatura, caratterizzata, fra l'altro, dal dissolvimento organizzativo di alcuni partiti, dai profondi cambiamenti avvenuti in altri e dalla comparsa di nuovi soggetti politici. A fare da spartiacque tra Prima e Seconda Repubblica sarà, simbolicamente, la nuova legge sull'elezione diretta del sindaco. Dallo scioglimento del Consiglio Comunale alle nuove elezioni (21 novembre 1993) sarebbe trascorso oltre un anno, durante il quale vari partiti, la cui attività era ruotata essenzialmente attorno all'amministrazione del Comune, costretti ad una prolungata astinenza, si sfaldarono, mentre l'intero mondo politico nazionale era investito dal vento sempre più impetuoso di *Tangentopoli*, in seguito all'inchiesta detta "Mani Pulite".

PSDI e PLI di Lentini organizzativamente cessarono di fatto di esistere, prima ancora delle loro organizzazioni nazionali.

Nel PSI il prestigioso segretario Bettino Craxi rassegnò le dimissioni (11-2-1993) dopo oltre un decennio di leadership quasi incontrastata, durante il quale si era realizzata nel partito – accanto a significativi successi politici - una sorta di „mutazione genetica", che aveva visto molti militanti e validi dirigenti[374] lasciare il partito o appartarsi, mentre affluiva in esso una massa di „nani e ballerine"[375].

A succedere al carismatico segretario fu chiamato l'ex segretario generale della UIL Giorgio Benvenuto, che durò in carica appena cento giorni, travolto dalle difficoltà finanziarie e politiche[376]. Al suo posto fu eletto l'ex segretario aggiunto della CGIL Ottaviano Del Turco, al quale non resterà altro che guidare il partito verso lo scioglimento, che avverrà nel 1994.

La crisi nazionale del PSI non poteva non diffondersi in periferia. A Siracusa fu eletto segretario della Federazione il deputato regionale dott. Carmelo Saraceno, ex segretario provinciale della UIL, che sarà l'ultimo della serie, il cui attaccamento agli ideali socialisti dovrà arrendersi di fronte allo sfacelo organizzativo in atto nel partito.

---

374 Tristano Codignola, Elio Veltri, Franco Bassanini, Alberto Jacometti, Antonio Giolitti, Gaetano Arfé.

375 L'espressione è del vecchio e arguto socialista on. Rino Formica, autore anche dell'altra "Il convento è povero, ma i frati sono ricchi".

376 Si veda, in proposito, il suo interessante libro *Via del Corso*, Sperling & Kupfer editori, 1993.

A Lentini sintomo del disagio nelle file socialiste furono le dimissioni dal PSI di uno dei suoi più qualificati dirigenti, il dott. Santo Ragazzi.

Anche la DC nazionale si dibatteva in un estremo tentativo di rinnovamento che il 12 ottobre 1992 portò alla segreteria, al posto di Arnaldo Forlani, il senatore bresciano Mino Martinazzoli[377], mentre il gruppo dirigente locale appariva disperso e disorientato: finirà per essere ristretto alla sola reggenza collegiale che, alcuni mesi prima dell'elezione del nuovo sindaco, sarà sostituita da un reggente unico, Salvatore Martines, ultimo rappresentante ufficiale della DC lentinese[378].

La caduta organizzativa della DC lentinese era in parte riconducibile alle vicende politiche del suo maggior leader, l'on Enzo Nicotra. La Giunta delle Elezioni della Camera dei Deputati, alla fine del novembre 1992 aveva preso in esame il ricorso con cui il primo dei non eletti aveva chiesto il riconteggio dei voti di preferenza e aveva finito per accoglierlo, proponendone all'aula, che aveva l'ultima parola in merito, l'approvazione.

E l'approvazione arrivò, per un solo voto, con 150 voti per l'accoglimento del ricorso e 149 per il non accoglimento[379].

---

377 Alla fine di agosto 1990, nel corso del *Convegno di Lavarone* della sinistra dc, Nicotra aveva rivolto a Martinazzoli un profetico invito: "Mino, è il tuo momento, devi staccare gli ormeggi!".

378 Salvatore Martines riceverà la nomina dal nuovo e ultimo segretario provinciale della DC siracusana Alessandro Zappulla.

379 L'on. Nicotra, al momento del voto, era uscito dall'aula, forse per un gesto di eleganza istituzionale, che gli costò l'esclusione dal Parlamento.

Il leader democristiano non si perse comunque d'animo e, sul finire del dicembre 1992, riunì a Lentini i suoi sodali, per invitarli a mobilitarsi per una corretta campagna di tesseramento, preludio ad una battaglia congressuale, che mettesse fine all'egemonia degli andreottiani nella Federazione di Siracusa, abbandonando così, per l'occasione, le vecchie alchimie politiche, i sapienti dosaggi, i diplomatici compromessi a favore di un decisivo confronto a viso aperto. Ma il destino del partito era ormai segnato. Il 23 luglio 1993 il segretario Martinazzoli riunì un'„Assemblea programmatica costituente", aperta a molti „esterni", che si conclude con la decisione di dar vita ad un nuovo soggetto politico, di ispirazione cristiana e popolare, dei cattolici democratici.

Così malinconicamente, a Lentini, tramontava la Prima Repubblica. Si apriva nella città di Gorgia un futuro senza DC, PCI, PSI, PSDI, PLI, e presto senza PRI e MSI-DN, mentre facevano capolino soggetti nuovi, come il Partito Popolare italiano, il Centro Cristiano democratico, Mani Pulite, Alleanza Democratica, Alleanza Nazionale, Forza Italia, Rifondazione Comunista, e si consolidava il ruolo del PDS, ormai unica forza politica cittadina organizzata, nelle cui file stava emergendo un nuovo personaggio, destinato a un ruolo importante nella storia della Città: Turi Raiti.

12 - La Lentini di Raiti – parte prima (1993-1997)

Turi Raiti

Mentre si avvicinava la data fissata per l'elezione della nuova Amministrazione comunale (21 novembre 1993) il mondo politico lentinese entrava in un sempre maggiore ribollio di iniziative. Naufragavano vecchi partiti e ne nascevano di nuovi, e si diffondeva il fenomeno delle liste civiche, mentre tutti cercavano di attrezzarsi al meglio per adattarsi alla nuova normativa che aveva rivoluzionato il sistema elettorale.

Il sindaco sarebbe stato eletto direttamente dai cittadini, e dunque non più dal Consiglio Comunale, con un sistema maggioritario a doppio turno: se nessuno dei candidati in lizza avesse riportato la maggioranza assoluta, a distanza di 15 giorni sarebbero andati al ballottaggio i primi due classificati e avrebbe vinto il più votato dei due. Il Consiglio Comunale, ora ridotto, per Lentini, da 40 a 20 componenti, sarebbe stato eletto con suffragio diretto e con un sistema proporzionale corretto da un premio a favore della coalizione che aveva sostenuto il sindaco eletto e sarebbe stato presieduto non più ma dal sindaco, ma da un proprio Presidente.

Si voleva con ciò da un lato rafforzare l'esecutivo, per dargli continuità e metterlo al riparo dalle continue crisi determinate dai litigi tra partiti e singoli consiglieri; ma dall'altro si svincolava il Consiglio Comunale dal sindaco per rafforzare il suo autonomo potere di controllo sull'esecutivo. Insomma: un'incognita per tutti alla sua prima applicazione.

In questo effervescente clima di proposte, contatti, accordi, alleanze, impegni, speranze, progetti si trovò ad operare, con scarsa fortuna, l'ultimo rappresentante ufficiale della DC a Lentini.

Il reggente Salvatore Martines pare sia riuscito a trovare solo due ex esponenti dc[380] disposti a candidarsi sotto le insegne di quello che era stato un grande partito. Per il candidato sindaco le cose sembravano andare un po' meglio, vista l'iniziale disponibilità del prof. Nino Guercio[381], eminente personalità del cattolicesimo democratico. Ma anche Guercio, di fronte alla mancanza d consistenti appoggi, finì per rinunciare.

Così, per la prima volta, dal 2 giugno del 1946, sulla scheda elettorale non apparirà il simbolo della Democrazia Cristiana.

Il percorso costituente volto alla creazione di un nuovo soggetto politico dei cattolici democratici, iniziato dal segretario della DC Mino Martinazzoli nel luglio 1993, giunse a conclusione il 18 gennaio 1994, con la nascita del Partito Popolare Italiano (PPI). Nello stesso giorno l'ala destra del partito, guidata da Pier Ferdinando Casini e Clemente Mastella, diede vita ad un'altra formazione, il Centro Cristiano Democratico (CCD).

---

380 Alfio Mastrogiacomo e Carmelo Russo.

381 Il prof. Guercio, noto esponente della sinistra democristiana, era stato eletto consigliere comunale nel 1964. Notevoli, all'epoca, i suoi interventi sul PRG. Era poi stato Presidente dell'Ospedale Civile.

A Lentini, dunque, scomparsa la DC ed esauritasi, di conseguenza, la reggenza di Martines, si tentò la formazione di un nucleo del PPI, per il quale il segretario provinciale Zappulla[382] nominò commissario il prof. Guercio, che si proponeva di ricostruire il partito su nuove basi.

Dei partiti rimasti in piedi, l'unico a poter aspirare a presentare un candidato sindaco con speranza di vittoria era il PDS. A condizione, però, che si trattasse di personalità capace di attrarre quel voto popolare che nel corso degli anni si era alquanto disperso[383].

Il comitato direttivo sezionale del PDS, uscito dal congresso di Rimini, sempre guidato dal segretario Paolo Censabella, era stato allargato e al suo interno si era sviluppato, sulla scelta del candidato sindaco, un dibattito via via più acceso. Erano state esaminate diverse soluzioni ed alla fine erano rimasti in campo l'ex sindaco ed ex deputato regionale Mario Bosco e l'ex segretario provinciale della CGIL di Siracusa, Salvatore (Turi) Raiti, personaggio interamente formatosi nel sindacato e quindi assai vicino alle masse di lavoratori che il PDS di Lentini si proponeva di recuperare elettoralmente[384].

---

382 Alessandro Zappulla è stato l'ultimo segretario provinciale della DC e il primo del PPI, così come fu, a livello nazionale, Mino Martinazzoli.

383 Il PCI/PDS era passato dal 40,26 % delle europee 1989 al 21,57 % delle comunali 1990, al 21,77 % delle regionali 1991, al 23,62 % delle politiche (Camera) del 1992.

384 Turi Raiti, figlio di un mezzadro, da giovane era rimasto affascinato dai miti di Mao Tse Tung e di Ernesto Che Guevara. Ma fu un incontro con il carismatico sindacalista lentinese Ciccio Ciciulla, avvenuto sul finire degli anni '60 del secolo scorso, durante uno sciopero di braccianti, a determinare il suo de-

Per evitare che le due forti ed autorevoli candidature rischiassero di spaccare il partito, la dirigenza decise di affidare la scelta fra i due ad elezioni primarie, per le quali fu anche approntato un regolamento[385]. Ma, qualche giorno prima del confronto, l'on. Bosco rinunciò e così Raiti rimase l'unico candidato del PDS.

A sostenerlo stavano, collegandosi ufficialmente con lui, la lista del PDS e quella del PRI, il quale si rivelerà determinante per la sua elezione[386].

Il PSI, ormai in totale decomposizione organizzativa, non fu in grado di presentare una lista. Il segretario della Federazione on. Carmelo Saraceno riuscì a concordare col PDS[387] l'inserimento di

---

stino politico. Nel 1971 si iscrisse al PCI e nello stesso anno venne assunto all'INCA (Istituto Nazionale Confederale di Assistenza), il patronato della CGIL, e destinato all'ufficio di Lentini. Nel 1972 l'allora segretario provinciale della CGIL, un altro lentinese, l'on Guido Grande, lo incaricò di svolgere lavoro sindacale nella zona industriale. Nel 1975 ritornò all'INCA di Lentini e l'anno dopo divenne segretario della locale Camera del Lavoro. Nel 1978 fu chiamato a dirigere la Federbraccianti provinciale. Nel 1981 era segretario di zona a Lentini e membro della segreteria provinciale. Nel 1982 fu chiamato a dirigere il sindacato provinciale del pubblico impiego e si trasferì a Siracusa. L'anno successivo divenne segretario generale della CGIL siracusana, carica conservata fino al 1992.

385 Le „primarie" furono fissate per i giorni dal 14 al 17 ottobre 1993. Avrebbero potuto votare tutti gli elettori lentinesi, che avessero esibito un documento di riconoscimento.

386 I rapporti tra PDS e PRI diventeranno conflittuali proprio alla conclusione della campagna elettore, poiché il PRI non sarà rappresentato in giunta.

387 Il PDS era da poco (settembre 1992) entrato nell'Internazionale Socialista, col beneplacito di Bettino Craxi (PSI) e di Antonio Cariglia (PSDI).

un candidato socialista nella sua lista, nella persona del consigliere uscente Nuccio Fisicaro[388], mentre altri due noti esponenti del PSI, gli ex segretari Santo Ragazzi e Alfio Ira si presentarono nella stessa lista, ma a titolo personale. Angelo Celso si presentò nella lista del PRI come socialista indipendente[389].

Alcuni esponenti della minoranza del PDS finiranno per convergere su un'altra candidatura di sinistra, alquanto prestigiosa: quella del preside Armando Rossitto[390], il quale aveva sempre coniugato l'attività professionale con l'impegno sociale, ispirandosi al pensiero e all'azione di don Lorenzo Milani[391].

---

388 Nuccio Fisicaro, ex vicesindaco, sarà eletto e sarà l'ultimo rappresentante ufficiale del PSI nel Consiglio Comunale di Lentini.

389 Ci furono altri candidati provenienti dal PSI in varie liste: Sebastiano Cardello in AD, Corrado Macca nella lista "Lentini Insieme", Pippo Nicotra in quella di Rifondazione Comunista, Ciccio Marino e Delfo Cavarra in quella di Mani Pulite, Lino Spada in quella di "Gorgia-uomini liberi".

390 Armando Rossitto, figlio del prof. Alfio Rossitto, uno dei primi aderenti alla DC lentinese, era stato presidente dell'Azione Cattolica e della FUCI di Lentini, a cui aveva impresso una notevole svolta progressista. Successivamente era diventato segretario nazionale del Consiglio Centrale della FUCI (Federazione Universitaria Cattolica Italiana). Laureatosi in Lettere si era impegnato nella CGIL-Scuola.

391 Don Lorenzo Milani (1923-1967) fu scrittore ed educatore cattolico. La sua fama è legata alla sua Scuola di Barbiana, frequentata da bambini poveri, primo tentativo di una scuola „a tempo pieno", ispirata ad una cultura democratica, volta a portare tutti gli alunni ad un livello minimo di istruzione, mediante un „insegnamento personalizzato". Notevole il suo libro *Esperienze pastorali*.

A volere e a supportare la sua candidatura a sindaco *libero dagli schieramenti e dalle correnti dei partiti*[392] fu un largo schieramento che volle denominarsi „Patto di Progresso per Lentini". Sostenevano la candidatura di Rossitto Rifondazione Comunista (RC)[393]; Alleanza Democratica (AD)[394]; „Mani Pulite", un movimento politico ispirato all'omonima inchiesta giudiziaria su Tangentopoli, costituito dall'imprenditore Alessio Aloisi, dopo lo sfaldamento del PSDI[395], in cui egli aveva precedentemente militato, anche rappresentandolo

---

[392] Notare come in questo *slogan* fosse implicita la condanna della partitocrazia e delle sue degenerazioni.

[393] Rifondazione Comunista era ora guidata dal prof. Pippo Moncada, che era succeduto nella carica ad Andrea La Ferla. Moncada era stato consigliere ed assessore quando militava nel PCI ed era fratello del dott. Salvatore, leader della minoranza della DC lentinese negli anni precedenti.

[394] Dopo un processo avviato il 18-10-1992 con la formazione del movimento "Verso l'Alleanza Democratica", AD si era ufficialmente costituita il 15-7-1993. Essa si proponeva la creazione di un'ampia coalizione di centrosinistra, che avviasse un profondo rinnovamento nella politica italiana. Ne facevano parte elementi provenienti dal PSI (Giorgio Benvenuto, Giorgio Ruffolo), dal PRI (Giuseppe Ayala, Giorgio Bogi), dal PLI (Paolo Battistuzzi), dal PDS (Willer Bordon, Ferdinando Adornato).

A Lentini il gruppo che poi aderirà ad AD si era costituito nel gennaio 1993 ed era diretta dal prof. Paolo Ragazzi (fratello dell'ex sindaco dott. Santo Ragazzi). Suo prezioso collaboratore era il giovane Enzo Pupillo (figlio del noto dirigente socialista avv. Delfo) che più tardi (12-11-1995) lo sostituirà nella carica di coordinatore.

[395] Il PSDI dal 1992 in poi si era sgretolato, dopo una serie di tracolli elettorali (politiche 1992: 2,72 %; politiche 1994: 0,46 %), e di scissioni. La sua parabola si concluderà ufficialmente nel 1998 con la confluenza nello SDI della sua pattuglia ufficiale. Nel 2004 la sua sigla sarà riportata in vita.

in Consiglio Comunale; un gruppo di intellettuali di sinistra[396] e un altro di illustri cattolici[397], i quali ultimi firmeranno un appello in suo sostegno.

Uno schieramento[398], dunque, di tutto rispetto, sia per il numero che per la qualità dei partecipanti.

Un'altra candidatura prestigiosa fu quella del noto penalista avv. Angelo D'Amico, sostenuto da una lista civica a lui collegata, denominata „Liberare Lentini".

Scese in campo pure l'ex sindaco Davide Battiato, già capogruppo in Consiglio Comunale e Coordinatore del Comitato di Reggenza della DC. Dopo il dissolvimento organizzativo dello Scudo Crociato a Lentini egli aveva costituito un movimento locale chiamato „Lentini Insieme", che presentò una lista a sostegno del suo leader.

Completava l'elenco delle candidature a sindaco l'ex consigliere del PLI[399] Rosario Ossino Fisicaro, appoggiato dalla lista „Gorgia-uomini liberi".

C'erano, poi due liste di candidati che concorrevano per i soli seggi del Consiglio Comunale, senza avere una propria candidatura per

---

396 Il prof. Pippo Cosentino, il prof. Delfo Inserra, il prof. Armando Ansaldo, l'ing. Cirino Cillepi, il prof. Lucio Inserra.

397 Il professore e poeta Elio Cardillo, il prof. Alberto Commendatore (futuro segretario del PDS), il prof. Delfino Favara, il prof. Salvatore Iannitto, il prof. Silvio Pellico, la dott.ssa Ada Rapisarda, il prof. Gianni Zappalà.

398 Ne faceva parte anche „La Rete", movimento politico che non aveva radicamento a Lentini, ma il cui leader Leoluca Orlando tenne in città un affollato comizio di sostegno alla candidatura Rossitto.

399 Il PLI si sciolse ufficialmente il 6-2-1994. Ma già nei mesi precedenti era stato devastato dalle scissioni.

la carica di sindaco: quella del MSI-DN[400], che era una lista di pura testimonianza[401], ultimo barlume della destra politica in città, e una lista civica denominata „Uniti per Lentini"[402].

Dunque cinque candidati a sindaco[403] e quelli di dieci liste in campo per un seggio al Consiglio Comunale, più gli eventuali assessori, che per almeno metà dovevano essere indicati prima della votazione, costituivano un piccolo esercito di circa 250 persone, capace di suscitare in Città un animato dibattito politico-amministrativo, nel corso di una vivacissima campagna elettorale durata circa un mese.

Il primo turno (21-11-1993) vide confermate le speranze del PDS, in quanto Raiti, classificatosi primo col 43,03 %, raccolse più consensi delle due liste che lo sostenevano messe assieme, cioè quella del PDS (25,97 %) e quella del PRI (7,27 %).

---

400 L'11 gennaio 1992 il MSI-DN si trasformerà in Movimento Sociale Italiano – Alleanza Nazionale, per poi sciogliersi e trasformarsi (27-1-1995) in Alleanza Nazionale (AN), in seguito alla *svolta di Fiuggi*, avviata dal segretario nazionale Gianfranco Fini. In seguito a tale operazione, l'ala estrema del partito, guidata da Pino Rauti, si distaccherà e fonderà (3-3-1995) il Movimento Sociale – Fiamma Tricolore (MS-FT).

401 La lista ottenne il 2,62 % e nessun seggio.

402 La lista "Uniti per Lentini" raggiunse il 7,10 % ed ottenne un seggio, eleggendo al Consiglio Comunale il dott. Gaetano Maci, che in seguito si avvicinerà a Mani Pulite.

403 Turi Raiti, Armando Rossitto, Angelo D'Amico, Davide Battiato, Rosario Ossino Fisicaro.

Al secondo posto si piazzò il prof. Armando Rossitto (28,02 %), poco più al di sopra delle liste che lo avevano appoggiato e cioè AD (11,54 %), RC (9,73 %) e Mani Pulite (6,37%).

Seguivano, nell'ordine: il geom. Davide Battiato (13,29 %), la cui lista Lentini Insieme ottenne qualcosa in più del candidato (14,82 %); l'avv. Angelo D'Amico (13,03 %), con quasi tre punti percentuali più che la sua lista Liberare Lentini (10,62 %); l'imprenditore Rosario Ossino Fisicaro (3,13 %), un po' meno della sua lista di riferimento Gorgia-Uomini Liberi (3,96 %).

Non avendo nessuno dei candidati raggiunto la maggioranza assoluta, l'elezione del nuovo sindaco dovette essere rimandata al secondo turno, fissato per il 5 dicembre 1993 e riservato ai primi due classificati, cioè Raiti e Rossitto, mentre per l'attribuzione definitiva dei venti seggi del Consiglio Comunale bisognava aspettare l'esito del ballottaggio, per tener conto dell'attribuzione del premio di maggioranza.

La lotta fra i due contendenti divenne alquanto incerta, dal momento che il movimento dell'ex sindaco Battiato, Lentini Insieme, decise di riversare i propri voti su Rossitto.

Nel corso della campagna elettorale ci furono forti malumori in ambedue gli schieramenti: sia in quello di Raiti, per la sua mancata assegnazione di un posto in giunta[404] al PRI, che pure sarebbe stato determinante per la sua elezione; sia in quello di Rossitto, che già nel primo turno, forse per un senso di lealtà verso gli elettori, aveva

---

[404] Secondo la nuova normativa gli assessori erano nominati dal sindaco, verso cui erano responsabili, e non più eletti dal Consiglio Comunale, come in precedenza.

annunciato l'intera lista dei suoi eventuali assessori[405], fra i quali non comparivano esponenti di RC e di Mani Pulite.

Comunque questi malumori non incisero molto sul risultato finale.

Al secondo turno prevalse, col 53,33 %, **Turi Raiti**, che così divenne il primo sindaco di Lentini nella cosiddetta Seconda Repubblica. Egli partiva, però, senza una maggioranza consiliare che lo sostenesse. Infatti, considerato il premio alle liste collegate al sindaco eletto, alla sua coalizione furono attribuiti solo nove seggi, cioè sette al PDS[406] e due al PRI[407].

---

405 L'avv. Antonino Tribulato, il dott. Salvatore Giuffrida (AD), la sig.ra Rosanna Ragazzi (nuora dell'on. Otello Marilli), il dott. Concetto Corradino, il prof. Lucio Inserra e il rag. Pippo Emmi, ex consigliere dc.

406 Lidia Costanzo, Paolo Censabella (segretario del PDS), il prof. Turi Di Pietro (famoso calciatore lentinese e cognato del sindaco), Nuccio Fisicaro (ultimo consigliere ufficialmente del PSI, che in seguito lascerà il gruppo del PDS per quello di Mani Pulite), il sindacalista UIL Alfio Ira (indipendente), il noto edicolante Franco Raiti e l'ex sindaco dott. Santo Ragazzi (indipendente, che in seguito aderirà al PDS). Da notare che, su sette consiglieri del gruppo del PDS, ben tre provenivano dal PSI (Ira, Fisicaro e Ragazzi).

407 Angelo Celso, socialista indipendente, ormai divenuto decano del Consiglio Comunale, essendo stato eletto ininterrottamente dal 1970, che in seguito aderirà al PDS, e il geom. Alfio Mangiameli, ex vicesindaco, che conseguì ben 506 voti di preferenza.

Le liste che avevano sostenuto il preside Rossitto conquistarono: AD tre seggi[408], RC due[409], Mani Pulite uno[410].

Due seggi[411] furono conquistati dalla lista „Lentini Insieme" per l'omonimo movimento facente capo all'ex sindaco Davide Battiato; due dalla lista „Liberare Lentini" collegata all'avv. Angelo D'Amico[412]; uno, infine, dalla lista civica „Uniti per Lentini ", di cui s'è detto.

Il neoeletto Turi Raiti si insediò il 14 dicembre 1993, ma l'esecutivo da lui nominato[413], benché formato da qualificati cittadini, lasciò

---

408 Il dott. Salvatore Giuffrida, in seguito eletto presidente del Consiglio Comunale, il dott. Alfio Saggio e il prof. Carlo Cattano, noto musicista, che in seguito si dimetterà e sarà surrogato dal prof. Paolo Ragazzi, primo dei non eletti, che però entrerà in Consiglio Comunale come indipendente, essendosi dimesso in precedenza da AD.

409 L'ing. Cirino Cillepi (ind.), che in seguito si dimetterà, lasciando il posto al segretario della sezione prof. Pippo Moncada, e Paolo Di Falco.

410 L'ex *leader* socialdemocratico Alessio Aloisi.

411 Il prof. Giuseppe Pulino, che in seguito aderirà al PPI, e Vincenzo Vinci.

412 Il prof. Corrado Magnetti, che successivamente aderirà a Mani Pulite, e la sig.ra Concetta Tramontana, che sarà eletta vicepresidente del Consiglio Comunale

413 La giunta, secondo la nuova normativa, doveva essere composta da sei assessori, e non più da otto come in precedenza e la carica era incompatibile con quella di consigliere comunale. La giunta nominata dal sindaco Raiti comprendeva: Lidia Costanzo, vicesindaco e vero „braccio destro" del sindaco (PDS), che perciò lasciò il seggio consiliare all'ex sindaco Magnano, primo dei non eletti, l'avv. Giuseppe Di Mari, l'imprenditore Giuseppe Maria Cassano, il dott. Armando Castiglia, l'ing. Carmelo Abramo, lo sportivo Croce Alessandro Renna. Furono anche nominati, come la legge consentiva, un esperto giuridico (l'avv. Pippo Centamore, ex vicesegretario del Comune ed ex segre-

deluse molte aspettative e suscitò molti malumori. Tant'è che, nel corso del tempo, esso subì molti rimaneggiamenti, il cui intreccio è difficile seguire anche per un „addetto ai lavori".

Il primo a lasciare, dopo poco tempo, fu il dott. Castiglia, al cui posto venne nominato il prof. Alfio Siracusano, che perciò lasciò il ruolo di „esperto culturale", in cui non sarà mai più rimpiazzato. Successivamente si dimise lo sportivo assessore Renna, a cui subentrò l'avv. Maurizio Vilona.

Nel 1995, per avviare un chiarimento, peraltro non riuscito, fra i partiti dell'area progressista, la giunta fu „azzerata" e nella nuova compagine non furono riconfermati Di Mari, Siracusano e Vilona.

Al loro posto subentrarono il noto attore e regista di teatro Enzo Ferraro (PDS), l'ex sindacalista UIL Alfio Ira[414] e il rag. Umberto Ferriero, ex consigliere del PRI, il quale però, per le polemiche insorte sulla sua collocazione politica, dopo qualche giorno rassegnò le dimissioni e fu sostituito con la prof.ssa Maria Rosa Cardillo.

Nel 1996 si dimise da assessore anche il dott. Cassano e, al suo posto, venne nominato il dott. Santo Ragazzi, che intanto aveva preso la tessera del PDS[415]. A poca distanza dalla fine della legislatura lascerà l'incarico assessoriale anche la prof.ssa Cardillo, che però non sarà sostituita.

---

tario del PSI), e un esperto culturale (il prof. Alfio Siracusano, ex segretario del PCI).

414 Ira sarà surrogato in Consiglio Comunale dal giovane Salvatore Chiarenza (PDS).

415 Ragazzi dovette perciò lasciare il seggio al Consiglio Comunale, che fu occupato dalla rag. Maria Nigro (PDS).

Inoltre, quando sarà nominato esperto economico, Elio Magnano lascerà il seggio in Consiglio Comunale, in cui gli subentrerà l'ex consigliere del PCI Salvatore Di Mari, a suo tempo passato con RC, poi dichiaratosi indipendente e infine rientrato nel PDS, di cui in futuro diventerà segretario. A presiedere il Consiglio Comunale venne inizialmente eletto il dott. Santo Ragazzi, allora indipendente eletto nella lista del PDS, poi sostituito da Alessio Aloisi, a sua volta sostituito, definitivamente, dal dott. Salvatore Giuffrida (AD).

Mentre nella città di Gorgia i politici si esibivano in queste acrobazie politico-amministrative, anche la politica nazionale era in forte movimento per l'approssimarsi delle elezioni politiche del 27 e 28 marzo 1994, ora disciplinate da una nuova legge elettorale, secondo la quale i senatori e il 75 % dei deputati sarebbero stati eletti con un sistema maggioritario uninominale a turno unico, mentre il restante 25 % dei deputati sarebbe stato eletto con il sistema proporzionale e lo scrutinio di lista.

Alla fine di un'aggrovigliata serie di incontri e trattative, si vennero a formare tre coalizioni per contendersi la conquista della maggioranza e quindi del governo nazionale, a cui occorre dare un breve sguardo per meglio potervi inquadrare le vicende lentinesi.

Il giorno dopo la trasformazione del MSI-DN di Gianfranco Fini in Alleanza Nazionale (23-1-1994), il noto imprenditore Silvio Berlusconi annunciò la sua „discesa in campo" e la costituzione di una nuova formazione politica denominata Forza Italia (FI); egli riuscì poi a costituire uno schieramento di centro-destra, che inglobava anche il CCD (segretario Pierferdinando Casini), articolato in due

"Poli", alleandosi con la Lega Nord di Umberto Bossi nel Settentrione („Polo delle Libertà") e con AN nel Meridione („Polo del buon governo").

Il 1° febbraio nacque il cartello dei „Progressisti" che raggruppava varie anime della sinistra italiana: PDS, AD, PSI, RC, Cristiano Sociali[416], La Rete di Leoluca Orlando, Rinascita Socialista[417], i Verdi[418]. La leadership naturale venne assunta da Achille Occhetto, segretario del PDS, il partito di gran lunga il più forte della coalizione.

Lo schieramento progressista candidò, nel collegio senatoriale di cui faceva parte Lentini, come indipendente, il sindacalista della CGIL ed ex deputato del PCI on. Luigi Boggio, che però non fu eletto[419].

L'area di centro fu occupata dal „Patto per l'Italia", con leader e candidato alla Presidenza del Consiglio Mariotto Segni. Esso comprendeva il PPI di Mino Martinazzoli, il Patto Segni[420], il PRI di Giorgio La Malfa, l'Unione liberaldemocratica, guidata dall'ex se-

---

416 Il movimento dei Cristiano Sociali era sorto nel settembre 1992, in seguito a una scissione a sinistra della DC, guidata da Pierre Carniti ed Ermanno Gorrieri.

417 Movimento politico nato da una scissione dal PSI alla fine del maggio 1993 e guidato dall'eurodeputato e sindacalista UIL Enzo Mattina. Agli inizi del 1995 esso confluirà nella Federazione Laburista di Valdo Spini.

418 La Federazione dei Verdi (FdV) era sorta il 2-12-1990 dalla fusione tra la Federazione delle Liste Verdi e i Verdi Arcobaleno, con simbolo il sole che ride. Ne era portavoce Carlo Ripa di Meana.

419 Boggio ottenne a Lentini il 44,32 % dei voti.

420 Movimento centrista fondato nel novembre 1993 dall'ex parlamentare dc Mariotto Segni.

gretario del PLI Valerio Zanone e alcuni indipendenti socialisti e socialdemocratici[421].

Alla Camera, per il collegio uninominale di cui Lentini faceva parte, fu presentato il lentinese avv. Nino Tribulato, che però non fu eletto[422].

Da queste elezioni venne fuori a Lentini un quadro politico del tutto diverso da quelli del passato. La sinistra risultò non più maggioritaria, scomparvero elettoralmente il PSI (1,27 %) e il PSDI (non presente come tale), venne fortemente ridimensionato il centro cattolico, con un PPI al 3,85 %. A destra, invece, suonava tutt'altra musica, con AN balzata al 16,44 % e FI, al suo esordio, classificatasi al primo posto col 23,70 %.

Il sistema bipolare voluto dalla riforma elettorale si stava vieppiù affermando, togliendo grossi spazi al vecchio centro, per tanti anni maggioritario.

Com'è noto, fu il Polo di centro-destra a vincere le elezioni, per cui si insediò il primo governo Berlusconi. Nella zona, il centro-destra conquistò sia il seggio del Senato (Marisa Moltisanti) che quello della Camera del maggioritario (Puccio Forestiere).

Nel corso dello stesso 1994 il PDS di Lentini tenne la sua prima assemblea per il rinnovo del Comitato sezionale. L'importanza di questa adunanza stava nel fatto che vi erano state presentate due

---

421 Gli esponenti più noti erano rispettivamente Giuliano Amato e Gianfranco Schietroma.
422 Tribulato riportò a Lentini il 20,32 % dei voti.

liste contrapposte. La cosa non era del tutto nuova, essendosi già verificata nelle assemblee collegate ai congressi di Bologna e di Rimini del PCI, da cui poi era sorto il PDS. Ma allora le liste erano strettamente collegate a posizioni politiche, mentre in quella del 1994 la contrapposizione rifletteva solo la rivalità dei gruppi interni. Una lista, che risultò vincitrice, fu presentata da Guglielmo Tocco e un'altra da Angelo Brancato, ambedue ex assessori. Segretario venne eletto Alfio Miceli.

Il PDS da allora si avviò sulla stessa strada del frastagliamento fra gruppi rivali, a suo tempo intrapresa, con risultati disastrosi, dal PSI.

Dopo le elezioni, l'ex candidato al Senato on. Boggio, già segretario della Camera del Lavoro di Lentini, lanciò l'idea della costituzione di un „Circolo Progressista" che riunisse i militanti della sinistra lentinese, in particolare quelli non organizzati in partito. Le adesioni furono molte e qualificate[423], ma alla fine l'iniziativa non riuscì a decollare.

Il 12 giugno 1994 si svolsero, contestualmente, le elezioni per il rinnovo del parlamento europeo, che consolidarono l'affermazione, anche a Lentini[424], del centro-destra, e quelle per il rinnovo dell'Amministrazione Provinciale, anch'esse vinte dal centro-destra, che a Lentini, per la prima volta, conquistò la maggioranza assoluta.

---

423 Vi aderirono, fra gli altri, Giuseppe Centamore, Salvatore Di Pietro, Paolo Innocenti, Alfio Ira, Ferdinando Leonzio, Salvatore Martello, Pippo Moncada, Enzo Pupillo, Santo Ragazzi, Alfio Serratore.

424 FI raggiunse il 35,25 % e AN il 16,65 %.

In occasione di queste ultime elezioni il PPI di Lentini (7,9 %), che dopo la rinuncia del prof. Guercio aveva trovato una nuova *leadership* nell'ex sindaco dc Pippo La Rocca[425], candidò il cattolico democratico ing. Leonardo Brunetto, che però non fu eletto.

Il PDS di Lentini (30,1 %) presentò due candidati: l'architetto Melo Vinci (PDS) e, come indipendente, l'ex repubblicano Nunzio Mangiameli, che fu eletto consigliere provinciale. Per il PDS, che non vide eletto il proprio candidato ufficiale, fu questa una sconfitta nella più generale sconfitta politica.

Per la prima volta sulla scheda apparve a Lentini la sigla del CCD[426], che ottenne il 10,74 %.

A livello nazionale il vertice di alcuni partiti fu completamente rivoluzionato.

Achille Occhetto, segretario del PDS, che alle europee era sceso al 12,3 % (a Lentini il 27,41 %) rassegnò le dimissioni il giorno dopo le lezioni (12/6): sarà sostituito da Massimo D'Alema.

Il PSI, che si era presentato assieme ad AD, raccolse appena l'1,8 % (a Lentini appena 96 voti, pari allo 0,76 %!)[427].

---

425 In seguito la gestione del partito sarà affidata a un quadrumvirato composto da Natale Addamo, Sebastiano Butera, Enzo Crisci ed Emanuele Sipala.

426 Al CCD di Lentini avevano inizialmente aderito alcuni *big* della vecchia DC, come gli ex sindaci avv. Giacomo Capizzi e prof. Nino Mazzone e l'ex reggente Salvatore Martines. In seguito diventerà coordinatore del CCD l'ex assessore dc dott. Alberto Di Mari.

427 Curioso che la lista PSI-AD abbia raccolto così pochi consensi, a fronte del fatto che nel Consiglio Comunale, formato di 20 consiglieri, sedevano ben 3

Ciò provocò le dimissioni, poi rientrate, di Willer Bordon da coordinatore di AD e quelle di Ottaviano Del Turco da segretario del PSI, che venne temporaneamente sostituito (21/6), come coordinatore, da Valdo Spini, fautore di un nuovo soggetto politico, la „Federazione Laburista", che fu fondata nel corso di un'Assemblea Nazionale costituente che ebbe luogo dal 4 al 6 novembre 1994. Del Turco in seguito tornò alla segreteria del PSI, che egli guidò fino al congresso di scioglimento (12-11-1994), dalle cui ceneri scaturirono due nuove formazioni: quella denominata Socialisti Italiani (SI), guidata da Enrico Boselli, schierata col centro-sinistra e membro dell'Internazionale Socialista, e quella, guidata da Gianni De Michelis, denominata Partito Socialista (PS), che si alleerà addirittura col Polo di centro-destra!

Uno spappolamento totale, organizzativo e politico, di quello che era stato il partito di Filippo Turati, di Costantino Lazzari, di Pietro Nenni e di Sandro Pertini.

Scomparve, di fatto, anche il PSDI (alle europee nazionalmente lo 0,4 % e a Lentini lo 0,24 %), ormai diviso in tanti gruppuscoli in lotta per il simbolo del partito, fra cui alla fine prevalse quello guidato da Gianfranco Schietroma[428].

L'esito delle elezioni parlamentari aveva insegnato alle forze politiche di sinistra e di centro che, dato il sistema bipolare ormai in

---

consiglieri di AD (Giuffrida, Saggio e Paolo Ragazzi) e 4 di origine PSI (Fisicaro, Ira e Santo Ragazzi, eletti nel PDS e Celso, eletto nel PRI).

428 Il PSDI, il 10-5-1998, si fonderà col SI di Boselli, con l'ala del PS, guidata da Ugo Intini e con una minoranza della Federazione Laburista, guidata da Alberto Benzoni, dando vita allo SDI (Socialisti Democratici Italiani).

atto, esse, se divise, erano destinate a perdere col centro-destra unito, mentre da alleate, avrebbero potuto rovesciare la situazione.

Ad un'alleanza fra i due schieramenti si arriverà, in effetti, dopo la caduta del governo Berlusconi e la formazione del governo tecnico presieduto da Lamberto Dini[429], nel 1995, anno in cui, proprio sul tema delle alleanze, nel PPI si arriverà a una spaccatura fra l'ala moderata, capeggiata da Rocco Buttiglione, che fonderà il CDU (Cristiani Democratici Uniti), che approderà nel Polo, e quella progressista, guidata da Gerardo Bianco e poi da Franco Marini, che si alleerà con la sinistra.

Anche a Lentini ci furono tentativi di riunire le forze di centro-sinistra, ancora divise tra quelle che appoggiavano la giunta Raiti (PDS e PRI) e quelle che ne erano all'opposizione (AD, PPI e RC), deluse dalla gestione raitiana della cosa pubblica, ma senza approdare a nulla di concreto, anche a causa del clima di diffidenza esistente tra le due parti.

Anzi la contestazione a Raiti si estese anche nelle file del PDS, come si poté constatare nel congresso sezionale dell'8 e 9 luglio 1995, chiamato a decidere sulla ricomposizione del centro-sinistra locale e sull'amministrazione comunale e ad eleggere il nuovo direttivo, organo che avrebbe determinato le scelte del partito fino al successivo congresso.

Si contendevano la direzione del partito tre gruppi: quello di più stretta osservanza raitiana, guidato da Paolo Censabella, quello

---

429 Dini fonderà poi un suo movimento „Rinnovamento Italiano" (RI), che si schiererà col centro-sinistra.

Magnano-Tocco e quello facente capo ad Angelo Brancato, in diversa misura entrambi critici verso il sindaco. Poco prima che si arrivasse alla votazione, i capi si accordarono tra loro e presentarono una lista unica e bloccata di 21 candidati (7 per ciascuna delle tre componenti) in cui non era possibile, per l'iscritto-elettore, sostituirne nessuno. Prendere o lasciare: si poteva solo votare SÌ o NO. A soffrirne fu, probabilmente, la democrazia interna.

Appena insediatosi il nuovo Consiglio Direttivo, il gruppo di Censabella e quello di Brancato si accordarono fra loro ed elessero segretario Salvatore Di Mari. Ma la componente Magnano-Tocco riuscì dopo un po' a rompere quell'alleanza e ad accordarsi a sua volta con Censabella, emarginando Brancato, che nel frattempo aveva perso Di Mari e Ferraro. I numeri cominciarono a roteare in una girandola inarrestabile, tanto che, dopo le dimissioni di Di Mari, si aprì una lunga crisi di vertice, che alla fine si concluderà con l'elezione a segretario del prof. Alberto Commendatore. Tutti questi contorcimenti da „basso impero" per la conquista del potere interno non potevano mancare di suscitare qualche reazione in una base che, tutto sommato, non era ancora mummificata.

Il primo a reagire fu il corposo e qualificato gruppo della „Sinistra Giovanile" del PDS, caratterizzato da una forte presenza di universitari e di donne, e portatore, come in genere accade per tutte le organizzazioni giovanili, di una forte tensione ideale. Sicché, quando le posizioni critiche cominciarono a farsi vivaci, il gruppo dirigente del PDS prese a sentire come un corpo estraneo la sua organizzazione giovanile e a considerarla come una spina di cui liberarsi. Anche nella base degli adulti cominciarono ad emergere posizioni critiche che, verso la fine del 1995, Franco Giuliano riuscì a coordinare con la fondazione di un circolo denominato „Associazione Progressista Enrico Berlinguer", che avrà come presidente prima Giuseppe Sanfilippo e poi Nuccio Portera. Tale associazione si diceva portavoce dell'aspirazione ad un rinnovamento della politica e della richiesta di partecipazione democratica.

Più in là si costituì anche un circolo giovanile denominato "La Lokomotiva", cui aderivano giovani pdiessini e della sinistra diffusa e che aveva come presidente Davide Greco.

Si aprì anche in città un periodo di grande fermento politico e culturale, in cui emersero organizzazioni come *Legambiente, Terzomillennio, Accademia dei Leoni, Cinema Novecento*.

Protagoniste del dibattito politico furono in particolare RC, diretta dal prof. Pippo Moncada e AD, coordinata dal prof. Paolo Ragazzi, che accentuarono la loro opposizione all'amministrazione Raiti e quindi al PDS. Tali posizioni critiche erano condivise da „Mani Pulite"; ed anche il PPI e il PRI stavano per orientarsi in quel senso.

Il banco di prova di una possibile ricomposizione delle divisioni nella sinistra doveva essere, dopo l'avvenuto azzeramento della giunta, un rimpasto della stessa che costituisse un forte segnale di rinnovamento (1995). Ma il risultato di tale operazione[430] fu giudicato del tutto insoddisfacente da tutte le forze interessate e il dialogo tra il PDS e i vari raggruppamenti di centro-sinistra fu interrotto.

---

430 La sostituzione dell'avv. G. Di Mari, del prof. A. Siracusano e dell'avv. Vilona con E. Ferraro, A. Ira e il rag. U. Ferriero, poi sostituito dalla prof.ssa M.R. Cardillo, cui abbiamo sopra accennato.

Il gruppo dirigente del PDS, attaccato da destra e da sinistra, e alle prese anche con una contestazione interna, si arroccò allora nella difesa dell'esistente.

Un momento unitario a sinistra si ritrovò comunque in occasione delle elezioni politiche del 21 aprile 1996, che si svolsero all'insegna di un bipolarismo perfetto: da un lato la coalizione di centro-sinistra guidata dal prof. Romano Prodi e denominata „L'Ulivo", di cui facevano parte il PDS, il PPI, La Rete, i Verdi, I Cristiano Sociali, il SI, la Federazione Laburista, il Patto Segni, il PRI, Rinnovamento Italiano e l'Unione Democratica (UD)[431]; dall'altro il centro-destra, guidato dal cav. Silvio Berlusconi, col nome di „Polo delle Libertà", di cui facevano parte FI, AN, il CCD e i CDU, tra di loro federati.

Correvano, fuori delle coalizioni, RC, la Lega Nord, la Fiamma Tricolore.

Le elezioni furono vinte dall'Ulivo e Prodi divenne Presidente del Consiglio.

A Lentini il centro-sinistra ritornò alla maggioranza assoluta[432], con in testa il PDS (29,58 %)[433].

---

431 Movimento politico di centro-sinistra fondato da Antonio Maccanico il 26-2-1996. In esso confluì AD.

432 Un drappello di ex militanti del PSI, fra cui gli ex segretari della sezione avv. Delfo Pupillo e prof. Ferdinando Leonzio, lanciò un appello al vecchio elettorato del PSI perché votasse L'Ulivo.

433 A Lentini un calo subì FI (21,44 %) allora non radicata nel territorio, anche se da poco era stata costituita una sezione in città, con coordinatrice la dott.ssa Cinzia Chiarenza, la prima donna a ricoprire questo ruolo a Lentini. I „Popo-

Era comunque finito il tempo della stabilità dell'elettorato, quando gli spostamenti di voti erano minimi. La gente cominciava a votare non più secondo le ideologie, ma secondo i programmi dei singoli partiti.

Un nuovo confronto fra i due schieramenti si ebbe qualche mese dopo, in occasione delle elezioni regionali del 16 giugno 1996, per le quali vigeva ancora il vecchio sistema proporzionale che favoriva la presentazione di liste di partito piuttosto che di candidature di coalizione, come invece avveniva per il maggioritario del Parlamento nazionale. Questa volta a vincere fu il centro-destra. A Lentini però le forze rimasero sostanzialmente stabili rispetto alla situazione venuta fuori dalle recenti consultazioni politiche.

Numerosi, nelle varie liste, i candidati lentinesi all'ARS, nessuno dei quali fu eletto[434]: per Rifondazione Comunista (a Lentini l'11,81%) fu presentato il segretario del locale circolo, prof. Pippo Moncada; per Alleanza Nazionale l'ex sindaco geom. Davide Battiato[435]; l'ex sindaco rag. Pippo La Rocca si candidò nella lista dei Cristiano Sociali che, grazie a quella candidatura, raggiunse a Lentini un rilevante risultato (9,35%); per Forza Italia (7,98 %) scese in pista la coordinatrice dott.ssa Cinzia Chiarenza; la lista Noi Siciliani-

---

lari per Prodi" (PPI + PRI + UD) raggiunsero il 4,46 %, CCD e CDU assieme il 2,93 %. Buona l'affermazione di RC (12,85 %).

434 Fu però eletto deputato regionale il carlentinese dott. Sergio Monaco, molto conosciuto e apprezzato a Lentini.

435 Il movimento facente capo a Battiato, „Lentini Insieme", era confluito in AN. Qualche tempo dopo le elezioni lascerà AN e riprenderà la sua autonomia.

FNS[436] (2,16 %) fu rappresentata dalla sig.ra Concetta Diolosà; per la lista „Rete-Verdi-Movimenti Democratici" era in lista il dott. Alfio Saggio, capogruppo di AD nel Consiglio Comunale; infine, per la „Lista Franco Greco"[437] si candidò l'ex vicesindaco Nuccio Fisicaro, consigliere comunale in carica.

Intanto si sviluppava, all'interno del PDS e di tutta la sinistra, a Lentini come in tutt'Italia, un appassionante dibattito sulla cosiddetta „Cosa 2", proposta da D'Alema, cioè su un nuovo soggetto politico che unificasse tutta la sinistra italiana, troppo a lungo dilaniata dalle scissioni.

L'esperienza aveva dunque insegnato qualcosa? Rispondiamo a questo interrogativo come il vecchio, saggio patriarca socialista Francesco De Martino, eminente storico del diritto romano:

> *La storia ci può insegnare quello che non si deve fare. Quello che si deve fare lo dobbiamo inventare noi.*

---

436 Fronte Nazionale Siciliano.

437 Ex senatore socialista.

13 - La Lentini di Raiti - parte seconda (1997-2002)

Enzo Nicotra

Con la *svolta di Fiuggi* del gennaio 1994, la destra lentinese, che alle elezioni comunali del 21 novembre 1993, le prime con l'elezione diretta del sindaco, aveva registrato i minimi storici e sembrava quasi per scomparire[438], ebbe un momento di forte ripresa[439], visibilmente contrassegnato dall'apertura di ben tre circoli[440] di Alleanza Nazionale (AN): uno, presieduto da Davide Battiato ed intitolato a *Turi Neri*, uno dei leader più carismatici del vecchio MSI; un secondo, *Riva Destra*, diretto da Piero Cundari[441] e un terzo (primo in ordine cronologico), guidato dal dott. Sal-

---

438 Il MSI-DN aveva raccolto a Lentini appena il 2,62 % e non era stato in grado né di presentare un candidato sindaco, né di eleggere un consigliere comunale.

439 AN alle elezioni regionali del 16 giugno 1996 raggiunse a Lentini un ottimo 15, 55 %. A Lentini, in quell'occasione, tenne un comizio l'on. Maurizio Gasparri.

440 Il circolo era un modello organizzativo diverso rispetto a quelle delle antiche „sezioni", ed era caratterizzato dalla direzione di un leader molto autorevole e da tutti i soci riconosciuto come tale. Insomma, una specie di „presidenzialismo" applicato ai partiti.

441 Pietro Cundari, imprenditore originario di Messina, aveva aderito al Fronte della Gioventù nel 1978, passando poi al MSI e quindi ad AN. Dopo le regio-

219

vatore Caracciolo, denominato *Onda Nuova*, che sarà il più longevo e quello che assicurerà a Lentini la continuità organizzativa di AN[442].

Nel 1996 si aprì a Lentini anche un circolo del MSI-Fiamma Tricolore, diretto dal dott. Gregorio Manoli (fratello del noto dirigente della destra cittadina, rag. Salvatore Manoli), collaborato da Salvo Rosolino, proveniente dal Fronte della Gioventù e dal MSI. Rosolino nel 1996 si allontanerà dalla politica attiva.

Quest'ultimo circolo durò un paio d'anni.

Anche il PPI, ora diretto, con grande attivismo, dal quadrumvirato Natale Addamo, Sebastiano Butera, Enzo Crisci, Emanuele Sipala era in pieno sviluppo, mentre si preparava ad un importante congresso di stabilizzazione, tanto da produrre un importante documento politico-economico intitolato *L'impegno dei Popolari con la gente*.

Il dibattito a sinistra, sempre condizionato dalla polemica tra fautori e oppositori della giunta Raiti, agli inizi del 1997 era fortemente incentrato sull'appassionante problematica suscitata dalla proposta di D'Alema di invertire il percorso scissionistico che negli scorsi decenni aveva frazionato la sinistra, portandola anche a storiche sconfitte, quali ad esempio il ventennio fascista, e a marciare,

---

nali del 1996 si allontanerà da AN.

[442] Alla testa di questo circolo, che in seguito resterà l'unico di AN, si alterneranno, nel tempo, dopo Caracciolo, Lorenzo Bonaccorsi, Salvo Giuga (commissario), Alfio Scaletta, Nancy Vintaloro, ancora Salvo Giuga (commissario), Pippo Carta, Philly Sferrazzo, di nuovo Pippo Carta, sul finire del 2006 Federica D'Adamo.

invece, verso un nuovo soggetto unificante che raccogliesse le varie articolazioni – partiti, movimenti, gruppi, singoli - in cui essa era divisa, per realizzare un nuovo soggetto aggregante, che veniva indicato come la Cosa 2[443]. Si trattava, in concreto, di promuovere la fusione tra PDS, socialisti, cristiano sociali, repubblicani di sinistra, ecologisti, gruppi, movimenti e persone senza tessera" di varia formazione di sinistra.

Questa tematica suscitò interesse anche a Lentini, dove però l'unico soggetto politico organizzato era il PDS, mentre numerosi erano gli indipendenti di sinistra. Si tratta dunque di riunire ed organizzare questi ultimi, in modo che al momento della fusione, essi potessero compattamente confluire nel nuovo soggetto politico, con un apporto significativo.

Un primo incontro, abbastanza affollato, di indipendenti di sinistra[444] ebbe luogo il 15 gennaio 1997[445]. Molti intervenuti si dichiararono favorevoli all'iniziativa, non senza rinunciare però alle loro ri-

---

[443] Tale appellativo derivava dal fatto che mancava allora una precisa indicazione del nome che avrebbe dovuto assumere il nuovo ipotizzato soggetto unificato della sinistra, com'era già accaduto per quello che era considerato un precedente, poi indicato come „Cosa 1", quando Occhetto propose lo scioglimento del PCI, lasciando indefinito il nome – una „Cosa" generica appunto – da stabilire per il nuovo soggetto che lo avrebbe rimpiazzato, e che sarà poi il PDS.

[444] Detti anche, in senso dispregiativo, *cani sciolti*.

[445] L'iniziativa fu presa dal prof. Ferdinando Leonzio, ex segretario del PSI, col sostegno dell'on. Mario Bosco e del sindacalista UIL Alfio Ira, che però si ritirerà dall'iniziativa già al primo incontro. La riunione si svolse nella sede dell'Ulivo, in Piazza Oberdan, messa a disposizione dall'on. Rino Piscitello (La Rete), deputato del collegio eletto nel 1996.

serve critiche nei confronti del „raitismo" con cui si indicava lo stile di governo del sindaco Raiti, che aveva ormai assunto anche il controllo del PDS.

Fu dunque costituito il „Movimento degli Indipendenti per la Sinistra democratica" (Indipendenti di Sinistra, IS)[446], approvato un documento con cui i presenti e firmatari si impegnavano a *dare il loro modesto apporto alla prossima Costituente del nuovo soggetto politico della sinistra.*

Portavoce venne designato il prof. Ferdinando Leonzio, con la collaborazione del prof. Filadelfo Inserra e dell'avv. Alfio Caruso. Dopo un primo periodo di assestamento e di reclutamento fu indetta una nuova assemblea che elesse un coordinamento di 9 persone, ancora presieduto dal prof. Leonzio, col nuovo titolo di "coordinatore".

Il congresso di sezione del PDS dell'11 e 12 gennaio 1997 per il rinnovo del Comitato Direttivo, caratterizzato dalla pertinace volontà del gruppo dirigente di demolire l'organizzazione giovanile del suo stesso partito, si concluse con la decisione di non far votare i giovani[447], avvalendosi di un cavillo procedurale[448].

---

446 Fra le più significative adesioni: gli ex sindaci Michelangelo Cassarino e Mario Bosco, gli ex assessori Enzo Tondo e Pippo Nicotra, il prof. Paolo Ragazzi, il prof. Pippo Cosentino, l'ins. Maria Rosa Conti, Alessandro Sudano, il dott. Enrico Marilli, la rag. Rosanna Ragazzi ecc.

447 I giovani furono vigorosamente difesi dai membri dell'Associazione Berlinguer, dall'anziano e autorevole militante Cirino Garrasi e, unico del gruppo dirigente, dall'ex sindaco Elio Magnano.

448 Il regolamento congressuale stabiliva che le organizzazioni di base dovevano trasmettere entro il termine stabilito l'elenco dei loro iscritti. La segretaria

A contendersi le 15 poltroncine del Direttivo furono quattro liste: quella presentata da Censabella –Tocco, che ottenne 9 seggi; una, presentata da Angelo Brancato, che ne ottenne 3; una presentata da Alberto Commendatore, dell'„area Monaco" (il deputato regionale), che ebbe due eletti; un'altra, infine, presentata da elementi della „Berlinguer" cui venne attribuito un seggio. Segretario venne eletto, curiosamente, non uno della lista che aveva conquistato 9 seggi e perciò vinto il congresso, ma uno della lista che ne aveva ottenuti 3: Salvatore Di Mari.

Man mano che si avvicinava la data delle nuove elezioni comunali, il clima politico in città si faceva sempre più effervescente, specialmente nello schieramento di sinistra, sempre più diviso tra sostenitori e critici dell'amministrazione Raiti.

Il 28 febbraio 1997, fu organizzato dagli IS un affollato e riuscito convegno pubblico[449] sul tema *Un progetto di sviluppo economico della città*, introdotto dalle brillanti relazioni del dott. Enrico Marilli, del prof. Filippo Motta e del prof. Paolo Ragazzi[450]. Il documento che ne venne fuori costituirà di fatto il programma degli IS. Nello stesso mese di febbraio venne pubblicato un numero unico, tutto in-

---

giovanile, Valeria Di Mauro, non l'aveva fatto, e pertanto i giovani non potevano votare, pur essendo regolarmente iscritti. L'errore di uno ricadeva su tutti. Come dire che se il segretario della sezione in cui era iscritto D'Alema (o Togliatti o Stalin) si fosse dimenticato di trasmettere l'elenco degli iscritti, i capi storici del comunismo non avrebbero potuto votare al congresso da loro convocato!

449 Il convegno si tenne nei locali dell'„Ulivo" che il 15-2-1997 erano stati ufficialmente inaugurati dall'On. Rino Piscitello.

450 Il prof. Paolo Ragazzi lascerà gli IS il 21-6-1997.

centrato sul futuro partito unico della sinistra. *Con tale iniziativa, scriveva il prof. Inserra*[451], *si era voluto dare inizio ad una fase di dibattito e di confronto nella nostra città... dando voce, attraverso loro rappresentanti, ai partiti e ai raggruppamenti dell'area progressista.*

Attivo protagonista della scena politica era diventata AD, sotto la guida del suo dinamico coordinatore Enzo Pupillo, un vero „cavallo di razza"[452] della politica.

Il 16 febbraio 1997 si svolse – organizzato appunto da AD - un riuscitissimo incontro-dibattito intitolato Legalità e sviluppo del territorio, al quale parteciparono i parlamentari ulivisti della zona, Mario Occhipinti, Egidio Ortisi e Rino Piscitello, e l'on. Elio Veltri, ex sindaco socialista di Pavia, che aveva lasciato il PSI ormai da molti anni, in polemica col gruppo dirigente craxiano.

Prima ancora (10 febbraio 1997) AD aveva preso un'iniziativa squisitamente politica: aveva cioè invitato, per 18 febbraio successivo, partiti e movimenti di sinistra ad un incontro per *la formazione di un organismo di coordinamento tra i vari soggetti dell'Ulivo.* L'invito era diretto, oltre che a PDS, PPI e PRI anche all'Associazione „Berlinguer" e agli Indipendenti di Sinistra, che in tal modo vennero catapultati nella politica locale, per dare il loro apporto nel prossimo confronto con la destra, che già si prefigurava assai duro. All'incontro non partecipò però il PDS, sostenendo che la discussione ini-

---

451 Il prof. Filadelfo Inserra in seguito lascerà gli IS. Nella sua carica di vicecoordinatore sarà sostituito dal prof. Michelangelo Cassarino e nel coordinamento degli IS dall'autorevole esponente della sinistra lentinese Enzo Tondo.

452 L'espressione ippica applicata alla politica era stata coniata negli anni '60 del secolo scorso, dall'esponente democristiano Carlo Donat Cattin.

ziale dovesse essere riservata solo ai partiti fondatori dell'Ulivo PDS, PPI e AD. La riunione comunque ebbe luogo e i presenti ritennero necessario elaborare un progetto comune a tutte le forze della coalizione ulivista, primo fra tutti il PDS.

I due circoli „Berlinguer" e „Indipendenti di Sinistra" ritenendo di essere stati discriminati dalla pretesa pidiessina di escluderli dalla discussione preliminare, si riunirono fra loro e convennero sul fatto che si doveva andare oltre la coalizione dell'Ulivo, quindi a un centro-sinistra che comprendesse anche Rifondazione Comunista e Mani Pulite. I quattro raggruppamenti poi (22 febbraio 1997) si riunirono tra loro e decisero di invitare ad una riunione plenaria anche gli altri quattro partiti, cioè PDS, PPI, AD, PRI. Tale riunione si tenne, stavolta con la partecipazione di tutti gli otto raggruppamenti interessati, in particolare del PDS, intervenuto con il suo intero ufficio di segreteria. Nel corso della riunione[453], al di là di tutte le alchimie politiche, dell'abile dialettica e di ogni sofisticata finezza oratoria, emerse chiaramente il punto davvero inconciliabile, che causò la rottura fra il PDS e tutti gli altri.

Il PDS sosteneva che era prassi nazionale costante che il sindaco uscente della coalizione, nel caso di Lentini Turi Raiti, fosse automaticamente ricandidato.

Tutti gli altri osservavano che Raiti, a suo tempo, era stato candidato dal solo PDS e non dalla coalizione dell'Ulivo, che allora neppure esisteva, tanto è vero che gli altri partiti di sinistra presenti nel Consiglio Comunale erano tutti ancora collocati all'opposizione.

---

453 A presiederla fu designato, anche per le sedute successive, il prof. Ferdinando Leonzio.

Pertanto occorreva concordare regole comuni con cui scegliere il candidato-sindaco del centro-sinistra alle imminenti comunali. Questo candidato poteva essere lo stesso Raiti, ma anche un altro. Il PDS, ormai del tutto „raitizzato", però il candidato l'aveva già e non l'avrebbe mollato a nessun costo. Su questo punto, infatti, avvenne la rottura tra il PDS, che abbandonò i lavori, e tutti gli altri gruppi del centro-sinistra, che decisero di costituire un „Coordinamento del centro-sinistra", che continuò, per qualche tempo, a lanciare inutili appelli unitari al PDS.

Nei mesi seguenti continuò freneticamente l'attività politica cittadina.

Il 21 marzo 1997 si tenne un'assemblea aperta dell'Associazione Berlnguer, alla quale aveva intanto aderito Elio Magnano, sul tema *Ruolo e obiettivi dell'Associazione nell'attuale fase politica*. Fra i presenti molti esponenti della Sinistra Giovanile che, ormai in aperta polemica col gruppo dirigente pidiessino, aveva lanciato un suo volantino dal significativo titolo *La Sinistra Giovanile dice NO alla linea isolazionista del gruppo dirigente del PDS*. L'Associazione promosse anche un dibattito sull'attualità del pensiero politico di Enrico Berlinguer, a cui intervenne l'on. Aldo Tortorella della Direzione nazionale del PDS.

Il 25 marzo 1997 l'assemblea degli Indipendenti di Sinistra deliberò la partecipazione diretta alle future elezioni amministrative.

Una conferenza-dibattito fu organizzata dal PPI su *I cattolici democratici verso il terzo millennio: il ruolo dei Popolari nel confronto con le forze politiche dell'Ulivo per una nuova politica sociale*. Un'importante relazione sul tema fu tenuta dall'on. Carmine Galloni, già illustre esponente della sinistra democristiana.

Il 6 aprile 1997 si tenne il congresso di zona del Centro Cristiano Democratico CCD (segretario Alberto Di Mari).

Il 24 aprile successivo ebbe luogo, su iniziativa di Rifondazione Comunista, un'assemblea pubblica sul tema *Lavoro e occupazione in Sicilia*, con l'intervento del segretario regionale Francesco Forgione.

Il 5 giugno si costituì la sezione di „Rinnovamento italiano", con segretario il prof. Delfino Aurora.

Il 2 maggio, intanto, aveva avuto luogo, su iniziativa del Coordinamento del centro-sinistra, una pubblica conferenza-dibattito, presieduta dal dott. Alfio Saggio (AD), con una relazione introduttiva letta da Carlo Vasile (MP), sul tema *Verso la costruzione del centro-sinistra – Idee guida per il buon governo della città*.

Una volta elaborato il programma, il centro-sinistra dovette affrontare il problema della candidatura a sindaco. Il nome che prese a circolare più di ogni altro fu quello dell'on. Bosco, sia per le riconosciute capacità dell'uomo, sia per il prestigio che gli derivava dall'essere stato deputato regionale e sindaco di Lentini; ma non senza qualche mugugno e qualche riserva e addirittura col ritiro dalla coalizione di Mani Pulite, contraria sia alla candidatura Raiti che a quella Bosco. La proposta ufficiale[454] per Bosco partì dagli IS, di cui egli era autorevole componente, e fu unanimemente accolta dall'Associazione „Berlinguer". Quest'ultima associazione era, per la

---

454 Essa fu sostenuta particolarmente dal coordinatore prof. Ferdinando Leonzio e dall'avv. Alfio Caruso. Fu ratificata dall'Assemblea plenaria degli IS il 30-6-1997.

maggior parte, composta da militanti del PDS, i quali, per disciplina di partito, avrebbero dovuto sostenere Raiti, mentre come membri dell'associazione avrebbero dovuto battersi per Bosco. Scelsero tutti di continuare ad appoggiare il candidato Bosco e di lasciare, di conseguenza, il PDS. Non senza qualche sofferenza lasciarono il partito non solo iscritti da poco tempo, ma anche vecchi militanti come Franco Giuliano, Elio Magnano, Carmelo Giudice[455] e la grande maggioranza della Sinistra Giovanile. Il 30 luglio 1997 la candidatura dell'on. Bosco fu alfine accettata da tutti i gruppi del centro-sinistra.

Con l'uscita dei diessini della „Berlinguer" dal partito, la loro organizzazione divenne quasi un doppione degli Indipendenti di Sinistra, con cui essa condivideva totalmente le finalità generali e la collocazione elettorale. Appariva dunque naturale unire le forze e avviare un processo di fusione fra le due organizzazioni.

La proposta, avanzata dagli IS, divise però la „Berlinguer" tra „fusionisti" e "autonomisti", ma alla fine, soprattutto per l'intervento dell'on. Bosco, acceso fautore della fusione, questa ebbe luogo nel corso di un'affollatissima assemblea plenaria tenuta il 3 settembre 1997[456].

Fu dunque costituito un nuovo movimento per cui venne scelto il nome di „Progressisti Unitari", che si richiamava ai valori tradizionali della sinistra nel quadro del socialismo europeo, con simbolo

---

455 Il prof. Carmelo Giudice era stato, per molti anni, dopo la morte di Delfino Tomasello, il cassiere del PCI di Lentini.

456 La presiedeva il presidente della „Berlinguer" dott. Nuccio Portera, con la collaborazione del prof. Cassarino, vicecoordinatore degli IS.

una bandiera rossa stilizzata e una rosa rossa, con la scritta „Progressisti Unitari" (PU). Presidente fu eletto il prof. Ferdinando Leonzio[457]; fu eletto anche un direttivo di 22 componenti[458], a maggioranza della „Berlinguer".

In sede di approvazione dello Statuto si verificò tuttavia una spaccatura, che non sarà più sanata[459], sulla strategia generale del movimento.

La maggioranza degli iscritti, costituita dagli ex aderenti agli IS e dalla corrente „fusionista" della „Berlinguer", guidata dal suo ex presidente Portera, considerava l'impegno elettorale come „un incidente di percorso"[460], cioè come un momento di impegno, a cui non ci si poteva sottrarre, ma che non era lo scopo principale dei PU, che restava il partito unico della sinistra, la famosa e fumosa Cosa 2. Per la minoranza, per lo più composta da ex comunisti, legati alla loro militanza nel PDS, le elezioni erano l'occasione fondamentale con cui affermare determinati principi e poter rientrare a

---

457 Il prof. Leonzio era stato in precedenza designato candidato unico alla presidenza. Egli non aveva però accettato, come propostogli, un'elezione „per applauso" e aveva preteso una più democratica elezione a scrutinio segreto. Fu eletto col 70 % dei voti, a riprova del fatto che c'era qualche riserva mentale, forse degli ex comunisti, per la sua provenienza socialista.

458 A cui si dovevano aggiungere due rappresentanti della Sinistra Giovanile, ora coordinata da Aurora Terranova. Vicepresidenti furono eletti il prof. Michelangelo Cassarino e l'universitario Mario Russo; tesoriere Aurora Terranova.

459 L'ex sindaco Elio Magnano non volle accettare alcun ruolo e Franco Giuliano non partecipò più ad alcuna riunione.

460 Espressione di Enzo Tondo.

pieno titolo nel PDS. Tale posizione trovò il suo leader proprio nell'on. Bosco, candidato del movimento e della coalizione alle imminenti elezioni.

In un movimento, basato interamente sul volontariato, furono in molti a sostenere di non volersi sentire declassati a „comitato elettorale" di Bosco o di chicchessia[461].

La scissione, male endemico della sinistra, era nell'aria. Intanto il centro-sinistra, così faticosamente costruito, cominciava a sgretolarsi.

Acque agitate anche nel PPI. Il gruppo dirigente di Lentini (il „quadrumvirato") era stato messo, in seguito alla presa di posizione della sua Federazione provinciale, contraria alla candidatura Bosco, con le spalle al muro: o allinearsi alla volontà del partito e lasciare Bosco o rimanere fedele al percorso che liberamente aveva scelto e che lo aveva portato ad appoggiare Bosco, promuovendo un'improbabile scissione dagli esiti incerti. Ma il PPI di Lentini non aveva nessuna volontà di recidere i legami col partito, tanto più che la Federazione offrì una via d'uscita ai lentinesi: presentare una candidatura propria. Sarà quella, molto forte, dell'ex sindaco Pippo La Rocca.

Il PRI, che a Lentini si era quasi liquefatto, decise di non presentare alcuna lista. Alcuni esponenti si presenteranno in quella di Rinnovamento Italiano.

Il centro sinistra non era più tale, perché non c'era più il centro, dopo l'abbandono di MP e del PPI. Elio Magnano ed altri, ormai in

---

461 Sorprendente la reazione negativa a quella fusione da parte di RC, che rifiutò persino un incontro coi PU.

dissenso con la maggioranza del movimento, si fecero promotori di una scissione dei PU e si diedero ad organizzare una propria lista.

Poiché l'on. Bosco non volle sconfessare la scissione, i PU decisero di non presentarsi alla competizione elettorale, essendo ormai ristrettissimi i tempi occorrenti per organizzare una lista. Anzi al loro interno insorsero malintesi tali da indurre il prof. Leonzio a rassegnare le dimissioni. Da allora il movimento fu diretto, con impegno e serietà, dal vicepresidente Mario Russo[462]. Il movimento degli IS deliberò dunque di astenersi dalla partecipazione diretta alle elezioni, di lasciare liberi i propri aderenti, ormai ridottisi ad una quarantina, di candidarsi in qualunque lista di sinistra[463] e agli iscritti di votare per una lista di sinistra[464].

In un quadro politico profondamente mutato rispetto a quello di partenza, si presentarono ben 9 candidati a sindaco e 18 liste per il consiglio comunale:

---

462 L'altro vicepresidente, il prof. Cassarino, aderì alla lista degli scissionisti.

463 Se ne avvalsero due iscritti: Giuseppe Sanfilippo, ex presidente della „Berlinguer", che si candidò col PDS e Valeria Di Mauro, ex segretaria della Sinistra Giovanile, che si candidò con i „Democratici per Lentini", lista formatasi attorno alla candidatura a sindaco dell'ing. Cillepi.

464 I Progressisti Unitari intervennero nella campagna elettorale solamente con un volantino, evidentemente finalizzato a distinguersi dalla lista dei "Progressisti" (capeggiata dallo stesso Mario Bosco) in cui si diceva: "I progressisti Unitari non fanno parte della coalizione di destra-sinistra che va da Lentini Insieme a Rifondazione Comunista".

Turi Raiti, sostenuto dal PDS[465], dai Verdi[466], da Mani Pulite e dal SI[467], che al primo turno ottenne il 32 % ed andò al ballottaggio;

Mario Bosco, che raggiunse il 23,9 %, classificandosi secondo e andando perciò al ballottaggio, era stato appoggiato da AD, RC[468], Rinnovamento Italiano, Lentini Insieme[469], Progressisti[470];

Salvatore Chiarenza (12 %), sostenuto dalla lista di FI e da quella di AN;

Luigi Messina, espressione delle liste del CCD e del CDU, che ottenne l'8,7 %;

---

465 La lista comprendeva alcuni indipendenti, fra cui Paolo Di Falco, uscito da RC in polemica con la segreteria del prof. Moncada.

466 Coordinatrice ne era Elena Pisano.

467 Il SI (Socialisti Italiani) era stato costituito a Lentini da Alfio Ira, assessore uscente della giunta Raiti.

468 Nella lista, capeggiata dal prof. Pippo Moncada, erano candidati l'ex segretario Andrea La Ferla e Ciccio Marino, ex consigliere del PSI.

469 Lentini Insieme era il movimento diretto da Davide Battiato, ex sindaco dc ed ex candidato alle regionali per AN.

470 Questa la denominazione assunta dal gruppo scissosi dai PU. La lista omonima comprendeva, tra gli altri, il prof. Michelangelo Cassarino, il prof. Pippo Cosentino, Elio Magnano, Pippo Nicotra. Essa aveva come simbolo la Sicilia con un'arancia.

Agostino Guercio (7,3 %), sostenuto dalla lista-movimento „Rinnovare Lentini";

Pippo La Rocca, candidato dal PPI[471], che ottenne il 7,2 %;

Cirino Cillepi (6,1 %), collegato alla lista „Democratici per Lentini"[472];

Salvatore Oddo (3,7 %), sostenuto dalla lista „Noi Siciliani";

Concetta Diolosà (1,1 %), sostenuta dalla lista „Alleanza per la Sicilia Democratica nel mondo".

Al ballottaggio del 30 novembre 1997, anche il PPI e i „Democratici per Lentini" si schierarono per Raiti, che vinse con largo margine (61,44%). Con Bosco (38,56 %) al secondo turno si schierò anche il movimento „Rinnovare Lentini".

I 20 seggi del Consiglio Comunale furono così assegnati: alle liste che avevano sostenuto Raiti: PDS, primo classificato fra i partiti

---

471 La lista, capeggiata dal dott. Enzo Crisci, comprendeva esponenti della vecchia DC, come Natale Addamo e Carmelo Russo, e giovani del nuovo PPI.

472 Del movimento „Democratici per Lentini", oltre l'ing. Cirino Cillepi, indipendente di sinistra di formazione cattolica, facevano parte il prof. Delfo Inserra, il prof. Paolo Ragazzi. Il prof. Saro Siracusano, prestigioso presidente del „Tribunale del Malato" e il dott. Virgilio Gionfriddo. La lista, con tutta evidenza, voleva offrire un'alternativa a quanti, nella sinistra, non si riconoscevano né in Raiti, né in Bosco.

(16,3 %), andarono 5 seggi[473]; 2 andarono al SI (5,9 %)[474]; 1 a Mani Pulite[475]; 3 al PPI[476] (11,2 %); 1 ai „Democratici per Lentini"[477].

Delle liste sostenitrici di Bosco ottennero seggi: 1 AD-Rete[478] (4,3 %); 1 RC[479] (6,7 %); 1 Rinnovamento Italiano[480]; 1 „Lentini Insieme"[481]; 1 andò ai "Progressisti"[482]; 1 a „Rinnovare Lentini"[483].

---

473 Lidia Costanzo, che essendo stata nominata assessore, lasciò il seggio in Consiglio Comunale al dott. Santo Ragazzi, Nello Saccuzzo, amatissimo dirigente sindacale della CGIL di formazione socialista, Angelo Celso, decano del Consiglio Comunale, Paolo Di Falco (ind.), che successivamente rientrerà in RC e Alfio Siracusano (ind., da non confondere con l'omonimo professore e scrittore). Curioso che dei cinque consiglieri ottenuti dal PDS, partito ex comunista, tre (Ragazzi, Saccuzzo e Celso) erano di provenienza socialista e due indipendenti.

474 Il geom. Angelo Maenza e il dott. Franco Sferrazzo.

475 Il tecnico di radiologia Carlo Vasile.

476 Il dott. Enzo Crisci che, entrato in giunta, lascerà il seggio in Consiglio Comunale a Natale Addamo, il prof. Carmelo Grasso, che sarà eletto presidente del Consiglio Comunale, e il rag. Umberto Ferriero, capogruppo.

477 Il prof. Delfo Inserra. Il movimento guidato da Cillepi per un certo periodo, aderirà a „I Democratici" (con simbolo l'asinello). Ripresa la sua autonomia il movimento di Cillepi si ricostituirà col nome di „Circolo Agorà", cui Inserra aderirà.

478 Salvatore Costantino Muccio.

479 Francesco Marino, smentendo tutte le previsioni che erano state per il segretario del partito Pippo Moncada. Successivamente Marino lascerà RC.

480 L'ex vicesindaco geom. Alfio Mangiameli.

481 Il prof. Renato Marino, che poco dopo l'insediamento del Consiglio Comunale, aderirà al PPI.

482 Il dott. Antonino Sferrazzo.

Delle altre liste, 1 seggio ottenne FI[484] (8,1 %) e 1 seggio andò ad AN[485] (4,57 %).

Raiti, che nella sua prima sindacatura aveva scelto assessori solamente del PDS o indipendenti, questa volta nominò una giunta interamente politica[486].

Le scelte iniziali non furono però definitive, per cui la composizione dell'esecutivo cittadino nel corso della legislatura subì molte variazioni, anche per il continuo mutare del quadro politico generale, dovuto ai vari cambiamenti nei gruppi consiliari, provocati dagli spostamenti di molti consiglieri comunali e dalle alchimie politiche dei partiti[487].

---

483 Il *leader* Agostino Guercio che, in seguito, col suo movimento, aderirà a RC, per riprendere poi la sua autonomia e successivamente confluire nel CDU.

484 Renzo Vinci, che in seguito aderirà ai DS.

485 L'avv. Salvo Giuga, che sarà eletto vicepresidente del Consiglio Comunale. L'avv. Giuga aveva aderito giovanissimo al Fronte della Gioventù, operando essenzialmente nell'ambiente studentesco. Nel 1994 si era iscritto ad AN, del cui circolo diverrà, in seguito, per due volte, commissario.

486 Enzo Crisci (PPI), vicesindaco, Lidia Costanzo (PDS), Alfio Ira (SI), Rita Brancato (Verdi), Alessio Aloisi (MP), Paolo Ragazzi (Democratici per Lentini).

487 Essendo impossibile, nel ristretto spazio di un articolo, riferire in dettaglio sulle continue composizioni e scomposizioni dei gruppi consiliari, non resta all'autore che rinviare a un suo precedente lavoro: „Ferdinando Leonzio *Alchimie, vademecum politico leontino 1997-2002*, Edizioni Ddisa 2002", ormai rintracciabile solo nella Biblioteca Comunale di Lentini o presso l'Editore. Qui basti dire che, nel corso delle sue due sindacature, Raiti ebbe ben 27 assessori, fra cui sei vicesindaci (Lidia Costanzo, Enzo Crisci, Alfio Ira, Renato Marino, Salvatore Maddalena, Enzo Pupillo).

Mutamenti significati si ebbero anche sulla scena politica nazionale. Si concluse anche il cammino verso la formazione del partito unico della sinistra, riuscita molto parzialmente, con la costituzione (febbraio 1998) dei Democratici di Sinistra (DS)[488].

Nello stesso mese di febbraio nacquero, su impulso di Francesco Cossiga, l'Unione Democratica per la Repubblica (UDR)[489] e, ad iniziativa di Antonio Di Pietro, l'Italia dei Valori[490].

Il 10 maggio 1998 dalla fusione tra il SI di Enrico Boselli, l'ala sinistra del PS[491], facente capo a Ugo Intini, una minoranza della Federazione Laburista contraria alla confluenza nei DS (Alberto Benzoni) e ciò che rimaneva del PSDI, con in testa il segretario Gianfranco Schietroma, nacque lo SDI (Socialisti Democratici Italiani).

L'11 ottobre 1998 RC subì una scissione che diede vita al Partito dei Comunisti Italiani (PdCI)[492], guidato da Oliviero Diliberto.

---

488 I DS nacquero dalla fusione tra varie forze politiche: PDS, „Democratici, Socialisti e Laburisti", guidati Da Valdo Spini e Giorgio Ruffolo, Cristiano Sociali (Pierre Carniti), Comunisti Unitari (Sergio Garavini e Famiano Crucianelli), Repubblicani di Sinistra (Giorgio Bogi). A Lentini si ebbe solo la confluenza dei Progressisti Unitari, i quali però, dopo qualche mese, si disperderanno.

489 Dopo qualche tempo, però, il gruppo facente capo a Clemente Mastella si separò e diede vita all'Unione Democratica per l'Europa (UDEUR).

490 A Lentini sorgerà in seguito alla confluenza di AD-Rete, guidata da Enzo Pupillo e, per un certo periodo, di Mani Pulite di Alessio Aloisi.

491 L'ala destra, invece, entrerà nell'orbita del Polo. A Lentini sarà suo coordinatore Melo Spadaro.

492 A Lentini lasciarono RC i due ex segretari Andrea La Ferla e Pippo Moncada. Segretario di RC diventerà Alfio Strano, fratello minore del carismatico *leader* contadino Mario.

Le elezioni provinciali del maggio-giugno 1998 registrarono un successo per i DS che ottennero l'elezione di Bruno Marziano a presidente della provincia[493] e la conferma a primo partito di Lentini col 18, 37 %, seguito dal PPI col 18,12 %.

In quella tornata elettorale furono presenti, nelle varie liste, molti lentinesi: per il CDU di Buttiglione (4,68 %) fu candidato l'ex sindaco prof. Nino Mazzone, per FI (10,73 %) era in lista il dott. Franco Rossitto, futuro sindaco di Lentini; per lo SDI (14,71 %) fu eletto il geom. Alfio Mangiameli, cugino ed omonimo del consigliere comunale. In seguito egli lascerà lo SDI, per aderire alla Margherita: anche lui sarà sindaco di Lentini; per i DS fu eletto lo storico prof. Cirino Gula; per il PPI furono eletti il dott. Sebastiano Butera e l'imprenditore Enzo Reale, che successivamente passerà a Democrazia Europea.

In pieno sviluppo apparve, nel periodo successivo, l'area di centro, interamente occupata dagli ex democristiani. Il PPI, in particolare, che al primo turno aveva presentato un proprio candidato (Pippo La Rocca) e al secondo sostenuto Raiti, poteva contare su cinque consiglieri[494] sui venti del Consiglio Comunale, sul vicesindaco (Enzo Crisci) e su due consiglieri provinciali (Butera e Reale). Il congresso sezionale del 18 ottobre 1998 elesse un direttivo di 21 componenti, da cui fu, a sua volta, eletto il nuovo segretario, il dott. Gaetano Conti.

---

493 Marziano fu eletto col 61,77 % in tutta la provincia e col 71,37 % a Lentini.
494 Natale Addamo, Carmelo Grasso e Umberto Ferriero, più i due in seguito confluiti: Francesco Marino e Renato Marino.

Nel CCD inizialmente si ritrovarono molti big della vecchia DC, come gli ex sindaci Giacomo Capizzi, Pippo La Rocca e Nino Mazzone e l'ultimo reggente della sezione Salvatore Martines. Raggiunse anch'esso un certo rigoglio quando ne divenne coordinatore Alberto Di Mari, che riuscì, il 6 aprile 1997, ad organizzare a Lentini un congresso di zona. Del CCD fecero pure parte l'ex sindaco Gianni Cannone, divenuto membro del Comitato Regionale del partito, e l'ex assessore Carmelo Russo. Nel 2001 ne diventerà coordinatore il rag. Umberto Ferriero, fino alla confluenza del partito nell'UDC, assieme a CDU e DE.

Il CDU, fondato, in seguito ad una spaccatura del PPI, da Rocco Buttiglione nel marzo 1995, a Lentini apparve nel 1997 in occasione delle elezioni comunali, in cui sostenne l'ing. Luigi Messina. Il partito a Lentini non contava però grossi nomi, ad eccezione del prof. Nino Mazzone, candidato alle provinciali del 1998.

Nell'ottobre 1999 vide la luce in Italia un nuovo soggetto politico, con simbolo un asinello[495], denominato "I Democratici"[496]. A Lentini entrarono a farvi parte due raggruppamenti: quello guidato da

---

495 Nome e simbolo erano ripresi dal Partito Democratico statunitense.

496 Vi confluirono : *Centocittà*, movimento di sindaci ulivisti, come Enzo Bianco di Catania e Francesco Rutelli di Roma; La Rete di Leoluca Orlando; il Movimento per l'Ulivo di Marina Magistrelli; l'Unione Democratica di Antonio Maccanico e l'Italia dei Valori di Antonio Di Pietro, che però se ne distaccherà il 6-5-2000. Il gruppo di Enzo Pupillo non seguirà questa scissione e rimarrà ne „I Democratici", mentre nella risorta IdV rientrerà Mani Pulite di Alessio Aloisi, che in seguito ne uscirà per la seconda volta. Allora l'IdV di Lentini sarà guidata dalla coordinatrice Federica D'Adamo, assessore della giunta Raiti.

Enzo Pupillo, proveniente da AD, poi confluita nell'Italia dei Valori e, per un breve periodo, quello che si riconosceva nell'ing. Cirino Cillepi, cioè i „Democratici per Lentini". Coordinatore de „I Democratici" divenne il drammaturgo Enzo Caruso.

Le elezioni europee del 13 giugno 1999 confermarono il quadro politico lentinese, col centro-sinistra che superava il centro-destra, coi DS primo partito (18,28 %) della sinistra, FI in crescita (19,91 %) e con l'area di centro dominata dal PPI (9,71 %).

Il 25 gennaio 2001 il consigliere Agostino Guercio e il suo movimento aderirono al CDU.

L'11 febbraio 2001 fu fondato da Sergio D'Antoni, ex segretario nazionale della CISL, un raggruppamento centrista, Democrazia Europea (DE), con l'ambizione di costituire un polo di centro, alternativo sia a quello di centro-sinistra (Prodi), che a quello di centro-destra (Berlusconi). A Lentini DE ebbe un momento di forte visibilità quando vi aderirono il consigliere provinciale Enzo Reale e i consiglieri comunali Carmelo Grasso, Francesco Marino (poi passato a FI) e Umberto Ferriero (poi passato al CCD).

Per quanto riguarda AN, pur riconoscendosi tutti nella forte leadership di Gianfranco Fini, al suo interno cominciava a farsi sentire, ai vari livelli, il peso dei cosiddetti „colonnelli".

A Lentini, il 24 febbraio 2002, dal congresso cittadino fu eletto presidente del circolo il dott. Pippo Carta, ma la componente che si riconosceva nelle posizioni del dott. Filadelfo (Philly) Sferrazzo contestò la validità della votazione; di conseguenza, in pendenza di ricorso, la gestione della campagna elettorale per le imminenti elezioni comunali fu affidata al consigliere provinciale Biagio Saitta. In seguito, gli organi preposti del partito accolsero le motivazioni dei ricorrenti e come presidente di circolo fu insediato il dott. Philly Sferrazzo.

Alle elezioni politiche del 13 maggio 2001 si fronteggiarono lo schieramento di centro-destra, la „Casa delle Libertà"[497], guidato da Silvio Berlusconi e il centro-sinistra[498], guidato da Francesco Rutelli. Correvano per conto proprio Rifondazione Comunista e Italia dei Valori.

La vittoria arrise al centro-destra e Berlusconi tornò al governo.

A Lentini i DS ottennero un risultato deludente (12,70 %) e furono superati dalla Margherita (20 %); FI si classificò primo partito (28,59 %). Un certo successo riscosse DE, dovuto al fatto che nelle sue file era entrato il consigliere provinciale Enzo Reale e che alla Camera era candidato il sindaco di Carlentini Mario Battaglia.

Anche le successive elezioni regionali, avvenute per la prima volta con l'elezione diretta del Presidente della Regione, furono vinte dal centro-destra. Fu eletto Totò Cuffaro col 59,1 % e la Casa delle Libertà conquistò 56 seggi sui 90 dell'ARS[499].

---

497 Ne facevano parte FI, AN, CCD, CDU, Lega Nord, UPR, PRI, Nuovo PSI, Nuova Sicilia.

498 Il centro-sinistra era articolato in quattro liste: 1 - DS; 2 - la Margherita (cartello elettorale fra PPI, I Democratici, Rinnovamento Italiano, UDEUR); 3 – "Il Girasole (alleanza elettorale tra lo SDI e i Verdi); 4 – PdCI.

499 Nel corso della legislatura, per surroga di Antonino Croce, deceduto, entrerà all'ARS il lentinese on. Nello Neri, ex deputato nazionale (1994, 1996).

A Lentini la Casa delle Libertà mantenne la maggioranza, all'interno della quale, però, FI venne alquanto ridimensionata (13,73 %) e primo partito del centro-destra divenne il CDU, per il fondamentale apporto di Agostino Guercio e del suo movimento, che vi erano confluiti. I DS aumentarono di qualche punto percentuale (14,82 %), grazie alla candidatura del sindaco Raiti[500].

Molti, in quell'occasione, i lentinesi scesi in campo nelle varie liste per i seggi all'Assemblea Regionale Siciliana: Federica D'Adamo (IdV), Alberto Di Mari (CCD), Nunzio Dolce (CDU), Salvo Giuga (AN)[501], Angelo Maenza (SDI), Elena Pisano (ind. PdCI), Turi Raiti (DS), Alfio Strano (RC).

Nessuno di loro fu eletto.

Dopo le elezioni regionali varie modifiche si registrarono nella parte centrista di ambedue gli schieramenti.

In quello di centro-sinistra prese piede l'idea di trasformare la Margherita da semplice cartello elettorale in un unico partito. Al progetto aderirono[502] il PPI, „I Democratici" e Rinnovamento Italiano che, col congresso di Parma del 23 marzo 2002, si unificarono, dando vita a „Democrazia è Libertà-La Margherita" (DL), più

---

500 Raiti, su 1516 voti di lista, a Lentini ottenne 1032 preferenze. Ma il carlentinese Sergio Monaco, nel 1996, ne aveva ottenuto 2002.

501 L'avv. Giuga conseguì a Lentini un ottimo risultato: 497 voti di preferenza sui 1057 di lista ottenuti da AN (10,34 %).

502 L'UDEUR di Mastella, che aveva fatto parte del cartello elettorale, preferì, invece, mantenere la sua autonomia.

brevemente conosciuta come La Margherita, con leader Francesco Rutelli.

A Lentini il nuovo partito sarà diretto dall'ing. Natale Vinci, poi sostituito dal prof. Silvio Pellico.

Sull'altro versante della scena politica centrista si registrò un forte riavvicinamento tra CCD, CDU e DE[503], avendo quest'ultima preso coscienza dell'impossibilità di creare un centro in grado di competere con la sinistra e con la destra, considerata la polarizzazione ormai radicata nel sistema politico italiano. Nell'assemblea congiunta dei tre partiti, tenuta a Roma il 20 aprile 2002, fu decisa dunque la loro fusione in un nuovo soggetto politico denominato Unione dei Democratici Cristiani e dei Centristi (UDC).

La decisa fusione, e quindi la necessità di presentare un'unica lista alle imminenti comunali[504], fu causa di qualche difficoltà nei tre partiti ex democristiani di Lentini, che avevano già avviato il processo di formazione delle rispettive liste. Un'altra difficoltà era dovuta al fatto che, mentre l'UDC si collocava nel centro-destra, il consigliere provinciale di DE Enzo Reale appoggiava la giunta provinciale di centro-sinistra, di cui faceva parte come assessore, per DE, il prof. Corrado Magnetti.

Questi i gruppi presenti in Consiglio Comunale allo scadere della legislatura:

---

503 A Lentini erano coordinatori dei tre partiti rispettivamente il rag. Umberto Ferriero, il maresciallo Agostino Guercio e il prof. Gaetano Sferrazzo.

504 Le elezioni per il rinnovo del sindaco e del Consiglio Comunale erano state fissate per il 26-27/5/2002. Raiti, secondo la legge, non era più candidabile, avendo governato per due legislature.

In sostegno della giunta Raiti:

1 – DS: Maria Nigro, Franco Raiti, Nello Saccuzzo, Renzo Vinci.

2 – Margherita: Natale Addamo, Salvatore Costantino Muccio, Alfio Mangiameli.

3 – Indipendente: Carlo Vasile.

All'opposizione:

1 – Mani Pulite: Guido Mirisola.

2 – Rifondazione Comunista: Paolo Di Falco.

3 – Circolo Agorà[505]: Delfo Inserra.

4 – SDI[506]: Angelo Maenza, Pippo Nicotra.

5 – Nuovo PSI[507]: Angelo Celso

6 – UDC: Agostino Guercio, Umberto Ferriero, Carmelo Grasso.

7 – FI: Francesco Marino, Franco Sferrazzo[508].

8 – AN: Salvo Giuga.

Alla vigilia delle nuove elezioni comunali la giunta Raiti risultava così composta[509]: Turi Raiti (sindaco), Lidia Costanzo, Salvatore Di

---

505 Il suo scioglimento era però stato annunciato il 5-4-2002.

506 La sezione dello SDI, dopo le dimissioni del segretario avv. Alfio Bellardita, era coordinata direttamente dal segretario regionale, on. Raffaele Gentile, con la collaborazione di Pippo Nicotra e Santo Ragazzi.

507 Suoi *leader* a Lentini erano Franco Lipari e Melo Spadaro. Ne faceva parte Nuccio Fisicaro.

508 Il dott. Franco Sferrazzo aveva lasciato lo SDI contemporaneamente all'ex leader della sezione di Lentini, Alfio Ira, che si era dimesso dalla giunta Raiti e dal suo partito e successivamente aveva aderito a FI.

Mari (DS), Enzo Pupillo (vicesindaco), Silvio Pellico (La Margherita), Antonino Sferrazzo (indipendente).

La legislatura che aveva accompagnato Lentini nella transizione dalla Prima alla Seconda Repubblica, stava chiudendosi contrassegnata da un clima di generale malessere e di diffidenza nei confronti della „classe politica", spesso in preda ad incomprensibili contorcimenti, e di partiti, a volte ridotti a sole sigle, fra cui era diventato difficile destreggiarsi...[510]

---

509 Il sesto assessore, la sig.ra Federica D'Adamo, si era dimesso poco prima delle elezioni e non venne sostituito.

510 Sulla Lentini di Raiti si veda l'autobiografia politica di quest'ultimo *Il sindaco Turi Raiti racconta*, Morrone editore, 2015, e la recensione di Ferdinando Leonzio *Un importante contributo storico*, pubblicata il 4-11-2017 su Girodivite (giornale online).

14 - Lentini dalla Storia alla Cronaca: 2002-2006

Nello Neri

Man mano che si avvicinava la data delle elezioni comunali del 26 e 27 maggio 2002, sempre più chiaramente si percepiva nell'aria l'imminente sconfitta della sinistra lentinese, troppo spesso condizionata da logoranti alchimie e organigrammi, mentre si avviava a conclusione il decennio raitiano, durante il quale si erano verificati scissioni, fusioni, confluenze, rotture, traslochi, mutamenti di partito e di schieramento, mozioni, dichiarazioni, comunicati, servilismo, orgoglio, rancori, ambizioni, illusioni, delusioni, colpi di scena e di teatro.

In fondo, da questo magma brulicante di personaggi di tutte le dimensioni e qualità, la figura che sulle altre emergeva era proprio quella del „Grande Timoniere", che aveva guidato, con mano ferma, la Città nella difficile transizione dalla Prima alla Seconda Repubblica.

Il sindaco Raiti, che non aveva mai dimenticato la sua origine sindacale, che gli consentiva un facile approccio con i lavoratori più umili, anche se come amministratore aveva avuto una platea equamente divisa tra estimatori osannanti o interessati e critici impietosi o rancorosi, si era comunque rivelato un grande psicologo che sapeva toccare le corde più intime dei vari politici, difendendo strenuamente il suo ruolo, del resto conquistato con elezioni democratiche, ma anche manifestando un affettuoso attaccamento alla sua Città. Egli usciva di scena probabilmente con l'intima convinzione che forse un giorno sarebbe stato rimpianto di fronte al nullismo politico, alla decadenza culturale, alla crisi economica, al deperimento democratico che avrebbero insidiato, pur senza riuscire a distruggerlo, il futuro della Città di Gorgia e di Jacopo.

A contendersi la poltrona di sindaco furono quattro candidati, di cui solo due con reali possibilità di vittoria[511].

Per il centro-destra, che finalmente era riuscito a superare le precedenti divisioni, la scelta cadde sul dott. Francesco (Franco) Rossitto, ex democristiano, per cui si schierarono il suo nuovo partito di appartenenza Forza Italia, Alleanza Nazionale, l'UDC[512], il Nuovo PSI (NPSI)[513], i Liberalsocialisti[514] e Nuova Sicilia.

---

[511] Lo scrutinio, per la prima volta a Lentini, verrà seguito dagli uffici elettorali dei due maggiori schieramenti con postazioni collegate, via internet, con il sito ufficiale del Ministero degli Interni.

[512] L'UDC era ormai percepito come il legittimo erede della vecchia DC, da quando i Popolari si erano diluiti nella Margherita.

[513] Il giorno stesso dello scioglimento del PSI (13-11-1994) l'estrema destra craxiana del partito formò il Partito Socialista Riformista (PSR), che il 24-2-1996 confluì nel Partito Socialista (PS); quest'ultimo il 19-1-2001, fondendosi con la Lega Socialista, diede vita al Nuovo PSI, collocatosi subito dopo nella "Casa delle Libertà" di Berlusconi (centro-destra).

Rossitto, il cui slogan elettorale era stato *Un voto per cambiare. Fare grande Lentini*, fu eletto trionfalmente (61,06 %) al primo turno.

I partiti a lui collegati ottennero tutti una rappresentanza consiliare. FI (15,23 %), il partito del sindaco, conquistò 3 seggi[515]; Alleanza Nazionale confermò il suo seggio[516]; l'UDC, nell'occasione divenuta primo partito a Lentini (23,49 %), grazie alla sua fortissima lista e all'impegno entusiasta dei militanti e dei candidati, ne ottenne ben 6[517]; 1 seggio ciascuno conquistarono il Nuovo PSI[518] (4,09 %), i Liberalsocialisti[519] (6,90 %) e Nuova Sicilia[520] (5,37 %).

Per il centro-sinistra, la candidatura, dopo dieci anni di sindacatura del PSD/DS, fu assegnata ad uno dei più validi esponenti della Margherita, l'agronomo Sebastiano Butera (35,23 %), appoggiato dai DS, da due liste presentate dal suo partito per ragioni tattiche, cioè „La Margherita per la Sicilia con Butera" e „Democrazia è Li-

---

514 Movimento politico a carattere regionale costituitosi attorno alla *leadership* dell'ex ministro socialista on. Salvo Andò.

515 Giorgio Viola, Francesco Sferrazzo e il navigato ex sindaco Davide Battiato che, col suo movimento, era da tempo confluito in FI. Battiato sarà eletto vicepresidente del Consiglio Comunale.

516 L'avv. Salvo Giuga, che sarà eletto presidente del Consiglio Comunale.

517 Il dott. Marcello Cormaci, il rag. Emilio Grasso, il prof. Carmelo Grasso, il dott. Ugo Mazzilli, la dott.ssa Francesca Reale e Francesco Pisano, il quale, in seguito, aderirà a Nuova Sicilia.

518 Delfo Bosco.

519 Il tecnico sportivo Guido Mirisola.

520 Rosario Vacanti, il quale, in seguito, si dichiarerà indipendente, per poi aderire all'UDC.

bertà-Rutelli", una lista RC-PdCI, i due fratelli separati, questa volta presentatisi assieme, e la lista „SDI-Riformisti per Lentini"[521].

Anche le liste che avevano sostenuto Butera furono tutte rappresentate nel nuovo Consiglio Comunale: i DS (11,89 %) con 3 seggi[522]; un seggio ciascuno ottennero „La Margherita per la Sicilia con Butera" (6,65 %)[523], „Democrazia è Libertà-Rutelli" (6,95 %)[524], la lista comune RC-PdCI (4,88 %)[525] e quella denominata SDI-Riformistri per Lentini (4 %)[526].

Di pura testimonianza i risultati degli altri due candidati Paolo Pattavina (1,53 %) sostenuto da „Emancipazione della classe operaia" (1,06 %) e Rosario Ossino Fisicaro (2,15 %), sostenuto dal Partito Autonomista Siciliano (1,92 %).

---

521 La sezione dello SDI, dopo le dimissioni dell'avv. Alfio Bellardita da segretario, era coordinata direttamente dal segretario regionale on. Raffaele Gentile, coadiuvato da due suoi ex sostenitori ai tempi del PSI: il dott. Santo Ragazzi e Pippo Nicotra. Il movimento „Riformisti per Lentini" faceva capo all'on. Mario Bosco e al prof. Alfio Siracusano, che avevano fondato a Lentini anche il circolo *Libertà Eguale*.

522 Lidia Costanzo, Salvatore Di Mari e Renzo Vinci.

523 Il dott. Enzo Crisci. Nell'ultimo scorcio della legislatura si dichiarerà indipendente, ma rimanendo nel centro-sinistra. In seguito aderirà all'UDEUR di Mastella. Nel gennaio 2004 rientrerà nella Margherita, ma nel 2006 passerà ai DS.

524 Delfo Cavarra, abile artista di lavori in ferro.

525 L'ex sindaco Elio Magnano, che da un certo tempo aveva aderito a Rifondazione Comunista.

526 L'ex sindaco ed ex deputato regionale on. Mario Bosco.

La vittoria del centro-destra non poteva essere più completa: il suo candidato eletto al primo turno, una maggioranza consiliare di 13 consiglieri su 20, l'opinione pubblica generalmente a favore. Eppure... Eppure qualche difficoltà dovette sorgere nell'eterogenea coalizione, se ci volle un mese per nominare la nuova giunta comunale[527].

La sofferta soluzione lasciò comunque qualche strascico di malumori. Innanzi tutto in AN, la quale, avendo il suo unico consigliere, l'avv. Giuga, rinunciato all'assessorato e optato per la presidenza del Consiglio Comunale, non poté avere una rappresentanza nell'esecutivo. Per cui, digeriti i primi entusiasmi per il suo primo ingresso nella „stanza dei bottoni"[528] a Lentini e quindi per la fine della lunga astinenza dal potere, nella destra vennero posti problemi più concreti. Ci fu perciò chi cominciava a considerare la presidenza Giuga del Consiglio Comunale, come un successo personale per il consigliere, ma anche come un impedimento per il partito per poter ottenere una rappresentanza nell'esecutivo; o chi auspicava un ingresso in giunta dello stesso Giuga il quale, perciò, essendo le cariche di assessore e di consigliere fra loro incompatibili, avrebbe potuto lasciare il seggio del Consiglio Comunale a favore di un altro della stessa lista[529] e così raddoppiare, avendo assessore e consigliere, la presenza del partito nella famosa „stanza"; c'era comun-

---

527 Agostino Guercio (vicesindaco), Nunzio Dolce, in seguito sostituito (per un breve periodo) da Enzo Gianninoto e infine da Giuseppe Vinci, Cirino Narzisi (UDC), Alfio Ira (Forza Italia), Febronio Bonaccorsi (Nuova Sicilia) e Sebastiano Garrotto (Liberalsocialisti), in seguito sostituito da Nuccio Fisicaro (Nuovo PSI).

528 L'espressione è di Pietro Nenni.

que, anche chi considerava il traguardo raggiunto (presidenza del Consiglio Comunale) come assai prestigioso per il partito e dunque da non abbandonare.

C'era, in conclusione, molta carne al fuoco in AN, che favorirà la ripresa delle incomprensioni, dei personalismi; il che servirà solo a cristallizzare le rivalità e a determinare, in seguito, lo sgretolamento del partito della destra a Lentini.

Nel marzo 2003 si metterà in luce, in quell'area politica, un gruppo particolarmente attivo e vivace che darà vita all'associazione culturale *Centro Studi Torre Leone*, che pubblicò un numero unico dal titolo *Spazio Sociale*[530], il cui gruppo dirigente era costituito dal presidente Peter Colletti[531], dal vicepresidente rag. Claudio Cava (che era anche presidente del circolo „Azione Giovani" di Lentini) e dal segretario Adelfio Maci.

Il malumore prese a serpeggiare nella maggioranza anche a proposito del movimento autonomista „Nuova Sicilia", il quale era rappresentato in Giunta dall'assessore Bonaccorsi, il quale, quando il consigliere del suo partito Rosario Vacanti decise di dichiararsi indipendente, venne a trovarsi senza „il consigliere di riferimento".

---

529 Il primo dei non eletti era Adelfio Maci, fortemente sostenuto da „Azione Giovani" (organizzazione giovanile di AN) di Lentini.

530 Su di esso si leggeva, fra l'altro, la notizia di una riunione tenutasi domenica 9-3-2003 nei locali di p.zza Bellini, a cui avevano partecipato iscritti e simpatizzanti di AN locali (fra cui Salvo Rosolino e Nello Ventura) e provinciali.

531 Peter Colletti, originario di Catania, intelligente ed idealista, si era iscritto giovanissimo al partito, aveva fatto parte del circolo *Onda Nuova*, diretto dal dott. Salvatore Caracciolo ed era stato il fondatore della sua organizzazione giovanile a Lentini.

Questa locuzione, „il consigliere di riferimento", era abbastanza recente, essendo emersa nel passaggio dalla Prima alla Seconda Repubblica.

Sempre più spesso, come aveva fatto Raiti nella sua seconda sindacatura, e come aveva già fatto anche Rossitto, i sindaci, nonostante i larghi poteri loro conferiti dalla legge sulla nomina degli assessori, basavano le loro scelte sulle indicazioni dei partiti che li avevano sostenuto alle elezioni, al fine di assicurarsene l'appoggio anche in seguito, in Consiglio Comunale.

E poiché i partiti erano ormai governati, a livello locale, dai consiglieri comunali, erano in buona sostanza costoro, come gruppi consiliari o anche come singoli, a indicare gli assessori. Di conseguenza ogni assessore aveva un consigliere o un gruppo di consiglieri da cui proveniva di fatto il suo incarico, giuridicamente formalizzato dal sindaco. Era perciò ormai considerata un'anomalia la presenza di un assessore, anche bravissimo, che non avesse un „consigliere di riferimento", il che poteva essere causa di malumore presso coloro che non avevano una rappresentanza in giunta, o che ritenevano di averla in maniera insufficiente, pur essendo presenti in Consiglio Comunale. Questo era ad esempio, a Lentini, il caso del Nuovo PSI, rappresentato in Consiglio Comunale dal vecchio socialista Delfo Bosco, ma non presente, almeno all'inizio, nella giunta Rossitto[532].

Nel periodo precedente le elezioni provinciali del 25 e 26 maggio 2003, si verificarono alcuni movimenti interessanti nella politica lentinese.

---

532 In seguito, in sua rappresentanza, entrerà in giunta Nuccio Fisicaro.

Il consigliere uscente dello SDI Alfio Mangiameli jr aderì alla Margherita, la quale il 5 ottobre 2002 inaugurò la sua nuova sede di Via Donizzetti 7 e l'8 marzo 2003 tenne il suo congresso cittadino.

Nel gennaio-febbraio 2002 sorse una nuova aggregazione politica denominata „Democrazia Cristiana", poi „I Democratici Cristiani", a cui aderirono alcuni importanti esponenti dell'ex DC siracusana, quali gli onorevoli Santi Nicita, Gino Foti e Nitto Brancati e che a Lentini ebbe il suo leader nell'ex sindaco avv. Giacomo Capizzi; essa poteva anche contare sull'adesione di prestigiose personalità dell'ex DC lentinese, come gli ex sindaci Gianni Cannone e Nino Mazzone e gli ex assessori Salvatore Martines, Tanino Sferrazzo e Carmelo Russo.

Il 9 febbraio 2002 si tenne un'importante riunione presieduta dall'on. Puccio Forestiere di AN con molti iscritti al partito, fra cui noti dirigenti come Salvo Rosolino, Marisa Tomasello e Peter Colletti.

Le elezioni per l'amministrazione provinciale[533] furono l'occasione per una prima verifica politica dell'amministrazione Rossitto, per la quale cominciava, sempre più insistente, a circolare la parola „azzeramento", madre di un'altra non ancora pronunciata: „rimpasto".

Ad essere eletto Presidente della Provincia stavolta fu il candidato del centro-sinistra, Bruno Marziano (DS), che al secondo turno prevalse col 61,51 % (a Lentini il 69 %) sul suo rivale al ballottaggio Vincenzo Vinciullo (AN), rappresentante del centro-destra.

---

533 Durante la campagna elettorale furono presenti a Lentini due *leader* nazionali: Fausto Bertinotti (RC) e Piero Fassino (DS).

Nelle varie liste scese in campo per contendersi i seggi al Consiglio Provinciale, numerosi e importanti furono i candidati lentinesi.

Nelle liste a sostegno di Marziano erano presenti: per i DS (15,22 %) Salvatore Di Mari e il prof. Cirino Gula, consigliere uscente; per la „Lista del Presidente - La Provincia di Siracusa in Europa" (3,02 %) Romolo Saccà; per la Margherita (18,71 %)[534] l'uscente geom. Alfio Mangiameli jr e Daniele Di Mari; per lo SDI (5,07 %) l'on. Mario Bosco, come indipendente; per L'UDEUR (6,69 %) il dott. Salvatore Oddo, che risultò eletto; per Rifondazione Comunista (2,72 %) il segretario della sezione Alfio Strano; per Italia dei Valori (0,21 %) l'ex consigliere comunale Renato Casetto.

In quelle che invece si erano battute per Vinciullo erano presenti: per „Democrazia Cristiana" (5,27 %) l'avv. Giacomo Capizzi e il noto giornalista dott. Luca Marino; per Forza Italia (9,08 %) il dott. Francesco Commendatore; per l'UDC (23,01 %)[535] l'assessore Nunzio Dolce e l'uscente Enzo Reale, che risultarono eletti, nonché l'ex sindaco rag. Pippo La Rocca; per Nuova Sicilia (5,10 %) Alfredo Lieto e Rosario Ossino Fisicaro. Deludenti furono i risultati di AN (4,24 %), benché i militanti si fossero impegnati a fondo perché il candidato alla presidenza Vinciullo era del loro partito e per la presenza in li-

---

534 La Margherita, che si riconfermò, ancora una volta, primo partito del centrosinistra, si avvaleva a Lentini di un valido e compatto gruppo dirigente: Silvio Pellico, Alfio Mangiameli senior e junior, Maria Cristiano, Enzo Pupillo, Sebastiano Butera, Ciro Greco, Gaetana Bifera, Alfio Cardillo, Enzo Caruso, Delfo Cavarra, Giuseppe Demma).

535 L'UDC si riconfermò primo partito del centro-destra ed anche della città. Va rilevato, inoltre, che l'UDC andava assumendo posizioni sempre più critiche nei confronti dell'esecutivo Rossitto.

sta di due candidati locali: il dott. Salvatore Ravalli e il consigliere comunale di Carlentini Nello Ventura. Ciò riattivò i malumori all'interno del circolo sulla gestione del suo presidente Philly Sferrazzo, che presero a mescolarsi con le preesistenti insoddisfazioni nei confronti dell'organigramma comunale.

Le altre liste, che non avevano candidati lentinesi, non ottennero risultati significativi: PdCI (1,14 %), MSI-FT (0,16 %), Verdi (0,21 %), PRI (0,11 %).

Il dato più significativo di queste elezioni fu il ritorno a Lentini, dopo un solo anno di amministrazione Rossitto, della maggioranza degli elettori al centro-sinistra, inteso nel suo insieme.

Era il segno evidente di un diffuso malessere, nei confronti della Giunta Comunale, nella città, ma anche nel centro-destra. Esso non tarderà ad esplodere clamorosamente.

Infatti – si erano da poco spenti i riflettori sulle elezioni provinciali – si riprese a parlare di azzeramento della giunta e i giudizi negativi su di essa cominciarono ad uscire dallo stretto ambito dell'opposizione. Si giunse così alla presentazione di una mozione di sfiducia al sindaco firmata dai sette consiglieri dell'opposizione e da tre della maggioranza.

Quando essa, l'11 agosto 2003, venne portata in discussione in Consiglio Comunale e, infine votata, con grandissimo stupore di tutti gli osservatori politici, essa venne approvata con 15 voti a favore e nessuno contrario![536].

---

536 Dei 20 consiglieri comunali, 2 erano assenti (Francesca Reale e Giorgio Viola) e 2 (Davide Battiato e Francesco Sferrazzo) avevano lasciato l'aula al momento del voto. Il presidente Giuga si era astenuto.

La clamorosa decisione che, secondo la legge, provocava la decadenza non solo del sindaco, ma anche di tutto il Consiglio Comunale, fu causa di forte disorientamento negli ambienti del centrodestra cittadino, che poco più di un anno prima avevano brindato alla conquista del Comune.

Dopo una breve gestione del vicesindaco uscente **Agostino Guercio**, il 26 settembre 2003 si insediò al Comune il Commissario Regionale rag. **Antonino Piccione**.

Spentisi i riflettori sulle elezioni provinciali, partiti e movimenti cominciarono ad organizzarsi al meglio per prepararsi alle nuove elezioni comunali, che erano state abbinate alle europee del 12 e 13 giugno 2004.

Ci fu dunque un'effervescenza di iniziative che finì per coinvolgere i vari ambienti della città e a riavvicinarli alla politica.

Il 25 settembre 2003 la Margherita organizzò un interessante incontro con uno dei suoi più noti esponenti, il filosofo Massimo Cacciari, ex sindaco di Venezia.

L'UDEUR, da poco divenuta „Alleanza Popolare-UDEUR", il 19 ottobre 2003 celebrò il suo primo congresso cittadino, alla presenza del segretario provinciale Enzo Assenza e della vicepresidente nazionale del partito on. Cristina Matranga. Il congresso si concluse con la riconferma del segretario uscente Pippo Vinci, affiancato da un solido gruppo dirigente[537].

---

537 Ne facevano parte, fra gli altri, Katia Battiato, Enzo Crisci (che in precedenza aveva lasciato la Margherita), Cetty Ferrauto, Renato Marino, Pippo Militi, Salvatore Oddo, Carlo Vasile.

Nello stesso periodo convegni e dibattiti vennero organizzati dai circoli „Agire Solidale", coordinato dal prof. Armando Rossitto e „Libertà Eguale", coordinato dal prof. Alfio Siracusano.

La nuova DC tenne il suo congresso provinciale il 15 novembre 2003 e a Lentini riconfermò la leadership dell'avv. Giacomo Capizzi.

Commissario straordinario di Forza Italia a Lentini fu nominato l'ex assessore dc dott. Pippo Zarbano[538], il quale però, poco tempo dopo, rinunciò all'incarico.

Coordinatore del Nuovo PSI fu nominato Melo Spadaro.

Sui temi della pace i DS tennero, il 17 novembre 2003, una pubblica assemblea, con la partecipazione del sen. Antonio Rotondo.

Sullo stesso tema Rifondazione Comunista organizzò un incontro-dibattito il 28 novembre 2003.

Il 13 dicembre 2003, nel corso di una pubblica manifestazione, venne presentato il movimento „Popolari per Lentini", guidato da Enzo Reale, Umberto Ferriero e Corrado Magnetti. Tale movimento era il ramo lentinese di un più vasto movimento centrista che si era costituito a Siracusa nel novembre 2003 col nome di "Popolari per la Sicilia", per iniziativa di un gruppo staccatosi dall'UDC e costituito da ex esponenti di Democrazia Europea.

I „Liberalsocialisti" confluirono nello SDI (Socialisti Democratici Italiani) e a coordinatore del movimento così unificato venne nominato Romolo Saccà.

---

[538] Il dott. Zarbano il 14-12-2003 organizzò un importante convegno sull'utilizzazione dei grandi invasi.

A coordinatore dell'UDC di Lentini venne eletto il dott. Carlo Conversano.

Mentre Lentini era animata da questo fermento politico che coinvolgeva gran parte della cittadinanza, le segreterie dei partiti cominciavano a porsi il problema della scelta del candidato a sindaco.

Il centro-sinistra che sembrava avere la vittoria in tasca, vista la fine inaspettata dell'amministrazione di centro- destra, non seppe trarre insegnamento dalle precedenti esperienze e si presentò diviso.

Il 13 gennaio 2004 venne fuori il nome del primo candidato: il prof. Renato Marino dell'UDEUR, nel frattempo divenuto vicepresidente della Provincia.

Intanto continuavano i movimenti di assestamento del quadro politico locale.

Il 18 gennaio la Margherita organizzò un incontro pubblico, con la presenza dell'on. Pierluigi Castagnetti[539], presidente del gruppo parlamentare della Camera. Lo stesso giorno ebbe luogo una conferenza stampa dell'on. Rosy Bindi sui temi della sanità.

Nello stesso periodo venne costituita, alla presenza del presidente provinciale Enzo Perez, l'Associazione dei Verdi di Lentini, con portavoce Salvo Patania.

Attorno alla figura di Nello Neri si costituì l'associazione „Rinascita Leontina", all'insegna del motto *Prima Lentini: insieme ce la faremo!*

---

539 Castagnetti era anche stato l'ultimo segretario nazionale del PPI, prima della confluenza dello stesso nella Margherita (24-3-2002).

Si costituì a Lentini anche il „Patto Segni-Scognamiglio", con coordinatore l'imprenditore Piero Cundari, che sarà in lista per le imminenti europee[540]. Cundari era anche coordinatore provinciale del movimento e componente della Direzione Nazionale.

Nel maggio 2004 i „Riformisti per Lentini", guidati dall'on. Mario Bosco, confluirono nei DS.

Un'altra parte del centro-sinistra si orientò invece per la candidatura del presidente del GAL Leontinoi Enzo Pupillo, esponente di spicco della Margherita.

Nel campo moderato una candidatura di prestigio era certamente quella del noto penalista avv. Angelo D'Amico, indipendente, sostenuto da una coalizione di tipo centrista.

Ma la vera novità di queste elezioni fu la „discesa in campo"[541] dell'on. Nello Neri, assente da vari anni da Lentini e, in quel momento, deputato regionale indipendente[542].

---

540 Piero Cundari sarà l'unico lentinese candidato alle elezioni europee (12-13/6/2004). Il Patto, in quell'occasione, ottenne a Lentini il 5,55 %. In seguito il gruppo confluirà nell'UDC, della cui sezione lentinese Cundari diverrà coordinatore.

541 L'espressione, di origine calcistica, si rifà ad una frase dell'on. Silvio Berlusconi.

542 Neri, già consigliere comunale del MSI-DN a Lentini, era stato eletto deputato di AN nel 1994 e nel 1996 nel collegio di Adrano-Paternò e aveva ricoperto incarichi prestigiosi, come quello di capogruppo di AN nella Commissione Antimafia. Alle politiche del 2001 non era però stato ripresentato e successivamente era stato inserito nel listino alle regionali siciliane dello stesso anno, ma non era riuscito ad entrare all'ARS. Non avendo rinnovato la tessera, quando subentrò (2-4-2003) al deputato deceduto Antonino Croce, si trovò

La novità consisteva soprattutto nell'impostazione che egli volle dare alla sua campagna elettorale: se da un lato riconosceva il ruolo dei partiti nel sistema democratico, dall'altro riteneva giusto rivolgersi direttamente ai cittadini, qualora i partiti diventassero strumento di potere di ristretti gruppi. E, in effetti, i suoi appelli, vennero in particolare rivolti ai cittadini in genere, a prescindere dalla loro collocazione politica, i quali vennero chiamati a contribuire alla rinascita della loro città. A dare credibilità alla sua proposta politica contribuirono, ovviamente, la sua fama di uomo integerrimo e la sua professione di magistrato.

Per cui, se da un lato egli poté coagulare – grazie al suo passato politico - attorno alla sua candidatura gran parte del centro-destra, dall'altro riuscì ad attrarre notevoli settori del campo progressista, stanchi delle alchimie e dei personalismi emersi nel recente passato.

Lo stesso Neri, comunque, cercherà - pur senza fare abiure – di emanciparsi dal suo passato politico nella destra e di guardare soprattutto al territorio in cui si trovava ad operare, come in certo qual modo dimostrerà la sua futura adesione al Movimento per L'Autonomia, fondato da Raffaele Lombardo.

La vivace campagna elettorale, con protagonisti i quattro combattivi candidati[543], infiammata da convegni, comizi, riunioni, interviste e dibattiti, si concluse con la vittoria dell'on. **Nello Neri**.

---

ad essere un indipendente iscritto al gruppo di AN, che in seguito lascerà per aderire al gruppo misto.

543 Marino, Pupillo, D'Amico e Neri erano sostenuti ciascuno da sei liste, per un totale di 24: un primato per Lentini.

Questi i risultati del primo turno per la sindacatura e i consiglieri eletti dopo la vittoria di Neri.

Sebastiano (Nello) Neri[544] : 28,57 %, sostenuto da:

-„Rinascita Leontina" (8,68 %), un circolo che andava assumendo sempre più i connotati di un movimento politico e che ottenne 2 seggi[545];

-Alleanza Nazionale (3,66 %): 1 seggio[546];

-Forza Italia (4,21 %) ottenne 1 solo consigliere[547];

-Nuova Sicilia (3,08 %), che conquistò 1 seggio[548];

-PRI (0,24 %),

-I Laici (0,69 %).

Renato Marino[549] :28,37 %, collegato con:

-UDEUR, che elesse due consiglieri[550];

---

544 Slogan di Neri: *Abbiamo il diritto di sperare ancora – questa volta vince Lentini.*

545 Furono eletti Giuseppe Pulino e Ciro Brancato.

546 Una parte di militanti si era orientata per Rinascita Leontina, vicinissima a Neri. AN ottenne un solo seggio, che andò all'avv. Salvo Giuga.

547 Francesco Sferrazzo, che sarà eletto presidente del Consiglio Comunale.

548 Roberto Messina.

549 Slogan di Marino: *Renato Marino sindaco – si può fare.*

550 Carlo Vasile e Francesco Nisi. Quest'ultimo, in seguito, lascerà il partito e, dopo un periodo di indipendenza, aderirà a Rifondazione Comunista, di cui cercherà di riorganizzare la sezione di Lentini. Anche Vasile successivamente lascerà l'UDEUR per aderire ad „Alternativa Democratica" (AD), un movimento che raggruppava la maggioranza dell'UDEUR di Lentini e che si riconosceva nella *leadership* dell'ex vicepresidente della Provincia prof. Renato Marino. In seguito il movimento si avvicinerà all'Italia dei Valori, per poi ri-

-Democratici di Sinistra (11,99 %), primo partito della coalizione, che conquistò 3 seggi[551];

-„Diamo voce a Lentini" (2,54 %), lista civica;

-„Patto Segni-Scognamiglio" (3,64 %), che ottenne un seggio in Consiglio Comunale[552];

-„Democrazia per Lentini" (1,62 %), lista civica;

-PS-Nuovo PSI (2,30 %).

Vincenzo (Enzo) Pupillo[553]: 24,68 % sostenuto da:

-Margherita (9,89 %), che ottenne 3 consiglieri[554];

-„I Democratici Cristiani" ((4,59 %) con 1 seggio[555];

-Rifondazione Comunista (3,54%), con 1 consigliere[556];

-SDI (3,18 %);

-Movimento Popolare Indipendente (2,45 %), lista civica;

-Movimento Democratico per Lentini (2,05 %), lista civica.

---

prendere la sua autonomia. Rientrerà infine nell'UDEUR, quando il vecchio gruppo provinciale sarà sostituito da quello facente capo all'on. Gino Foti.

551 L'arch. Salvatore Barretta, Salvatore Di Mari (capogruppo) e la prof.ssa Nuccia Tronco. Segretario della sezione era allora l'ex sindaco Turi Raiti. Nel febbraio 2005 gli subentrerà il prof. Alberto Commendatore.

552 Benedetto Fisicaro.

553 Slogan di Pupillo: *Un progetto moderno e un giovane sindaco per la Lentini che vogliamo.*

554 Alfio Mangiameli senjor (capogruppo), Ciro Greco e Adelfio Tocco.

555 Il dott. Ugo Mazzilli, il candidato consigliere più votato. Dopo qualche tempo lascerà il partito e nell'aprile 2008 aderirà alla Margherita.

556 L'ex sindaco Elio Magnano, che sarà eletto vicepresidente del Consiglio Comunale.

Angelo D'Amico[557]: 18,37 %, sostenuto da:

-„D'Amico per Lentini" (4,56 %) con 1 seggio[558];

-„Donne per Lentini-Democrazia paritaria" (0,33 %), lista composta di sole donne;

-„Rinnovare Lentini" (2,96 %), lista civica;

-„L'Albatro" (1,66 %), lista civica;

-„Popolari per la Sicilia" (5,65 %), che ottenne 1 seggio[559];

-UDC (9,08 %), primo partito della coalizione, che conseguì due seggi[560].

Al Ballottaggio (26 e 27 giugno 2004) andarono Neri, sostenuto al secondo turno anche da altre tre liste civiche: „L'Albatro", Il „Movimento Democratico per Lentini" e il „Movimento Popolare Indipendente", e Marino, su cui confluirono anche i „Democratici Cristiani", lo SDI, la Margherita e RC.

Prevalse Nello Neri col 60,48 % dei voti.

Alcune considerazioni vanno fatte su queste importanti elezioni. Va notato anzitutto il considerevole frazionamento degli schieramenti, con ben 24 liste in competizione; c'è poi la forte differenza di risultati, per alcuni partiti, tra europee e comunali, benché tenute contemporaneamente: il più eclatante fu il caso di AN, che otten-

---

557 Slogan di D'Amico: *Un uomo fuori dai partiti – Ma dentro i vostri problemi*.

558 L'ex sindaco Franco Rossitto, che in seguito aderirà all'UDC, seguito, poi, dal *leader* D'Amico.

559 Angelo Di Giorgio.

560 Marcello Cormaci e Giorgio Viola, che si dimetterà, lasciando il seggio ad Antonino Guercio.

ne un buon 15,73 % alle europee e solo il 3,66 % alle comunali, tenute negli stessi giorni (12-13/6/2004). Evidentemente una consistente parte della destra, che alle europee votava AN, alle comunali aveva riversato i suoi voti su „Rinascita Leontina", movimento vicinissimo a Neri e percepito come la destra vincente, nonostante si fosse presentata come lista civica.

Il partito che più di tutti mantenne un sostanziale equilibrio tra europee (9,81 %) e comunali (9,08 %) fu l'UDC.

I due candidati di centro-sinistra, Marino (28,37 %) e Pupillo (24,68 %), al primo turno ottennero la maggioranza dei consensi (53,05 %). Ma al secondo turno, quando a contrastare Neri rimase solo Marino, questi raccolse solo il 39,52 %! Segno evidente che una consistente fetta di elettori del centro-sinistra aveva accolto l'appello di Neri[561] a contribuire a risollevare la Città, accantonando momentaneamente il proprio colore politico.

Infine, benché nell'immensa schiera di 458 candidati scesi in campo per contendersi i 20 seggi del Consiglio Comunale ci fossero 104 donne, solo una di esse fu eletta: la prof.ssa Nuccia Tronco dei DS. La parità di genere in politica era ancora ben lontana dall'essere raggiunta.

---

561 Al primo turno, i partiti che avevano sostenuto Neri avevano riportato, nel loro complesso, 2927 voti, mentre il candidato sindaco ne aveva raccolto 4234, cioè 1307 voti in più di tutti loro. Se a ciò si aggiunge che al ballottaggio Neri superò il candidato, ormai unico, del centro-sinistra, sembra evidente che la sua base elettorale era in parte di destra, ma in parte anche di centro e di sinistra.

Il dato più preoccupante sembra comunque un altro: dei 458 candidati, ben 95 non riportarono alcun voto, dunque nemmeno il proprio. Qualcosa evidentemente non funzionava nel meccanismo della democrazia rappresentativa.

Con la fine delle elezioni e la nomina della nuova giunta[562] non cessarono i mutamenti nel quadro politico locale. Già prima dell'insediamento del Consiglio Comunale (18-7-2004) l'ex sindaco Rossitto, eletto nella lista centrista „D'Amico per Lentini", aderì all'UDC. Qualche tempo dopo sarà imitato dallo stesso avv. D'Amico.

Il consigliere Angelo Di Giorgio, eletto nella lista „Popolari per la Sicilia", che aveva sostenuto D'Amico al primo turno e Marino al ballottaggio si era dichiarato indipendente.

Mentre il nuovo Consiglio Comunale era ancora in fase di rodaggio, uscì una sentenza del Tar di Catania (25-11-2004) che accoglieva il ricorso di alcuni candidati circa la mancata attribuzione del premio di maggioranza alla coalizione che aveva sostenuto Neri. Quando essa fu confermata (1-8-2005) dal CGA di Palermo, la sentenza comportò un sostanziale rimescolamento delle carte nel Consiglio Comunale, nel quale l'opposizione perse la maggioranza. Ben 7 suoi rappresentanti dovettero lasciare il loro seggio consilia-

---

[562] Maria Arisco, vicesindaco, Ciccio Fisicaro, Nuccia Sortino, che in seguito alle sue dimissioni sarà sostituita dal prof. Francesco Saggio (indipendenti), Davide Battiato (FI), Philly Sferrazzo (AN), Alfredo Lieto (N.S.).

re[563] ad altrettanti rappresentanti della coalizione che aveva sostenuto Neri[564].

L'UDC di Lentini, un tempo fiorente, cominciò ad avviarsi verso un inarrestabile declino, essendo rimasta senza rappresentanza consiliare, quando il dott. Cormaci si proclamò indipendente e Antonino Guercio e Franco Rossitto furono dichiarati decaduti.

Per giunta il suo coordinatore locale Piero Cundari[565] aderì, sia pure per un breve periodo, al Movimento per l'Autonomia, fondato dal deputato europeo e Presidente della Provincia di Catania Raffaele Lombardo[566].

Al suo posto, come coordinatore dell'UDC, venne eletto l'avv. D'Amico[567].

---

563 Elio Magnano (RC), Nuccia Tronco (DS), Carlo Vasile (AD, già UDEUR), Benedetto Fisicaro (Patto Segni, poi AD), Antonino Guercio (UDC), Adelfio Tocco (Margherita), Franco Rossitto (lista "D'Amico per Lentini", poi UDC).

Come vicepresidente del Consiglio Comunale, al posto di Magnano, fu eletto il dott. Marcello Cormaci, ex UDC, poi divenuto indipendente.

564 Gaetano Caserta, Alberto Di Mari, Marcello Iaca („Rinascita Leontina"), Davide Battiato che, essendo assessore, lascerà il seggio a Nello Ramaci (FI), Giuseppe Giudice (AN), Salvatore Ferraro („Movimento Democratico per Lentini") e Angelo Parisi (Movimento Popolare Indipendente).

565 Il movimento prima guidato da Cundari, cioè il „Patto Segni-Scognamiglio" era confluito nell'UDC, della cui sezione lentinese Cundari era diventato coordinatore.

566 Cundari passò poi ad Alternativa democratica di Marino e, con questa, confluì in seguito nell'UDEUR, precedentemente guidata dal prof. Carmelo Grasso.

567 Dopo le dimissioni di Cundari (passato all'MPA e poi all'UDEUR), l'avv. D'Amico, nel 2006, venne eletto coordinatore della sezione lentinese dell'UDC,

L'UDEUR di Lentini sembrò, invece, rifiorire, dopo la confluenza in essa di „Alternativa democratica" di Renato Marino[568] ed anche dei quadri de „I Democratici Cristiani", provincialmente facenti capo agli on.li Brancati, Foti e Nicita. Il partito venne allora rappresentato a Lentini da Piero Cundari (coordinatore) e Giacomo Capizzi (presidente).

Il 30 gennaio 2006 si aprì a Lentini una sede della „Rosa nel Pugno" (RnP). Si trattava di una formazione nata il 17 novembre 2005 a scala nazionale dall'incontro tra socialisti dello SDI e radicali italiani[569]. A Lentini essa era guidata dal prof. Filippo Motta (ex segretario del PSI) e aveva come segretario giovanile Nazareno Nicotra[570].

Intanto il circolo territoriale di Lentini di Rifondazione Comunista era entrato in rotta di collisione con la sua Federazione provinciale, per una serie di incomprensioni e i suoi iscritti avevano finito col disperdersi. Infatti l'ex sindaco Elio Magnano aderì ai DS; il grup-

---

    collaborato dal rag. Emilio Grasso, dal mar. Agostino Guercio e dal geom. Biagio Portal.

568 Dopo le dimissioni da assessore provinciale del prof. Carmelo Grasso, il prof. Renato Marino rientrò nella giunta provinciale presieduta da Marziano (DS) in rappresentanza dell'UDEUR.

569 A Lentini si trattava sostanzialmente del solo SDI, che dopo un periodo di stallo seguito alle elezioni europee e comunali del 2004, era stato in un certo senso rifondato sotto la guida dell'avv. Pippo Centamore, nominato commissario della sezione. L'improvvisa scomparsa (13-10-2005) di Centamore aveva lasciato per qualche mese la sezione priva di guida, fino alla nomina di Filippo Motta.

570 Fra gli aderenti più noti Salvatore Cutrona, Vittorio Maglitto e Pippo Nicotra e gli ex consiglieri Angelo Celso e Angelo Maenza.

po maggioritario, guidato da Alfio Strano, nel 2006 aderì al Partito dei Comunisti Italiani (PdCI)[571], fondandone il circolo a Lentini; altri rientrarono in RC, il cui circolo venne ricostituito, con segretario Alfio Giuga, dal consigliere comunale Francesco Nisi, poi succeduto a Giuga nella segreteria.

Movimenti di assestamento si ebbero pure nell'area della destra politica. Il 2 marzo 2005 si tenne il congresso del circolo di An, per l'elezione di un nuovo presidente, visto che il dott. Philly Sferrazzo era entrato nella giunta Neri. Vi si fronteggiarono due candidature: quella del dott. Pippo Carta, che prevalse di misura, e quella di Salvo Rosolino. Non essendoci fra le due componenti profonde differenze, dopo un po' esse arrivarono ad un accordo e Rosolino divenne vicepresidente del circolo.

Il quale, però, era agitato da due „anime", queste sì rivaleggianti fra loro. Una, che potremmo definire „lealista", che privilegiava il sostegno alla giunta di Nello Neri, visto come colui che aveva portato la destra al potere, dopo cinquant'anni di emarginazione, anche se il sindaco andava allontanandosi sempre più da quell'area a livello regionale, finendo con l'aderire, come deputato regionale, all'MPA di Raffaele Lombardo; l'altra anima, che potremmo chiamare „autonomista", alla quale appartenevano Carta e Rosolino, anche perché memore dell'emorragia elettorale subita a favore di „Rinascita Leontina", tendeva invece a caratterizzare il partito e a dargli maggiore visibilità in città, pur rimanendo nella giunta Neri. Nei primi mesi del 2006 la tensione fra i due gruppi, prima latente, finì

---

571 Il PdCI era nato l'11-10-1998 da una scissione di RC, guidata da Armando Cossutta e Oliviero Diliberto.

per esplodere. Il gruppo dirigente, ormai insoddisfatto dei rapporti tra partito e amministrazione, sentiva allentare sempre più i suoi legami con la rappresentanza istituzionale del partito, si considerava tagliato fuori dalla „stanza dei bottoni" e poco sostenuto nella sua azione dalla Direzione provinciale. Ormai scoraggiato e deluso, finì perciò con l'abbandonare l'attività politica.

Dopo una generale pausa di riflessione esplose la diaspora e quello che era rimasto di AN si divise in vari rivoli.

Salvo Rosolino e alcuni suoi amici aderirono a „La Destra"[572], che in occasione delle politiche del 2006, aderirà al cartello di „Alternativa Sociale"[573], formazione rapidamente evaporata; sicché il gruppo di Rosolino decise di confluire, per un breve periodo, in Alleanza Siciliana"[574], per poi rientrare in AN e infine disperdersi.

Nello Fisicaro ed un gruppo di suoi amici aderì ad Alleanza Siciliana, dove si amalgamò con un altro gruppo proveniente da Nuova Sicilia.

---

572 Formazione nata ad iniziativa dell'on. Puccio Forestiere, un ex deputato augustano di AN.

573 Sul finire del 2003 l'on. Alessandra Mussolini aveva lasciato AN e, dopo aver costituito un suo gruppo politico ("Libertà di azione"), aveva promosso, nel gennaio 2004, un cartello elettorale, denominato "Alternativa Sociale" (AS), col concorso di Giuseppe Fiore ("Forza Nuova"), Adriano Tilgher ("Fronte Sociale Nazionale") e Luca Romagnoli ("Movimento Sociale - Fiamma Tricolore") il quale però, dopo qualche mese lascerà la coalizione.

574 Movimento autonomistico di destra nato da una scissione di AN, fondato dall'on. Nello Musumeci, deputato europeo ed ex presidente della Provincia di Catania.

Carta ed altri rientreranno in AN, nel frattempo rafforzata dall'avvicinamento dell'ex esponente della Margherita dott. Sebastiano Butera.

Da non dimenticare quelli che, a suo tempo, avevano aderito a Rinascita Leontina, l'associazione gravitante attorno all'on. Neri. Insomma uno sfascio del fronte di destra a Lentini. Esso continuerà a ridosso delle successive elezioni comunali, con la dichiarazione di indipendenza (24-5-2006) del consigliere dott. Giuseppe Giudice e con la candidatura dell'assessore Philly Sferrazzo nella lista di „Rinascita Leontina". Nel novembre 2006 commissaria del circolo di AN sarà nominata la signora Federica D'Adamo.

Intanto era avvenuto un fatto eclatante: era stato avanzato un ricorso nei confronti del sindaco Neri per incompatibilità, in quanto deputato regionale. Il ricorso venne accolto (24-2-2006), ma il sindaco Neri che nel frattempo aveva accettato la candidatura alla Camera per l'MPA, non appellò e pertanto decadde dalla carica.

La direzione del Comune passò quindi, per un breve periodo, al vicesindaco **Maria Arisco**, fino all'arrivo (14-4-2006) del Commissario Straordinario dott. **Massimo Signorelli**.

Il Consiglio Comunale rimase in carica fino alle nuove elezioni. Questa la sua composizione finale:

Maggioranza (14): Gaetano Caserta, Alberto Di Mari, Marcello Iaca, Giuseppe Pulino (Rinascita Leontina); Cirino Brancato, Marcello Cormaci, Angelo Di Giorgio (MPA); Nello Ramaci, Francesco Sferrazzo (FI); Giuseppe Giudice (AN ind. dal 24-5.2006); Salvo Giuga

(AN); Roberto Messina (Nuova Sicilia); Angelo Parisi (M.P.I.), Salvatore Ferraro (Movimento Democratico per Lentini).

Opposizione (6): Ciro Greco, Alfio Mangiameli, Ugo Mazzilli (Margherita); Salvatore Barretta, Salvatore Di Mari (DS); Francesco Nisi (RC).

Il 9 e 10 aprile 2006 ebbero luogo le elezioni politiche, regolamentate da una nuova legge elettorale[575]. La campagna elettorale si svolse non più nelle piazze e nei quartieri, ma soprattutto sui mezzi d'informazione, anche perché era stata abolita la preferenza, per cui gli eletti non erano più determinati dal voto degli elettori, ma dalla collocazione nella lista: i parlamentari venivano infatti eletti secondo il posto che avevano nella loro lista, a cominciare dai primi. E tale posto, com'è ovvio, veniva scelto dalle segreterie dei partiti[576].

I candidati dunque non avevano interesse a contattare personalmente gli elettori: quelli in testa alla lista perché sicuri della loro elezione, gli altri perché sicuri del contrario. Vi si affrontarono due schieramenti[577]:

---

[575] La legge tornava al sistema proporzionale, ma con un forte premio di maggioranza per la coalizione che avesse riportato il maggior numero di consensi, su base nazionale per la Camera, e su base regionale per il Senato. Alla ripartizione dei seggi avrebbero partecipato le liste, facenti parte di una coalizione, che avessero raggiunto il 2% alla Camera e il 3% al Senato. Per quelle non coalizzate era previsto uno sbarramento maggiore. Doveva, inoltre, essere indicato il *leader* della coalizione.

[576] Forse per questo la legge elettorale sarà definita *Porcellum*.

[577] Per il Senato erano anche presenti una lista di „Alleanza Siciliana", collegata a Nello Musumeci e una una lista autonomista (Mov. Dem. Sic.-Noi Siciliani).

Quello di centro-destra („La Casa delle Libertà") formato da FI, AN, UDC, Lega Nord, ed altri) era guidato da Silvio Berlusconi.

Quello di centro-sinistra („L'Unione"), costituito da RC, PdCI, DS, RnP, Margherita, IdV, Verdi, UDEUR ed altri, era guidato da Romano Prodi.

In varie liste vi erano candidati lentinesi. Per il Senato Loredana Spiga (Alleanza Siciliana), Filippo Lopes („I Socialisti")[578], Salvatore Oddo („Mastella-UDEUR Popolari"), Maria Cristiano (Margherita), Maria Concetta Adagio („Insieme con l'Unione")[579]. Per la Camera: Angelo Sgroi (RnP), Renato Marino („Mastella-UDEUR Popolari"), Salvatore Stefio (AN), Nello Neri[580](Lega Nord-MPA).

A livello nazionale, di misura, prevalse il centro-sinistra e Prodi tornò alla Presidenza del Consiglio.

Il centro-sinistra prevalse anche a Lentini, sia nel voto per il Senato che in quello per la Camera, mentre nell'ambito del centro-destra rilevante fu il successo di Forza Italia (20,47 %); l'affermazione della lista „Lega Nord-MPA" (7,56 %) alla Camera era senz'altro ascrivibile alla presenza in lista dell'ex sindaco Nello Neri, come dimostra l'inferiore risultato della stessa formazione al Senato (5,49 %). Allo stesso motivo era dovuto il calo della destra, come si vede dal voto per la Camera: AN al 7,45 %, cioè meno che all'MPA, Msi-Fiamma

---

578 „I Socialisti" era un partito, collocato nel centro-sinistra, fondato dall'on. Bobo Craxi e nato da una scissione dell'ala sinistra del PS-Nuovo PSI, il quale era collocato nel centro-destra.

579 Cartello elettorale tra „Verdi per la pace", PdCI e „Consumatori Uniti".

580 Neri risultò il primo dei non eletti. Il 19-7-2006 subentrò all'on Nicola Leanza che aveva optato per l'ARS, in cui pure era stato eletto.

Tricolore che raccolse solo lo 0,38 % e Alternativa sociale con lo 0,78 %.

Non si erano ancora spenti i riflettori e le polemiche sui risultati delle elezioni per il rinnovo del Parlamento e sulla formazione del nuovo governo Prodi, che già le forze politiche furono chiamate ad un nuovo appuntamento elettorale: le elezioni regionali siciliane fissate per il 28 maggio 2006.

Tre i candidati alla presidenza della Regione: Nello Musumeci di Alleanza Siciliana, sostenuto dalla lista omonima; Rita Borsellino, indipendente (centro-sinistra); e Totò Cuffaro dell'UDC, sostenuto dal centro-destra, che sarà eletto col 53,09 %.

Questi i risultati dei tre candidati a Lentini e delle liste che li sostenevano:

1 – Nello Musumeci (11,48 %), sostenuto da Alleanza Siciliana (7,65 %)[581].

2 - Rita Borsellino (49,96 %), sostenuta da quattro liste: „Rita, il mio impegno per la Sicilia" (3,72 %), la Margherita (6,51 %), „Uniti per la Sicilia" (4,30%)[582], DS (34,10 %)[583].

---

[581] Nella lista di AS era candidato il lentinese Febronio Bonaccorsi.

[582] Cartello elettorale realizzato fra RC, PdCI, SDI, Verdi, IdV, „Primavera Siciliana" per cercare di superare lo sbarramento del 5 %, previsto dalla nuova legge elettorale siciliana. L'operazione riuscì, in quanto a livello regionale la coalizione ottenne il 5,20 % e 3 seggi sui 90 dell'ARS. Il 20-5 2006, nella sala dell'ex lavatoio comunale intervenne l'on. Franco Giordano, segretario nazionale di Rifondazione Comunista, succeduto nella carica a Fausto Bertinotti, eletto Presidente della Camera.

[583] Nella lista dei DS era candidato il lentinese dott. Santi Lombardo, che ottenne una buona affermazione. Per i DS, nel collegio di Siracusa furono però

3 – Totò Cuffaro (38,46 %), sostenuto da sei liste: „Lista del Presidente" (6,70 %), FI (9,17 %)[584], AN (3,66 %), UDC (5,67 %)[585], MPA-Nuova Sicilia (18,73 %), Fiamma Tricolore (0,23 %).

Le elezioni regionali registrarono un calo di interesse, strette com'erano tra le recenti elezioni politiche (9-10/2006) e le imminenti comunali (11-12/6/2006). Per Lentini da sottolineare alcuni aspetti significativi: la Borsellino precedette di molto gli altri due candidati; i DS si riconfermarono primo partito in città, aumentando i loro consensi rispetto alle politiche, avvantaggiandosi probabilmente dell'assenza dei simboli di RC e del PdCI dalla scheda elettorale; in forte calo la Margherita; ancora più forte il calo dei partiti coalizzati in „Uniti per la Sicilia" che complessivamente alle recenti politiche avevano ottenuto il 14,78 % e che alle regionali scesero al 4,30 %; crollarono AN precipitata dal 7.45 % delle politiche al 3,66 % delle regionali e, soprattutto FI, scesa in un mese, dal 20,47 % al 9,17 %.; il centro-sinistra, col suo 48,63 % complessivo, perse di nuovo a Lentini la maggioranza assoluta[586].

Già prima delle elezioni regionali, partiti e movimenti avevano cominciato ad attrezzarsi per le nuove elezioni comunali dell'11-12 giugno 2006.

---

eletti l'uscente on. Roberto De Benedictis e il sindacalista Giuseppe Zappulla.

584 Commissario di Forza Italia a Lentini era il prof. Carmelo Grasso (ex UDEUR), affiancato dal dott. Salvatore Chiarenza.

585 Nella lista dell'UDC era candidata la lentinese Paola La Mesa.

586 Una nota di colore, che la dice lunga sulla personalizzazione della politica, fu la chiusura della campagna elettorale dei DS, fatta da ben due candidati (De Benedictis e Lombardo), ciascuno per conto suo, con due diversi comizi in p.zza Umberto.

Il primo ad annunciare la sua candidatura fu l'ex sindaco on. Nello Neri, che partiva con il sostegno dell'MPA, cui aveva aderito, e del circolo „Rinascita Leontina", a lui vicinissimo.

Il centro-destra si ricompattò[587] e ai partiti della „Casa delle Libertà", si aggiunsero il PS-Nuovo PSI, il PAS, Nuova Sicilia e la lista civica „Libera per Lentini". Come candidato della coalizione fu scelto Nunzio Dolce.

Più complicata si dimostrò la situazione nel centro-sinistra, che finirà per dividersi in tre filoni. In esso il problema della candidatura a sindaco inizialmente sembrò essere stato risolto con un ricorso alle „primarie". Ad un certo punto, però, i DS che avevano proposto ben due candidati per le primarie[588], decisero di ritirarsi e di affidarsi ad un loro specifico candidato. La scelta cadde sul prof. Armando Rossitto, in quel momento assessore al Comune di Carlentini. Questo procedimento provocò una crisi all'interno dei DS, che toccò il suo culmine con le dimissioni del segretario prof. Alberto Commendatore[589].

---

587 Nell'area più specificamente di destra ci furono dei "movimenti di assestamento": il gruppo de "La Destra", guidato da Salvo Rosolino, che inizialmente era confluito in Alternativa Sociale (A. Mussolini), se n'era staccato entrando (26-4-2006) in Alleanza Siciliana (Musumeci), dove si era fuso col gruppo promotore di Nello Fisicaro e dove successivamente confluì anche un altro gruppo proveniente da Nuova Sicilia e guidato da Febronio Bonaccorsi. Poco dopo, però, il gruppo di Rosolino lasciò Alleanza Siciliana (AS), per rientrare (ma per poco) in AN. Sicché in Alleanza Siciliana rimasero il gruppo iniziale di Fisicaro e quello, sopraggiunto, di Bonaccorsi.

588 Il prof. Pippo Cosentino e l'arch. Salvo Barretta.

Alla fine la candidatura Rossitto sarà sostenuta da DS, RC, PdCI, IdV e UDEUR. Ma un esponente di quest'ultimo partito, il consigliere provinciale dott. Salvatore Oddo decise di candidarsi, col sostegno di una lista civica. Le primarie precedentemente concordate si svolsero lo stesso in data 7 maggio 2006, con la partecipazione di Margherita, RC e RnP. Esse decretarono la candidatura del consigliere provinciale Alfio Mangiameli (Margherita)[590], che aveva vinto le primarie col 94,13% dei voti. A sostenerlo, oltre la Margherita, la „Rosa nel Pugno" (socialisti + radicali), il Partito dei pensionati ed una lista „Con Alfio sindaco".

Parteciparono dunque alla competizione 5 candidati a sindaco, sostenuti complessivamente da 21 liste. A vincere, alla fine, sarà il geom. **Alfio Mangiameli** jr, per cui le sue liste usufruiranno del premio di maggioranza.

Questi i risultati del primo turno e quelli definitivi delle liste per il Consiglio Comunale, ripartite per schieramento e considerato il premio di maggioranza:

Sebastiano (Nello) Neri (32,15%)[591], sostenuto da

- „Popolari per Lentini" (6,56 %)" con 1 seggio[592],

---

589 Poco dopo Commendatore sarà sostituito da una reggenza collegiale composta da Franco Battaglia, Angelo Brancato e Turi Randazzo. Dopo le elezioni (12-7-2006) al posto della reggenza, sarà eletta segretaria della sezione la sig. Lidia Costanzo Tocco, ex consigliere provinciale ed ex vicesindaco di Raiti.

590 Questi i risultati delle primarie: votanti 1449 – Alfio Mangiameli (Margherita) 1361, Alfio Giuga (RC) 45, schede nulle 38, bianche 2. Rifondazione Comunista, però, finì per aderire alla candidatura Rossitto.

591 Uno slogan di Neri: *Per continuare a vincere INSIEME*.

-Alleanza Siciliana (3,92 %);

-MPA (14,17 %) con 3 eletti[593];

„Rinascita Leontina" (10,96 %) e due eletti[594];

-la lista civica „Lentini Insieme" (2,11 %)"[595].

Salvatore Oddo (7,38 %)[596], sostenuto dalla lista civica „Lentini per bene" (4,67 %), che elesse 1 consigliere[597].

Nuccio Dolce (8,64 %)[598], appoggiato[599] da

-UDC (3,86 %) che ottenne 1 consigliere[600];

---

592 *Leader* ne era il consigliere provinciale Enzo Reale, il quale fu l'unico eletto; ma, avendo egli optato per il Consiglio Provinciale, gli subentrò Rosario Vacanti.

593 Gli uscenti Angelo Di Giorgio e Marcello Cormaci, che il 27 luglio 2006 sarà eletto vicepresidente del Consiglio Comunale, e Benedetto Fisicaro (nella precedente legislatura eletto per il "Patto Segni-Scognamiglio"). Di Giorgio e Fisicaro il 27 luglio 2006 si dichiareranno indipendenti.

594 L'avv. Marcello Iaca e il dott. Filadelfo Sferrazzo.

595 La lista era capeggiata dal suo vecchio *leader* Davide Battiato. Accanto al simbolo del suo movimento era presente anche quello del PRI.

596 Uno slogan del dott. Oddo: *Rendiamo Lentini bella da vivere*.

597 L'avv. Massimo Commendatore che nel novembre 2006 aderirà all'UDC.

598 Dolce, consigliere provinciale, aveva da poco lasciato l'UDEUR. Un suo slogan era *Costruiamo un sogno...per cambiare Lentini*.

599 Forza Italia, la cui lista non era presente in questa competizione, con un proprio manifesto invitò i propri elettori a votare Nuccio Dolce. Si schierarono, invece, per la candidatura Neri, alcuni esponenti di FI: l'ex sindaco Davide Battiato, l'ex presidente del Consiglio Comunale dott. Francesco Sferrazzo e l'ex consigliere Nello Ramaci. Lo stesso fece l'ex assessore di AN dott. Philly Sferrazzo.

-AN (1,66 %);

-PS-Nuovo PSI (0,68 %);

-PAS (2,14 %)[601];

-Nuova Sicilia (1 %);

-lista civica „Libera per Lentini (3,23 %)".

Alfio Mangiameli (27,87 %)[602], sostenuto da

-Margherita (11,79 %) che conquistò 5 seggi[603];

-R.n.P. (3,49 %), che ottenne 1 seggio[604];

-Pensionati (2,21 %);

-lista civica „Con Alfio sindaco" (2,22 %).

Armando Rossitto (23,96 %)[605] appoggiato da

---

600 L'imprenditore edile geom. Biagio Portal.

601 *Leader* del Partito Autonomista Siciliano (PAS) era il segretario regionale Rosario Ossino Fisicaro.

602 Questo lo slogan ufficiale di Mangiameli: *Cambiare si può! Vota il nuovo!*

603 Tutti ex consiglieri: il dott. Ugo Mazzilli (il candidato più votato, con 501 preferenze), capogruppo (carica che lascerà nel settembre 2006), il geom. Alfio Mangiameli senior (decano del Consiglio Comunale, alla sua VIII legislatura), l'imprenditore Renzo Vinci, il prof. Ciro Greco e l'impiegato Adelfio Tocco. Mazzilli, Tocco e Vinci nel novembre 2006 lasceranno la Margherita per l'UDC.

604 Il geom. Angelo Maenza. Primo dei non eletti Salvatore Cutrona. I due, assieme a Nazareno Nicotra, assumeranno la guida della RnP, in sostituzione del prof. Filippo Motta, divenuto assessore. Dal congresso sezionale dell'1-12-2006 scaturirà poi la segreteria di Pippo Nicotra.

605 Uno slogan elettorale di Rossitto era *Un'altra storia un'altra Lentini*.

-DS (13,14 %) , che ottennero 5 seggi[606];

-RC (2,89 %);

-PdCI (1,96 %);

-IdV (0,94 %);

UDEUR (6,40 %) con 1 seggio[607].

Al ballottaggio andarono perciò Nello Neri, sostenuto dalle stesse liste del primo turno e Alfio Mangiameli, alle cui liste si aggiunsero i DS e „Lentini per bene", i cui candidati a sindaco furono indicati come assessori da Mangiameli, che prevalse col 56,81%. Mangiameli si insediò il 28-6-2006, assieme alla sua giunta[608].

Mangiameli governerà la Città per due legislature, fino al 23-6-2016. A quella data gli succederà il dott. Saverio Bosco. Ma questa è un'altra storia...

Con questa puntata termina la nostra storia politica della Lentini contemporanea, dunque all'estremo confine con la cronaca. Ma la storia di Lentini non finisce qui. La città di Gorgia e di Jacopo ha

---

606 Fortemente rappresentata la sanità: Enzo Crisci (medico), capogruppo (lascerà la carica il 19-10-2006), Pippo Innocenti (infermiere), Salvatore Di Mari (impiegato ASL), il quale il 19-7-2006 sarà eletto presidente del Consiglio Comunale, Carlo Vasile (tecnico di radiologia) e l'arch. Salvatore Barretta.

607 Il tecnico sportivo Guido Mirisola.

608 Della giunta Mangiameli facevano parte come assessori: il preside Armando Rossitto (DS), vicesindaco, il prof. Filippo Motta (RnP), il prof. Silvio Pellico (Margherita), il dott. Salvatore Oddo, quasi subito sostituito dal tecnico sportivo Pippo Vinci („Lentini per bene"), la rag. Roberta Fonte (Pensionati) e l'ing. Cirino Cillepi (indipendente).

ancora molte carte da giocare e lo dimostrerà negli anni futuri. E altri storici verranno, per raccontarla a tutti, specialmente ai giovani.

F L

Appendici

I tre scritti qui pubblicati, dello stesso autore degli articoli di cui sopra, non sono neanch'essi inediti; si è tuttavia ritenuto di inserirli in questo volume, perché in qualche modo, per gli argomenti trattati, completano il quadro della politica lentinese del secondo dopoguerra.

Essi sono:

1 – *Appunti sulle origini del PCI di Lentini*, breve saggio storico pubblicato sul giornale online «Girodivite» del 19 agosto 2017. In esso sono tratteggiate le origini di un movimento politico che ebbe larga importanza soprattutto nella Prima Repubblica e che ebbe leader di grande statura politica.

2 – L'articolo rievocativo intitolato *La scomparsa di Enzo Nicotra*, pubblicato su «Girodivite» del 27 ottobre 2018, che contiene una breve ricostruzione della figura politica di Enzo Nicotra, certamente il leader più noto della Democrazia Cristiana di Lentini, partito peraltro ricco di grosse personalità e che esercitò una grande influenza sulla politica lentinese.

3 – L'elenco completo dei sindaci di Lentini, dallo sbarco dei Mille al 2019, tratto dal volume *Lentini 1892-1956 – Vicende politiche*, pubblicato nel 2018 dalle edizioni ZeroBook.

I - Appunti sulle origini del PCI di Lentini

L'entusiastica adesione che il PSI aveva dato, nel congresso di Bologna del 5/8 ottobre 1919, all'Internazionale Comunista, appena costituitasi, sarà causa di un tormentato periodo di lotte interne e di divisioni.

Nell'estate del 1920 il 2° Congresso dell'Internazionale Comunista aveva formulato 21 punti, la cui accettazione era ritenuta indispensabile per la permanenza o l'adesione ad essa.

Due punti erano particolarmente rilevanti per il PSI: quello che esigeva l'espulsione dei riformisti, in Italia Turati e compagni (da non confondere con quelli del PSRI[609], già fuori dal 1912) e l'altra che praticamente stabiliva il mutamento del nome del partito da socialista a comunista.

Di fronte ai problemi sul tappeto tre anime emersero nel partito: quella riformista (Turati, Modigliani) che rivendicava per il PSI il metodo legalitario e gradualista (la destra); quella comunista (Bor-

---

[609] Il Partito Socialista Riformista Italiano (PSRI) era stato formato dai riformisti di destra (Leonida Bissolati, Ivanoe Bonomi, Angiolo Cabrini, Guido Podrecca) il giorno stesso (7-7-1912) della loro espulsione dal PSI, al congresso di Reggio Emilia, a causa soprattutto della loro posizione sostanzialmente favorevole all'annessione della Libia. Ne era *leader* Bissolati e segretario nazionale Pompeo Ciotti. Il gruppo fondatore del socialismo lentinese (avv. Vincenzo Consiglio Zappulla, Francesco Sgalambro, Raimondo Bruno) aderì alla nuova formazione. Nel 1914 il PSRI si schierò per l'intervento nella guerra mondiale, mentre il PSI rimase fermo nelle sue posizioni neutraliste.

diga, Gramsci), che riteneva indispensabile l'espulsione dei riformisti, accettava in pieno i postulati della Terza Internazionale e si richiamava al modello sovietico; quella massimalista o di centro (Serrati, Bacci) che, pur riconfermando l'adesione all'Internazionale Comunista, e dichiarandosi rivoluzionaria, respingeva la richiesta di espulsione dei riformisti, a cui del resto si imputava solo un „reato di pensiero", in nome del supremo valore dell'unità del partito, per il quale si rifiutava il mutamento del nome e che, sostanzialmente, rivendicava una certa autonomia rispetto alla centrale di Mosca.

Fu quest'ultimo orientamento che prevalse nel congresso di Livorno (15/21 gennaio 1921), per cui le correnti comuniste lasciarono il PSI per costituire il P.C.d'I. (Partito Comunista d'Italia), fiduciose che i rivoluzionari rimasti nel PSI in un prossimo futuro le avrebbero seguito.

Il dibattito congressuale era stato lacerante e le polemiche continuarono, con più vigore, dopo la scissione.

Nella Federazione di Siracusa i massimalisti erano prevalsi con 382 voti contro i 206 ai comunisti (nessun voto ai riformisti). In provincia la scissione interessò soprattutto i giovani e piccoli nuclei di adulti. Del resto la rottura non si consumò tutta immediatamente, all'atto della fondazione del P.C.d'I., ma proseguì nei mesi successivi e la nuova formazione raccolse sempre nuove adesioni.

A Lentini le frange socialiste più rivoluzionarie, che guardavano con ammirazione ai Soviet e a Lenin, erano rimaste deluse dal Congresso di Livorno, che sostanzialmente aveva posto il PSI fuori dall'Internazionale Comunista.

A questo malumore assai probabilmente, almeno secondo alcune testimonianze raccolte, si intrecciava una certa difficoltà di convivenza col *leader* Filadelfo Castro, ritenuto personalità accentratrice, uscito vincitore dalle elezioni amministrative del 1920 e divenuto il primo socialista alla testa del Comune.

Il primo segnale di questo disagio si ebbe il 2 aprile 1921, quando si dimisero, da assessori effettivi Paolo Aliano e Filadelfo Santocono e da assessori supplenti Sebastiano Cavaleri e Sebastiano Nipitella; quest'ultimo, però per essere eletto, subito dopo la presa d'atto delle dimissioni, assessore effettivo insieme con Rosario Mangano; a sostituire i supplenti furono chiamati Matteo Fisicaro e Alfio Nipitella.

Il 13 maggio successivo Santocono e Cavaleri si dimisero anche da consiglieri e contestualmente Ignazio Magrì si dimise da assessore effettivo e da consigliere comunale.

A sostituirlo come assessore sarà chiamato, il 23 luglio 1921 il consigliere Alfio Ioeli.

Ed è lo stesso Ioeli, assecondato da Alfio Catania che, nel corso del dibattito sulla presa d'atto, almeno secondo il verbale, „propone che siano accolte le dimissioni" dei tre, in considerazione del fatto „che costoro, nell'esercizio delle proprie funzioni si sono aspramente condotti verso il pubblico in modo da suscitare un malcontento i cui effetti si sono riprodotti in seno all'amministrazione".

Il Consiglio Comunale, senza ulteriori interventi, accettò la proposta e prese atto delle dimissioni con 18 voti favorevoli e 1 astenuto (la minoranza era assente).

L'astenuto era Gaetano Giudice, che a sua volta si dimetterà da consigliere l'8 ottobre 1921 e che sarà uno dei cofondatori del nucleo comunista. Il che è assai illuminante sulle reali motivazioni delle dimissioni e sulla rapida accettazione di esse da parte dei fedeli „castriani".

Il 24 giugno 1921 si dimisero da consiglieri Paolo Aliano, Alfio Centamore, Francesco Martinez e Natale Vinci, e il 16 ottobre 1921 anche Francesco Carrà: una vera falcidia del gruppo consiliare che sembrerebbe preludere a una consistente scissione comunista.

Invece le masse, soprattutto contadine, rimasero con Castro, che da anni si era battuto per esse e le aveva guidate.

Tuttavia un nucleo comunista sorse, ma di scarsa consistenza. Secondo la testimonianza del Magrì, da me in passato raccolta, si trattava di appena tredici persone, fra cui oltre allo stesso Magrì, falegname, vanno annoverati Filadelfo Santocono, calzolaio, Tano Giudice, muratore, Filadelfo Nigro, falegname, Paolo Di Giorgio, cartolaio, e Filadelfo Pupillo, calzolaio.

Tutti artigiani ed autodidatti, con una certa cultura politica ed ideologica di respiro più „nazionale" che, se li configurava in un certo senso come „avanguardia" del movimento rivoluzionario lentinese, li collocava in posizione un po' elitaria rispetto alla masse bracciantili analfabete, affamate di terra, di cui Castro invece aveva saputo e sapeva bene interpretare le aspirazioni. E probabilmente si trattò di un nucleo legato al P.C.d'I. più da vincoli ideologici e politici, ammantati da un trasporto quasi romantico per il bolscevismo, che organizzativi, se gli iscritti al partito comunista, in tutta la provincia, dai 204 del 1921 erano appena 5 nel settembre 1922[610] e se, come si evince da un libro di Togliatti[611] nel 1923 a Lentini non risultava nessun iscritto al partito comunista.

In ogni caso, costoro furono sempre considerati da tutti, e in particolare dai comunisti locali, i fondatori del PCI a Lentini.

E la polemica tra questo gruppo comunista e Castro è da considerarsi una delle cause che provocheranno lo spostamento a destra dello stesso Castro nell'ambito del movimento socialista.

Le cause della scissione comunista di Lentini hanno le loro radici in motivi politici (gli scissionisti erano ammiratori di Lenin e della rivoluzione bolscevica), ma anche in incompatibilità caratteriali con l'allora leader socialista, nonché capo dell'Amministrazione Comunale, Filadelfo Castro. Mi pare interessante, in proposito, individuare quale fu la scintilla, la cosiddetta goccia che fa traboccare il vaso, che determinò le dimissioni dell'assessore Filadelfo Santocono, il primo della serie.

La curiosa vicenda è stata da me appresa, nel secondo dopoguerra, da due testimonianze molto attendibili, anche perché perfettamente collimanti fra loro: una di parte comunista, cioè di uno dei dimissionari e cofondatori del PCdI; l'altra da un importante esponente socialdemocratico, vicinissimo al Castro, che nel 1947 era passato appunto alla socialdemocrazia.

---

610 G. Miccichè – *Dopoguerra e fascismo in Sicilia*, Editori Riuniti, 1976, pagg. 88 e 124.

611 P. Togliatti – *La formazione del gruppo dirigente del PCI nel 1923-24*, Editori Riuniti, 1984, pag. 372.

Pare che il Santocono, assessore socialista ai Lavori Pubblici, dunque nella pienezza delle sue funzioni, abbia fatto installare una fontanella pubblica (l'acqua in casa era allora privilegio di pochissimi) in via Indipendenza. Il caso volle che tale fontanella fosse installata proprio davanti alla porta di un locale adibito a forno.

Ciò obiettivamente comportava, per il fornaio, una notevole comodità per il suo lavoro: una cosa è avere l'acqua davanti alla porta, altra cosa è doverla attingere a centinaia di metri.

Senonché capitò che anche il fornaio, come Castro e come Santocono, fosse un socialista.

La cosa, pensò il Castro, al di là della buona fede di tutti, avrebbe potuto dare adito a maliziose dicerie su ipotetici favoritismi.

La considerazione non era campata in aria, vista l'aggressività dell'opposizione nazionalista, avvelenata dalla sconfitta subita alle comunali del 1920. Inoltre, allora i socialisti ci tenevano non solo ad essere imparziali, ma anche ad apparirlo. E, in effetti, si trattava di persone davvero illibate, sia quelle che rimasero nel PSI, sia quelle che passeranno al PCdI. Dunque il primo cittadino Castro, volendo che sul partito e sulla sua Amministrazione non ci fosse nemmeno la più lontana ombra di favoritismi, ordinò d'autorità la rimozione della fontanella.

Tale gesto fu letto dal Santocono (e poi anche da quelli a lui vicini) come un'umiliazione grave inflitta al suo prestigio.

Non ci addentriamo nella psicologia dei protagonisti, ma diciamo che, in seguito a tale spiacevole episodio, il Santocono, primo fra tutti, rassegnò le dimissioni. Per questo gesto fu in seguito considerato dai comunisti locali, una specie di *primus inter pares*, il primo tra i 13 fondatori del partito comunista. In tale veste fu sempre rispettato nell'ambiente, non solo come galantuomo quale effettivamente era, ma anche come colui che aveva dato il via alla scissione e dunque alla formazione del partito comunista di Lentini, anche se non ricoprì mai cariche di rilievo nel partito.

Io stesso, negli anni '50, ebbi l'opportunità di assistere a un significativo episodio in tal senso.

Seguivo, fra il pubblico, nei locali dell'attuale Biblioteca Comunale, un congresso sezionale del PCI, cui partecipavano i delegati dei congressi di cellula. La presidenza aveva da poco dato la parola ad un delegato, quando entrò in sala il Santocono, faticosamente appoggiandosi sul suo bastone. Il primo a vederlo fu l'oratore, che interruppe subito il suo intervento; gli altri delegati si alzarono tutti in piedi e gli indirizzarono un lunghissimo e caloroso applauso.

Cose d'altri tempi, qualcuno dirà. Ma anche queste cose fanno la Storia.

II - La scomparsa di Enzo Nicotra

Stavamo discorrendo, fermi sulla soglia di un noto bar cittadino, quando gli vennero festosamente incontro due suoi ex sodali dei vecchi tempi della DC. Nicotra allora si lasciò prendere dai ricordi delle sua lunga vita politica e cominciò a rievocare episodi e personaggi di quelle ormai mitiche vicende.

Ma i due, come purtroppo di questi tempi accade a molti, non ricordavano nulla di ciò. Non così io, da sempre interessato alla storia e alla microstoria cittadina, specialmente, anche se non solo, politica, che non esitai a tuffarmi assieme a loro nelle memorie del passato. Di ciò l'"onorevole" – come ormai tutti lo chiamavano – che da poco aveva letto il mio primo libro *Una storia socialista*[612], rimase piacevolmente colpito. Ne approfittai per spiattellargli in faccia la pensata che mi era venuta lì per lì.

"Enzo", gli dissi (da sempre ci davamo del tu), "saresti disposto a rilasciarmi una lunga intervista, da pubblicare in volume, attraverso la quale io possa ricostruire la tua carriera politica?"

Aderì con un certo compiacimento, con la sola condizione di rinviare la cosa alla imminente estate, che egli soleva trascorrere tra Lentini, in cui ufficialmente risiedeva, e la vicina casa al mare.

---

[612] Il libro, in edizione riveduta e corretta dall'autore, e corredato da un indice analitico dei nomi, è stato recentemente ristampato dalle Edizioni ZeroBook.

Le lunghe e numerose sedute, con tanto di registratore vicino, si svolsero in una specie di garage sotto casa sua, che egli aveva adibito ad archivio. Un archivio ricchissimo, di documenti e di fotografie, che da allora non ebbe più segreti per me, che democristiano non ero mai stato. Tanto che gli consigliai di donarlo alla Fondazione *Sturzo*. Egli allora apprezzò molto quel consiglio, ma forse non ha avuto il tempo e l'occasione per metterlo in pratica. Speriamo che lo facciano per lui la moglie e le figlie.

La concessione di questa totale libertà di „pescare" in quel mare palpitante di storia mi rivelò un Nicotra aperto e democratico, assai diverso dal tipico *ras* democristiano, tutto dedito a destreggiarsi nel labirinto correntizio dello Scudo Crociato e a tessere delicate alchimie politiche.

In realtà io posso affermare che Nicotra si aprì politicamente col suo biografo[613] come davanti a un confessore e che, attraverso l'incalzare delle domande, anche impietose, venne fuori un uomo e un politico più che degno di entrare nella storia cittadina, nella quale ha lasciato un segno che nessuno storico, attuale o futuro, potrà ignorare. La sua formazione politica era avvenuta nel bar, la cui gestione egli aveva ereditato dal padre prematuramente scomparso, ascoltando i discorsi e i dibattiti, spesso appassionati, ma sempre civili, fra gli illustri frequentatori di quello che era diventato una specie di *club* politico, in cui si confrontavano uomini come l'on.

---

613 La biografia politica di Enzo Nicotra è nel volume di Ferdinando Leonzio *Intervista a Enzo Nicotra*, che contiene anche la storia completa della DC lentinese e gli elenchi degli esponenti dello Scudo Crociato locale che ricoprirono cariche istituzionali o importanti ruoli nel partito.

Ciccio Marino, l'on. Mario Strano, don Gaetano Giudice, uno dei tredici fondatori del locale PCI, il capitano Parisi, democristiano della „prima ora", l'avv. Delfo Pupillo, colonna del socialismo „nenniano" e il pretore Paglialunga, proveniente da Firenze, dove era stato vicinissimo alle posizioni socialmente assai avanzate del cattolico sindaco La Pira, pacifista conosciuto in tutto il mondo.

Fu proprio Paglialunga a influenzare la formazione politica dei giovani, fra cui Nicotra, come Nicola Di Stefano, Carlo Mugno, Cirino Di Mauro, che allora militavano nell'Azione Cattolica, sapientemente costruita dal parroco della Chiesa Madre, mons. Francesco La Rosa.

Questa formazione per così dire „popolare", nel senso di sensibile ai bisogni della gente, Nicotra non l'abbandonò mai, anche quando divenne un „potente" e le tormentate vicissitudini correntizie, del resto sempre più scolorite ideologicamente, lo portarono a militare fra gli andreottiani prima e tra i demitiani di Rino Nicolosi poi.

Questo suo „popolarismo" sociale era accompagnato da un vivo senso della concretezza, che gli faceva privilegiare il risultato piuttosto che le teorizzazioni di grande respiro ideologico. Concretezza che non fu mai discriminatoria: nel suo studio di avvocato, divenuto quasi una seconda sezione democristiana, entravano e uscivano personaggi di tutte le estrazioni politiche e sociali.

Nicotra, nella sua ascesa politica e nella gestione del partito di cui divenne leader, non fu mai un capo incontrastato, come qualcuno allora credeva e forse ancora crede. Egli infatti dovette più volte scontrarsi prima con la vecchia guardia democristiana, che aveva i suoi esponenti più illustri nell' avv. Vincenzo Bombaci, colui che aveva gettato le prime basi per la costruzione della DC lentinese, e nell'avv. Alessandro Tribulato, primo sindaco dc di Lentini, i quali avevano una visione per così dire più ideologica della politica.

Successivamente, tra scontri e incontri – sia chiaro, sempre rispettosi dell'altro – dovette sempre tener conto della forte minoranza guidata dall'avv. Salvatore Moncada, dal prof. Nino Guercio, dall'avv. Carlo Mugno, ecc. Per non parlare dei giovani emergenti di notevoli capacità come Salvatore Martines, Alberto Di Mari, Davide Battiato, Carmelo Russo. Ma Nicotra dovette sempre tener conto anche delle forti personalità a lui più vicine, come il rag. Pippo La Rocca, il giornalista-scrittore Gianni Cannone, l'avv. Giacomo Capizzi, il prof. Nino Mazzone, il rag. Roberto Addamo.

Il successo politico di Nicotra è comunque legato alla sua prima felicissima intuizione, che lo portò a contrastare l'impostazione tendenzialmente conservatrice che la DC degli inizi a Lentini si era data, attenta com'era a non cedere spazi alla destra qualunquista, liberale e missina.

Nicotra capì che un siffatto ruolo avrebbe condannato la DC ad essere eterna minoranza nella sua Città, in cui il proletariato aderiva entusiasticamente alla sinistra, soprattutto comunista, e alla CGIL da essa controllata. Egli si avvide dell'errore del partito comunista, dell'essersi cioè identificato quasi per intero col bracciantato agricolo, affamato di terra e di lavoro. Rivolse perciò la sua attenzione alle categorie di lavoratori. trascurate dalla sinistra, come gli artigiani[614] e i coltivatori diretti, divenuti sempre più numerosi in se-

---

614 Diede impulso, assieme a Vittorio Chiaramonte, alla costituzione dell'Associazione Cristiana Artigiani, allora unica organizzazione della categoria pre-

guito alla riforma agraria, approvata dall'Assemblea Regionale Siciliana. Si batté anche, strenuamente, per i pescatori e i cacciatori che avevano perso il lavoro in seguito al prosciugamento del vecchio Biviere, perché fosse loro assegnata in compensazione parte delle terre prosciugate, rivelatesi poi fertilissime e che, trasformate in fiorenti agrumeti, spesso resero benestanti quelle categorie di lavoratori già precari.

Insomma, Nicotra non accettò di guidare un partito rappresentativo del solo ceto medio-alto, ma fece concorrenza al PCI sul suo stesso terreno, finendo per vincere quella lunga battaglia negli anni '80, quando la forza elettorale della DC supererà quella del PCI.

E mentre cresceva il suo potere ed egli assumeva le varie presidenze, fino alla più prestigiosa, quella della Commissione Giustizia della Camera dei Deputati, non si lasciò mai prendere la mano da nessuna forma di alterigia. Un giorno mi chiese di accompagnarlo a comprare della frutta da portare nella sua casa di mare. Ne riempì interamente due borse, assai pesanti, che egli portò, una per mano, fino al punto della piazza centrale in cui era posteggiata la sua macchina. Istintivamente feci per prendere io una delle due borse, per alleviargli la fatica. Stranamente egli rifiutò il mio aiuto, facendomi capire che non voleva che si pensasse di me che ero qualcosa di diverso del suo biografo e amico.

La sua terza ed ultima candidatura alla Camera fu la più sofferta, in quando era subentrata la legge sulla preferenza unica, che perciò, dovendo correre ognuno per sé, gli toglieva la possibilità di

---

sente a Lentini.

contrarre alleanze con altri candidati. Fu per lui una campagna durissima, dove ogni voto aveva un peso notevole. Proprio allora egli fu abbandonato da molti di quelli che gli dovevano qualcosa. Gli chiesi che cosa - dopo tanti anni – pensasse di costoro.

"Io perdono", mi disse, "ma non dimentico".

Ora sono gli altri che non devono dimenticare quell'uomo così attaccato alla sua terra. Al di là delle opinioni politiche di ciascuno, egli è stato un grande protagonista della storia contemporanea di Lentini, come lo furono Delfo Castro, Ciccio Marino, Otello Marilli, ai quali è stata intitolata una via cittadina.

Mi sembra giusto che il Comune faccia altrettanto per altri prestigiosi personaggi della scena politica lentinese come Nello Arena, Mario Strano ed ora Enzo Nicotra. Affinché non siano mai dimenticati.

III - I sindaci di Lentini

Già prima dello sbarco di Garibaldi, un po' dovunque in Sicilia, nei vari comuni, erano sorti comitati segreti che si proponevano di fiancheggiare la sperata spedizione garibaldina, al fine di favorire il progetto di annessione dell'isola al regno di Vittorio Emanuele II.

Da Pisano Baudo -"Storia di Lentini" - tip. Scolari, 1988:

PAGINA 101:

«Un Comitato segreto fu organizzato in Lentini composto dai signori: Vincenzo Consiglio Maxheo, barone Giovanni Fuccio Corbino, barone Giovanni Fuccio Sanzà, Alfio e Domenico fratelli Bugliarello, Eustachio Meli, Francesco Consiglio Marzano, Francesco Alemagna, Vincenzo Zappalà e Francesco De Felice» (1859).

PAGINA 102:

«Il Comitato di Lentini [...] fece adesione al Comitato segreto di Catania sotto il di' 21 settembre 1859 per l'annessione della Sicilia al Piemonte».

PAGINA 104:

«Il popolo unanime nomina un Comitato centrale composto dai signori: Presidente avv. Domenico Sciarrino; Vicepresidente barone

Salvatore Perrotta; Segretario Francesco Alemagna; Deputati: [sono elencati 35 nominativi]» (20-5-1860).

«Il Comitato appena eletto, per provvedere all'ordine pubblico ed alla sicurezza interna, istituisce una Commissione composta dai signori barone Giovanni Fuccio Corbino, barone Giovanni Fuccio Sanzà, baronello Vincenzo De Geronimo, Vincenzo Zappalà, Benedetto Perrotta, segretario, alla quale affida l'incarico di organizzare la forza pubblica per la guerra».

PAGINA 106:
«Il giorno 5 giugno il Comitato fa atto di adesione all'annessione della Sicilia al Regno costituzionale di Vittorio Emanuele [...] ed adotta la Dittatura del generale Garibaldi» (1860).

PAGINA 108:
«Secondo il disposto del potere dittatoriale di Sicilia e sulla base della Costituzione del 1812, in luogo del Comitato Provvisorio fu costituito il Consiglio Civico di quaranta cittadini che tennero la prima adunanza il giorno 5 luglio» (1860).

PAGINA 109:
«[...] Il Consiglio, presieduto da Vincenzo Consiglio Maxheo, assunse la rappresentanza comunale [...]».

Dr. Vincenzo Consiglio Maxheo -1860 -Presidente del Consiglio Civico.

Sindaci 1860-2019

Fino all'entrata in vigore della legge comunale del 1888, in base ai decreti 23-10-1859 n° 3702 e 09-10-1861 n° 249, il sindaco, nel Regno di Sardegna (e, successivamente nel Regno d'Italia), veniva nominato dal Governatore (poi chiamato Prefetto) della Provincia, tra i consiglieri comunali. Quando scadeva il suo mandato, o in seguito a dimissioni, o per morte, o per altre cause che comportassero la decadenza dalla carica, le funzioni sindacali venivano esercitate dall'assessore anziano, in attesa della nomina del nuovo sindaco, che non sempre era tempestiva. La Giunta, invece, veniva eletta dal Consiglio Comunale, tra i suoi componenti.

1) Barone Salvatore Perrotta
1860/63

Patrizio Presidente del Municipio, poi Sindaco.

Segue una gestione dell'assessore anziano Bonfiglio Giuseppe.

2) Barone Giovanni Fuccio Corbino
3-6-1864/22-10-1872

Sindaco.

3) Sig. Gaetano Guarany
22-10-1872/23-10-1873

Regio Delegato Straordinario

Segue una gestione dell'assessore anziano barone Giovanni Fuccio Corbino, occasionalmente sostituito da altri assessori.

4) Sig. **Vincenzo Conti**

aprile 1874/ottobre 1875

Sindaco.

Dall'ottobre 1875 il Comune è gestito dall'assessore anziano Alfio Mazzeri fino al 6-10-1876 e successivamente da altri (fra cui Erodico Consiglio) fino al febbraio 1878.

5) Sig. **Francesco Magnano S. Lio**

marzo 1878/31-12-1881

Sindaco.

Dal dicembre 1880 all'ottobre 1881 il Sindaco (forse impossibilitato) è sostituito da vari assessori (Giovanni Bugliarello, Alessandro Tribulato, Francesco Alemagna).

Dal gennaio 1882 (dopo la cessazione dalla carica) all'aprile 1882 è sostituito dall'assessore anziano Francesco Alemagna.

6) Prof. **Alfio Incontro**

maggio 1882/luglio 1884

Sindaco.

Dal luglio 1884 al giugno 1885 al vertice del Comune si avvicendano gli assessori Vincenzo Conti, Geronimo Geronimo e Gaetano Falcia.

7) Prof. **Alfio Incontro**

luglio 1885/31-12-1887

Sindaco.

Dal gennaio 1888 al 21-10-1890 alla direzione del Municipio si alternano vari assessori (Paolo Iannitto, Mario Bonfiglio, Salvatore Inserra, Vincenzo Bonfiglio).

8) Sig. **Alessandro Corso**

21-10-1890/3-3-1891

Regio Commissario.

9) Sig. **Arnaldo Raimondi**

3-3-1891/25-4-1891

Regio Commissario.

IL 25-4-1891 viene insediato il nuovo Consiglio Comunale, il quale prima elegge soltanto la Giunta, per cui al vertice dell'amministrazione si avvicendano gli assessori Giovanni Bugliarello, Sebastiano Falcia, Salvatore Geronimo Modica e Giuseppe Signorelli. Successivamente, e precisamente il 30-6-1891, in applicazione della nuova legge comunale del 1888, che prevedeva l'elezione indiretta del sindaco nei Comuni con popolazione superiore a diecimila abitanti, lo stesso Consiglio eleggerà sindaco Rosario Consiglio, che è dunque il primo sindaco eletto di Lentini.

10) Dr. **Rosario Consiglio**

30-6-1891/3-8-1895

Sindaco.

11) B.ne **Giuseppe Luigi Beneventano**

3-8-1895/24-9-1898

Sindaco

Segue una breve vacatio. Le temporanee mancanze di un sindaco si ripeteranno anche successivamente e saranno dovute al fatto che al Consiglio Comunale occorre un certo tempo per accordarsi sul nome del sindaco. La mancanza di accordo poteva provocare una gestione commissariale

12) Cav. **Filadelfo Mazzara**

8-11-1898/10-6-1900

Sindaco.

13) Cav. Uff. **Sante Rossi**

10-6-1900/6-9-1900

Regio Commissario.

14) Dr. **Rosario Consiglio**

11-9-1900/13-3-1905

Sindaco.

15) Cav. Avv. **Giuseppe Signorelli**

4-5-1905/27-7-1906

Sindaco.

16) Rag. **Salvatore Bianco**

27-9-1906/3-11-1906

Commissario Prefettizio.

17) Dr. **Giovanni Monti**

3-11-1906/12-1-1907

Regio Commissario

18) B.llo Francesco Beneventano

12-1-1907/8-3-1907

Sindaco.

19) Cav. Giovanni Bugliarello

8-3-1907/9-10-1907

Sindaco.

20) Dr. Pasquale Randone

9-10-1907/15-11-1907

Commissario Prefettizio.

21) Sig. Francesco Giglio

15-11-1907/13-12-1907

Commissario Prefettizio.

22) Cav. Giacomo Plunkett

13-12-1907/13-6-1908

Regio Commissario.

23) B.llo Francesco Beneventano

13-6-1908/25-2-1913

Sindaco.

24) Cav. Giovanni Bugliarello

9-4-1913/13-8-1913

Sindaco.

25) Dr. Vincenzo Gueli

13-8-1913/3-8-1914

Commissario Prefettizio.

26) Cav. Giovanni Bugliarello

3-8-1914/15-1-1916

Sindaco.

27) Ing. Gesualdo Angelico

29-1-1916/26-9-1916

Sindaco.

28) Avv. Raimondo Bruno

26-11-1916/22-7-1919

Sindaco.

29) Ing. Gaetano Pupillo

23-7-1919/19-10-1919

Commissario Prefettizio.

30) Avv. Francesco Ryllo

19-10-1919/13-1-1920

Regio Commissario.

31) Avv. Isidoro Crimando

13-1-1920/21-2-1920

Regio Commissario.

32) Cav. Rag. Giuseppe Scichilone

21-2-1920/31-10-1920

Regio Commissario.

33) Sig. Filadelfo Castro

31-10-1920/7-7-1922

Prosindaco

La figura del Prosindaco è assimilabile a quella dell'assessore anziano (per voti) e a quella del moderno vicesindaco. In tale veste Castro dirige il Comune fino al suo arresto. Ne prenderà il posto Rosario Mangano, fino al commissariamento del Comune.

34) Sig. Rosario Mangano

7-7-1922/12-11-1922

Prosindaco

35) Cav. Rag. Alfredo Polizzy

12-11-1922/12-12-1923

Commissario Prefettizio.

36) Farm. Giuseppe Bonfiglio

12-12-1923/15-12-1925

Sindaco

È l'unico sindaco eletto in epoca fascista. La carica sarà abolita e sostituita dalla figura del Podestà, di nomina governativa. che aveva i poteri del Sindaco, della Giunta e del Consiglio Comunale.

37) Cav. Giuseppe Bonfiglio

15-12-1923/23-4-1926

Commissario Prefettizio.

38) B.ne Francesco Aurelio Bonfiglio

23-4-1926/22-4-1927

Commissario Regio.

39) Comm. Giuseppe Bonfiglio

22-4-1927/18-7-1928

Podestà.

40) Cav. Salvatore D'Agata

18-7-1928/24-7-1928

Commissario Prefettizio.

41) Col. Cav. Filippo Taito

24-7-1928/8-9-1928

Commissario Prefettizio.

42) Dr. Luigi Violi

8-9-1928/10-10-1928

Commissario Prefettizio.

43) Sig. Francesco Cicirata

10-10-1928/19-2-1929

Commissario Prefettizio.

44) Sig. Francesco Cicirata

19-2-1929/28-10-1930

Podestà.

45) Rag. Giuseppe Cappellani

28-10-1930/29-11-1930

Commissario Prefettizio.

46) Dr. Luigi Bonfiglio

29-11-1930/7-3-1931

Commissario Prefettizio.

47) Dr. Luigi Bonfiglio

7-3-1931/27-10-1931

Podestà.

48) Cav. Uff. Rag. Francesco Matranga

27-10-1931/9-1-1932

Commissario Prefettizio.

49) Cav.Uff.Avv. Sebastiano Consiglio

9-1-1932/19-4-1932

Commissario Prefettizio.

50) Cav. Uff. Avv. Sebastiano Consiglio

19-4-1932/20-3-1935

Podestà.

51) Farm. Costantino Signorelli

20-3-1935/22-5-1935

Commissario Prefettizio.

52) Dr. Giacomo Magnano S. Lio

22-5-1935/8-6-1937

Podestà.

53) Cav. Uff. Dr. Giulio Cesare Rizza

8-6-1937/26-6-1937

Commissario Prefettizio.

54) Cav. Rag. Guglielmo Li Greci

26-6-1937/10-9-1937

Commissario Prefettizio.

55) Cav. Uff. Dr. <u>Giulio Cesare Rizza</u>

10-9-1937/23-10-1937

Commissario Prefettizio.

56) Cav. Rag. <u>Guglielmo Li Greci</u>

23-10-1937/1-4-1938

Commissario Prefettizio.

57) Ing. <u>Giuseppe Cardillo</u>

1-4-1938/30-7-1938

Podestà.

58) Cav. Geom. <u>Francesco Conti</u>

30-7-1938/23-8-1938

Commissario Prefettizio.

59) Cav. Geom. <u>Francesco Conti</u>

23-8-1938/29-8-1938

Podestà.

60) Ing. <u>Giuseppe Cardillo</u>

29-8-1938/9-4-1941

Podestà.

61) Cav. Uff. <u>Francesco Augello</u>

9-4-1941/19-7-1941

Commissario Prefettizio.

62) Cav. Geom. <u>Francesco Conti</u>

19-7-1941/28-3-1942

Commissario Prefettizio.

63) Comm. Dr. Paolo Fici

28-3-1942/23-5-1942

Commissario Prefettizio.

64) Cav. Geom. Francesco Conti

23-5-1942/26-3-1943

Commissario Prefettizio.

65) Ten.Col. Comm. Dr. Luigi Bugliarello

26-3-1943/29-5-1943

Commissario Prefettizio.

66) Ten.Col. Comm. Dr. Luigi Bugliarello

29-5-1943/23-10-1943

Podestà

Il col. Bugliarello, dopo l'occupazione di Lentini (15-7-1943), fu riconfermato dall'AMGOT nella carica di podestà.

67) Ten. Col. Comm. Dr. Luigi Bugliarello

23-10-1943/13-11-1943

Sindaco

In continuità e con gli stessi poteri della precedente carica di Podestà, ma con la qualifica di Sindaco.

68) Comm. Dr. Vincenzo Magnano S. Lio

13-11-1943/20-1-1945

Sindaco

Dal 5-1-1944 gli vengono affiancati quattro assessori, che insieme al Sindaco formano la Giunta Comunale, che delibera come organo collegiale.

69) Cav. Rag. Guglielmo Li Greci
20-1-1945/1-4-1946
Commissario Prefettizio.

Da qui in poi vengono indicati, accanto al nome del sindaco, tra parentesi, il suo partito di appartenenza e, più sotto, i partiti che sostengono l'Amministrazione Comunale da lui presieduta.

70) Sig. Filadelfo Castro (PSIUP)
1-4-1946/13-5-1946
Assessore anziano   PSIUP

71) Sig. Filadelfo Castro (PSIUP/PSLI)
13-5-1946/17-6-1947
Sindaco.   PSIUP/PSLI

72) Prof. Giovanni Pattavina (PCI)
18-6-1947/5-5-1948
Sindaco.   PCI,PSLI

73) Sig. Filadelfo Castro (PSLI)
6-5-1948/2-7-1951
Sindaco.   PSLI

74)   Dr. Mario Vaccaro

2-7-1951/7-6-1952

Commissario Prefettizio.

75)   Prof. Giuseppe Ferrauto (PSI)

8-6-1952/17-6-1956

Sindaco   PCI,PSI,IND.

76)   On. Prof. Otello Marilli (PCI)

18-6-1956/15-10-1957

Sindaco   PCI,PSI

Da questa legislatura il Consiglio Comunale passa da 32 a 40 componenti.

77)   Rag. Vitale Martello (PCI)

18-10-1957/12-12-1960

Sindaco   PCI,PSI

Dal 9-1-1959 al 12-12-1960 le funzioni sindacali sono però svolte dal vicesindaco Luigi Di Pietro (PSI).

78)   Sig. Sebastiano Arena (PCI)

13-12-1960/21-1-1962

Sindaco   PCI, PSI, USCS

Da questa legislatura il Consiglio Comunale viene eletto col sistema proporzionale.

79) Avv. Mario Ferrauto (PSI)

22-1-1962/20-11-1962

Sindaco.   DC,PSI,IND., PSDI

Il PSDI dà solo l'appoggio esterno.

80) Avv. Alessandro Tribulato (DC)

21-11-1962/1-12-1963

Sindaco   DC, USCS,IND.,PSDI

Il PSDI dà solo l'appoggio esterno.

81) Dr. Vincenzo Pisano

2-12-1963/9-12-1964

Commissario Regionale.

82) On. Prof. Otello Marilli (PCI)

10-12-1964/2-1-1973

Sindaco

  Maggioranza più volte modificata fra

                              PCI,PSI,PSIUP,IND

83) Prof. Michelangelo Cassarino (PCI)

3-1-1973/3-8-1975

Sindaco   PCI,PSI,PSIUP

84) Cav. Sebastiano Centamore (PSI)

4-8-1975/17-10-1976

Sindaco   DC,PSI,PRI

85) Dr. Francesco Fisicaro (DC)

18-10-1976/10-3-1978

Sindaco   DC,PCI,PSI,PSDI

86) Ing. Andrea Amore (PSDI)

11-3-1978/26-7-1978

Sindaco   DC,PSDI

87) Avv. Vincenzo Bombaci (DC)

27-7-1978/3-1-1979

Sindaco   DC,PSDI

88) Prof. Riccardo Insolia (PCI)

4-1-1979/23-7-1980

Sindaco   DC,PCI,PSDI

89) Avv. Giacomo Capizzi (DC)

24-7-1980/9-6-1982

Sindaco

Due diverse maggioranze:

(A)   DC,PSI,PRI
(B)   DC,PRI,PSDI

Il PSDI dà solo l'appoggio esterno.

90) Giornalista Giovanni Cannone (DC)

10-6-1982/19-2-1984

Sindaco

Due diverse maggioranze:

(A)   DC,PRI,PSDI

(B) DC,PSI,PRI

91) On. **Mario Bosco** (PCI)

20-2-1984/10-10-1988

Sindaco

Due diverse maggioranze:

(A) PCI,PSI,PRI,PSDI
(B) DC,PCI

92) Dr. **Santo Ragazzi** (PSI)

11-10-1988/31-7-1989

Sindaco
DC,PCI,PSI,PRI,PSDI

Il PSDI dà solo l'appoggio esterno.

93) Geom. **Davide Battiato** (DC)

1-8-1989/24-6-1990

Sindaco DC,PSI,PRI

94) Rag. **Giuseppe La Rocca** (DC)

25-6-1990/9-12-1991

Sindaco

Due diverse maggioranze:

(A) DC, MRD, PLI
(B) DC,PSI,PRI,MRD

95) Sig. **Elio Magnano** (PDS)

10-12-1991/21-7-1992

Sindaco. PDS,PRI,MRD,PLI,DC,PSI

Solo una parte della DC e un solo consigliere del PSI appoggiarono la giunta Magnano.

96) Prof. **Antonino Mazzone** (DC)

22-7-1992/15-10-1992

Sindaco   DC,PSI,PRI

Dal 19-10-1992 al 29-10-1992 le funzioni sindacali furono svolte dall'assessore Alfio Mastrogiacomo.

97) Dr. **Angelo Politi**

29-10-1992/15-2-1993

Commissario Regionale.

98) Dr. **Antonino Vella**

16-2-1993/13-12-1993

Commissario Straordinario.

A partire dalla successiva legislatura viene applicata la nuova legge elettorale che comporta l'elezione diretta del sindaco e la riduzione a 20 del numero dei componenti il Consiglio Comunale

99) Sig. **Salvatore Raiti**

14-12-1993/3-6-2002

Sindaco

Da ora in Avanti non sono più indicati né il partito di appartenenza del sindaco, ormai eletto direttamente dai cittadini e con poteri derivanti dalla legge, né i gruppi consiliari schierati a sostegno dell'esecutivo, sulla cui esistenza e composizione giuridicamente non hanno più influenza (tranne nel caso della sfiducia al sindaco).

100) Dr Francesco Rossitto

4-6-2002/11-8-2003

Sindaco

101) Mar. Agostino Guercio

12-8-2003/25-9- 2003

Sindaco f.f. (facente funzione)

102) Rag. Antonino Piccione

26-9-2003/28-6-2004

Commissario Straordinario

103) On. Dr Sebastiano Neri

29-6-2004/5-3-2006

Sindaco

104) Prof.ssa Maria Arisco

6-3-2006/13-4-2006

Sindaco f.f.

105) Dr Massimo Signorelli

14-4-2006/27-6-2006

Commissario Straordinario

106) Geom. Alfio Mangiameli

28-6-2006/23-6-2016

Sindaco

107) Dr Saverio Bosco

23-6-2016/in carica

Sindaco

Indice dei nomi

Abramo, Carmelo..........................205
Adagio, Maria Concetta...............271
Addamo, Natale...161, 173, 179 e seg., 189, 211, 220, 233 e seg., 237, 243
Addamo, Roberto....99, 123, 128, 131, 158, 173, 292
Addamo, Sebastiano.............103, 112
Adornato, Ferdinando.................200
Alemagna, Francesco 295 e seg., 298
Aliano, Giuseppe...........36, 56, 73, 96
Aliano, Paolo......................284 e seg.
Aliano, Peppino...............................23
Allende, Salvador...........................126
Almirante, Giorgio............62, 77, 124
Aloisi, Alessio. 172, 177, 181, 205, 207, 235 e seg., 238
Amara, Giuseppe...................127, 146
Amato, Giuliano...........................209
Amato, Saro...80, 83 e seg., 87 e seg.
Amore, Andrea......111, 124, 128, 131 e seg., 139, 151, 160, 162, 174, 311
Amore, Armando..........................183
Amore, Gaetano..............................22
Amore, Giuseppe..........................117
Andò, Salvo...................................247
Andreotti, Giulio...............79, 115, 168
Anfuso, Filippo................................62
Angelico, Gesualdo.......................302
Angelico, Sebastiano................62, 65
Ansaldo, Armando........................201
Ansaldo, Carmelo..........17, 39, 72, 77
Arcidiacono, Carlo........106, 121, 128
Arcidiacono, Guido.......................121
Arcidiacono, Salvatrice................119
Arena, Giovanni..16 e seg., 24 e seg., 27 e seg., 63, 66, 72, 78, 80, 82 e segg., 88 e seg., 92, 294, 309
Arena, Sebastiano (Nello)..16 e seg., 23 e segg., 27 e seg., 39, 51, 63 e seg., 66, 71 e seg., 78, 80, 82 e segg., 88 e seg., 92, 104, 294, 309
Arfé, Gaetano................................191
Arisco, Maria.....173, 179 e seg., 184 e seg., 264, 269, 314
Assenza, Enzo...............................255
Augello, Francesco.......................306

Aurora, Filadelfo..........................227

Aurora, Francesco..............103 e seg.

Avolio, Giuseppe............................115

Ayala, Giuseppe............................200

Bacci, Giovanni..............................283

Badoglio, Pietro...............................19

Baracca, Alfio........................47 e seg.

Baracca, Gaetano............................26

Barretta, Salvatore 261, 270, 274, 278

Basile, Salvatore..............161, 173, 189

Bassanini, Franco..........................191

Basso, Lelio......................32 e seg., 93

Battaglia, Francesco......................275

Battaglia, Mario............................240

Battiato, Davide 99, 117, 144, 161, 166, 170, 173 e seg., 178, 180, 186, 189, 201 e segg., 205, 217, 219, 232, 247, 254, 264 e seg., 276, 292, 312

Battiato, Giuseppe...............56, 73, 96

Battiato, Katia................................255

Battistuzzi, Paolo...........................200

Baudo, Carmelo 41, 52, 91, 102 e seg.

Bellardita, Alfio.....................243, 248

Beneventano, Francesco..............301

Beneventano, Giuseppe Luigi....299

Benvenuto, Giorgio..............191, 200

Benzoni, Alberto...................212, 236

Berio, Maria.....................................27

Berlinguer, Enrico................125, 226

Berlusconi, Silvio. 207, 209, 213, 216, 239 e seg., 246, 258, 271

Berretta, Angelo..............................18

Bertinotti, Fausto.........182, 252, 272

Bianco, Enzo.................................238

Bianco, Gerardo............................213

Bianco, Salvatore..........................300

Bifera, Gaetana.............................253

Bifera, Salvatore...................165, 169

Bindi, Rosy....................................257

Bissolati, Leonida........................282

Boccadutri, Calogero...........17 e seg.

Boggio, Luigi.................134, 208, 210

Bogi, Giorgio........................200, 236

Bombaci, Francesco......................28

Bombaci, Salvatore........................79

Bombaci, Vincenzo. 28, 43, 59 e seg., 62, 75 e seg., 90, 98, 102, 108 e seg., 123, 131 e seg., 137, 174, 291, 311

Bonaccorsi, Febronio.......249 e seg., 272, 274

Bonaccorsi, Lorenzo...................220

Bondì, Vincenzo......................82, 86

Bonfantini, Corrado.........................32

Bonfiglio, Francesco Aurelio......303

Bonfiglio, Giuseppe...297, 303 e seg.

Bonfiglio, Luigi..................304 e seg.

Bonfiglio, Mario...........................299

Bonfiglio, Vincenzo.....................299

Bonomi, Ivanoe............................282

Bordiga, Amadeo.........................282

Bordon, Willer......................200, 212

Borsellino, Rita...................272 e seg.

Bosco, Alfio.................101, 103 e seg.

Bosco, Armando....................108, 117

Bosco, Claudio.......................165, 169

Bosco, Filadelfo.....................247, 251

Bosco, Mario. 138, 142, 151, 153, 160 e seg., 164, 166 e seg., 170, 176, 182 e seg., 197 e seg., 221 e seg., 227 e seg., 230 e segg., 248, 253, 258, 312

Bosco, Saverio.......................278, 315

Boselli, Enrico.......................212, 236

Bossi, Umberto............................208

Brancati, Benedetto (Nitto).117, 144, 153, 164, 180, 187, 252, 266

Brancati, Vitaliano........................117

Brancato, Angelo. 132, 138, 151, 160 e seg., 166 e seg., 182 e seg., 210, 214, 223, 275

Brancato, Ciro......................260, 269

Brancato, Filadelfo........................161

Brancato, Giuseppe........................25

Brancato, Rita...............................235

Briganti, Luigi................................20

Brogna, Filadelfo............................26

Bruccone, Giovanni..78, 80, 84, 87 e seg.

Brunetto, Leonardo......................211

Brunno, Giulio...........................16, 54

Bruno, Giulio..................................71

Bruno, Giuseppe..........28, 43, 48, 64

Bruno, Raimondo...........31, 282, 302

Buccheri, Alfio................................84

Bugliarello, Alfio..........................295

Bugliarello, Domenico................295

Bugliarello, Giovanni 298 e seg., 301 e seg.

Bugliarello, Luigi.....15, 18 e seg., 21, 307

Busà, Giovanni...............................48

Butera, Salvatore.............75, 80, 102

319

Butera, Sebastiano 211, 220, 237, 247 e seg., 253, 269
Buttiglione, Rocco......213, 237 e seg.
Cabrini, Angiolo..........................282
Cacciari, Massimo........................255
Calabrò, Pino..................................62
Calamaro, Giuseppe....41, 47, 64, 85, 101
Caldarella, Antonio........................20
Canevari, Emilio.............................23
Cannone, Alfio..25, 27, 47, 148 e seg.
Cannone, Gianni....99, 102, 109, 117, 123, 128, 138, 141, 143 e seg., 147, 149 e segg., 161 e seg., 170, 189, 238, 252, 292, 311
Capizzi, Giacomo...99, 129, 138, 140, 142 e segg., 147, 149 e seg., 152, 211, 238, 252 e seg., 256, 266, 292, 311
Capizzi, Vincenzo.........................189
Caponetto, Filadelfo......................27
Cappellani, Giuseppe...................304
Caracciolo, Alfio..................47 e seg.
Caracciolo, Cirino..................112, 116
Caracciolo, Salvatore..........220, 250
Carani, Paolo.......................72, 92, 95
Cardello, Giuseppe........145, 154, 159

Cardello, Sebastiano....................199
Cardillo, Alfio......108 e seg., 142, 253
Cardillo, Elio...............................201
Cardillo, Giuseppe......................306
Cardillo, Maria Rosa............206, 215
Cardillo, Sebastiano......122, 128, 131
Cariglia, Antonio.........................198
Carniti, Pierre......................208, 236
Carrà Tringali, Ciccio....................57
Carrà, Francesco.........................285
Carta, Giuseppe....220, 239, 267, 269
Caruso, Alfio........................222, 227
Caruso, Alfio (1).............................47
Caruso, Enzo........................239, 253
Casella, Antonio............................88
Caserta, Gaetano..................265, 269
Casetto, Renato......163, 166, 169, 253
Casini, Pier Ferdinando......196, 207
Cassano, Giuseppe Maria 205 e seg.
Cassarino, Michelangelo.....91, 101 e segg., 112, 116, 119, 121, 149 e seg., 222, 224, 228 e seg., 231 e seg., 310
Castagnetti, Pierluigi...................257
Castiglia, Armando...........205 e seg.
Castiglione, Luigi..........................22

Castro, Filadelfo...9 e seg., 13 e seg., 17, 22 e seg., 25, 28 e seg., 32, 34 e seg., 37, 39, 45 e segg., 52, 55, 65, 74 e seg., 78, 89, 96 e seg., 133, 139, 155, 160, 181, 284 e segg., 294, 302 e seg., 308

Catania, Alfio..................................284

Cattano, Carlo..................................205

Cattano, Lorenzo................160 e seg.

Cattano, Rosario...........................133

Cattano, Salvatore....................38, 56

Cava, Claudio..................................250

Cavaleri, Sebastiano....................284

Cavarra, Filadelfo.........199, 248, 253

Celso, Angelo95, 110, 112 e seg., 115 e seg., 121, 124, 130 e segg., 139, 141, 148, 151, 159, 170, 174, 180, 199, 204, 212, 234, 243, 266

Celza, Ferdinando..............23, 29, 39

Censabella, Paolo. 160, 183, 197, 204, 213 e seg., 223

Centamore, Alfio..........................285

Centamore, Carlo....................56, 74

Centamore, Giuseppe....103 e segg., 125, 147, 205, 210, 266

Centamore, Sebastiano....27, 47, 55, 65, 73 e seg., 78, 80, 84 e segg., 96 e seg., 101, 103 e segg., 111 e segg., 116, 121 e seg., 124 e segg., 130 e segg., 162, 310

Chiaramonte, Vittorio......44, 61, 99, 292

Chiarenza, Cinzia..............216 e seg.

Chiarenza, Rosario. .56, 111, 113, 122, 128, 131, 133

Chiarenza, Salvatore...206, 232, 273

Ciaffaglione, Marcello.................142

Ciancio, Mario...............................88

Ciancio, Salvatore....................57, 65

Cicero, Carlo.....23, 56, 58, 73, 78, 85, 87, 98

Cicero, Sebastiano...................22, 26

Cicirata, Francesco......................304

Ciciulla, Francesco. 41, 52, 64, 85, 91, 101 e segg., 112, 138, 197

Cillepi, Cirino......176, 205, 231, 233 e seg., 239, 278

Ciotti, Pompeo............................282

Codignola, Tristano....................191

Colletti, Peter......................250, 252

Colombo, Emilio..........................115

Commendatore, Alberto.....201, 214, 223, 261, 274 e seg.

Commendatore, Francesco........253

321

Commendatore, Massimo..........276
Coniglione, Pasquale...................107
Consiglio Marzano, Francesco...295
Consiglio Maxheo, Vincenzo...295 e segg.
Consiglio Zappulla, Vincenzo......31, 282
Consiglio, Erodico........................298
Consiglio, Francesco.....................115
Consiglio, Gaetano.........................24
Consiglio, Giuseppe........................11
Consiglio, Rosario.............299 e seg.
Consiglio, Sebastiano..................305
Conti, Carmelo....................27, 39, 66
Conti, Filadelfo..............................48
Conti, Francesco...............306 e seg.
Conti, Gaetano.............................237
Conti, Luciano..............................112
Conti, Maria Rosa........................222
Conti, Vincenzo............................298
Conversano, Carlo........................257
Coppola, Francesco..................72, 92
Corallo, Salvatore......................93, 115
Cormaci, Alfio...............................176
Cormaci, Marcello.......247, 262, 265, 269, 276

Cormaci, Salvatore........................20
Corradino, Concetto....................204
Corrao, Ludovico...........................70
Corso, Alessandro........................299
Cosentino, Giuseppe. .182, 201, 222, 232, 274
Cossiga, Francesco.......................236
Cossutta, Armando....182 e seg., 267
Costanzo, Lidia. 120, 138, 204 e seg., 234 e seg., 243, 248, 275
Covelli, Alfredo.............................114
Craxi, Bettino...95, 132, 143, 168, 191, 198
Craxi, Bobo...................................271
Crifò, Alfio.......................29, 38 e seg.
Crimando, Isidoro.......................302
Crisci, Enzo..................................248
Crisci, Vincenzo.....27, 78, 81, 84, 92, 102, 110, 211, 220, 233 e segg., 237, 255, 278
Cristiano, Maria...................253, 271
Croce, Antonino..................240, 258
Crucianelli, Famiano....................236
Cuffaro, Totò.............240, 272 e seg.
Cundari, Piero....219, 258, 265 e seg.
Cutrona, Salvatore...............266, 277

D'Acquisto, Mario.................161, 180
D'Alema, Massimo......................182
D'Aragona, Ludovico....................33
D'Adamo, Federica......220, 238, 241, 244, 269
D'Agata, Salvatore.......................304
D'Alema, Massimo 211, 218, 220, 223
D'Amico, Angelo.....201 e segg., 205, 258 e seg., 262, 264 e seg.
D'Anna, Filadelfo.133 e seg., 139, 141, 146, 154, 159
D'Anna, Salvatore 23, 29, 39, 133, 146
D'Antoni, Sergio..........................239
D'Asta, Giovanni.........................100
De Benedictis, Roberto...............273
De Felice, Francesco....................295
De Gasperi, Alcide.......25, 36, 38, 117
De Geronimo, Vincenzo.............296
De Luca, Rosario...........................18
De Martino, Francesco..........33, 218
De Michelis, Gianni....................212
De Mita, Ciriaco...................143, 168
Del Buono, Oreste.........................59
Del Giudice, Barbaro....................70
Del Turco, Ottaviano............191, 212
Demma, Giuseppe.......................253

Di Falco, Paolo. .35, 119, 151, 160, 165, 169, 172, 177, 183, 205, 232, 234, 243
Di Giorgio, Angelo262, 264, 269, 276
Di Giorgio, Cirino..................67, 108
Di Giorgio, Giuseppe....................27
Di Giorgio, Paolo 13, 16 e seg., 39, 51, 208, 285
Di Grazia, Mario...........................67
Di Mari, Alberto....107, 138, 144, 148, 152, 170, 173, 179 e seg., 211, 227, 238, 241, 265, 269, 292
Di Mari, Daniele..........................253
Di Mari, Giuseppe.....205 e seg., 215
Di Mari, Mercurio..................84, 88
Di Mari, Salvatore......160, 176, 183 e seg., 207, 214, 223, 243, 248, 253, 261, 270, 278
Di Mauro, Cirino. .60, 98 e seg., 123, 291
Di Mauro, Gaetano........................65
Di Mauro, Giuseppe................23, 56
Di Mauro, Salvatore......................27
Di Mauro, Valeria................223, 231
Di Noto, Antonino..87, 94, 96 e seg., 101, 103 e seg., 111
Di Pietro, Antonio................236, 238

Di Pietro, Luigi..........................65, 73

Di Pietro, Salvatore.............204, 210

Di Stefano, Nicola.....60, 99, 110, 291

Di Vittorio, Giuseppe.....................23

Diliberto, Oliviero................236, 267

Dini, Lamberto.............................213

Diolosà, Concetta.................218, 233

Dolce, Nunzio 241, 249, 253, 274, 276

Donat Cattin, Carlo.....................224

Dugo, Luigi...................................112

Eco, Umberto.................................59

Emanuele, Gaetano........................38

Emmi, Giuseppe....................131, 204

Failla, Aldo....................................107

Failla, Gianni................................107

Falcia, Gaetano............................298

Falcia, Sebastiano........................299

Falcone, Francesco........29, 38 e seg.

Fanfani, Amintore........................135

Fangano, Carmelo..........................75

Faravelli, Giuseppe. .32 e seg., 36, 42

Faro, Armando..............................60

Fassino, Piero.......................182, 252

Favara, Dino..................................60

Favara, Filadelfo..........................201

Favara, Luigi..................................18

Favara, Sebastiano........................60

Fazio, Antonio...............................27

Ferlito, Vincenzo...........................54

Ferrante, Alfio...............................48

Ferraro, Enzo............206, 214 e seg.

Ferraro, Salvatore................265, 270

Ferrauto, Alfio...22, 56, 65, 73 e seg., 78

Ferrauto, Cetty............................255

Ferrauto, Giuseppe..47 e seg., 51, 55, 63, 73, 95, 101 e segg., 309

Ferrauto, Mario. .74, 80 e segg., 84 e segg., 98, 310

Ferrauto, Rosario..........105, 125, 130

Ferriero, Umberto 175, 206, 215, 234, 237 e segg., 242 e seg., 256

Fici, Paolo....................................307

Fini, Gianfranco..........202, 207, 239

Fiore, Giuseppe...........................268

Fiore, Umberto..............................28

Fisicaro, Antonino.......................141

Fisicaro, Benedetto.......261, 265, 276

Fisicaro, Francesco.....99, 123 e seg., 128 e segg., 138, 158, 173, 179 e seg., 264, 311

Fisicaro, Matteo...........................284

Fisicaro, Nello......................268, 274

Fisicaro, Nuccio......139, 141, 148, 151, 159, 161, 167, 170, 174, 199, 204, 212, 218, 243, 249, 251

Fisicaro, Nunzio............................121

Fisicaro, Sebastiano......................274

Fleres, Marco..................................18

Floridia, Alfio...........................56, 73

Floridia, Cirino.......108, 110, 124, 131

Foa, Vittorio............................33, 115

Fonte, Roberta..............................278

Forestiere, Puccio........209, 252, 268

Forgione, Francesco.....................227

Forlani, Arnaldo....................168, 192

Formica, Rino................................191

Formica, Salvatore.....26, 102 e seg., 112, 116, 159

Foti, Gino..98, 132, 144, 152, 164, 252, 261, 266

Franco, Francisco...........................16

Franco, Sebastiano.........................45

Fuccio Corbino, Giovanni........295 e segg.

Fuccio Sanzà, Giovanni....295 e seg.

Gaeta, Alfio...................................176

Galatà, Giuseppe...................108, 110

Gallo, Santo...................................145

Galloni, Carmine..........................227

Ganci, Francesco............................86

Garavini, Sergio.........182 e seg., 236

Garibaldi, Giuseppe.....................296

Garrasi, Cirino. .35, 41, 47, 52, 64, 67, 80, 85, 91, 101 e seg., 105, 222

Garrasi, Cirino (1)..........................52

Garrasi, Vincenzo..............23, 36, 56

Garrotto, Sebastiano....................249

Gasparri, Maurizio.......................219

Gatto, Vincenzo..............................93

Gentile, Raffaele....130, 145, 243, 248

Geronimo Modica, Salvatore.....299

Geronimo, Geronimo..................298

Gervasoni, Virginia........................42

Giacomuzzi, Antonio....................60

Giannini, Guglielmo......................26

Gianninoto, Vincenzo..................249

Giglio, Francesco..........................301

Giolitti, Antonio............................191

Gionfriddo, Virgilio......................233

Giordano, Franco.........................272

Giudice, Antonio.......56, 73, 100, 108

Giudice, Carmelo.........................228

Giudice, Gaetano.......39, 51, 285, 291

Giudice, Giuseppe...............265, 269

Giudice, Maria...............................10

Giuffrida, Salvatore...107, 115, 204 e seg., 207, 212

Giuga, Alfio............................267, 275

Giuga, Salvo..108, 220, 235, 241, 243, 247, 249, 254, 260, 269

Giuliano, Bernardo......................109

Giuliano, Carlo.............................132

Giuliano, Fino...............................106

Giuliano, Franco........215, 228 e seg.

Gorgia da Lentini.......7, 21, 193, 207, 246, 278

Gorrieri, Ermanno......................208

Graffeo, Nino..................................18

Gramsci, Antonio.............54, 72, 283

Grande, Guido. .16, 41, 52, 71, 80, 82, 85, 91, 111, 121, 127, 138, 182 e segg., 198, 245

Grandi, Achille................................23

Grasso, Carmelo....159, 169, 234, 237, 239, 243, 247, 265 e seg., 273

Grasso, Emilio......................247, 266

Grasso, Franco...............................18

Graziani, Rodolfo..........................62

Greco, Ciro.............253, 261, 270, 277

Greco, Davide..............................215

Greco, Egidio.................................55

Greco, Francesco..........................89

Greco, Giuseppe..........................175

Greco, Sebastiano....133, 154, 159, 171

Grimaldi, Salvatore (Turi)............24

Guarany, Gaetano.......................297

Guardo, Manlio.............................84

Gueli, Vincenzo...........................301

Guercio, Agostino..233, 235, 239, 241 e segg., 249, 255, 266, 314

Guercio, Antonino....196 e seg., 262, 265, 292

Guercio, Antonio....................99, 102

Guevara, Ernesto Che.................197

Gula, Cirino...........................237, 253

Iaca, Marcello...............265, 269, 276

Iachelli, Attilio.....43, 62, 76, 80, 100, 102, 111, 124

Iannitto, Paolo.............................299

Iannitto, Salvatore......................201

Ielo, Severino......23, 29, 34, 38 e seg.

Immolo, Arturo Carlo...................20

Incontro, Alfio...................298 e seg.

Ingrao, Pietro.....................182 e seg.

Innocenti, Giuseppe...................278

Innocenti, Paolo......112, 116, 119, 121, 183 e seg., 210

Inserra, Filadelfo..201, 222, 224, 233 e seg., 243

Inserra, Gaetano..........................26

Inserra, Lucio...............176, 201, 204

Inserra, Salvatore........................299

Insolera, (padre).........................24

Insolia, Riccardo...106, 119, 128, 132, 138, 151, 160, 162, 166, 311

Intini, Ugo............................212, 236

Ioeli, Alfio..................................284

Ira, Alfio......166 e seg., 169, 199, 204, 206, 210, 212, 215, 221, 232, 235, 243, 249

Jacometti, Alberto.......................191

Kitzmiller, John............................58

Krusciov, Nikita............................65

La Face, Francesco.......................127

La Face, Salvatore........................171

La Ferla, Alfio.................176, 182, 185

La Ferla, Andrea...184, 200, 232, 236

La Ferla, Franco..........................117

La Malfa, Giorgio........................208

La Mesa, Paolo............................273

La Pira, Giorgio.....................60, 291

La Pira, Giuseppe.....................43, 60

La Rocca, Giuseppe 99, 102, 107, 110, 123, 129, 131 e seg., 138, 143 e seg., 161, 166, 170, 173 e seg., 178 e segg., 184, 189, 211, 217, 230, 233, 237 e seg., 253, 312

La Rosa, Francesco. 25, 44, 59, 61, 75, 79, 100, 291

Laganà, Giuseppe........................166

Lauro, Achille.......................114, 124

Lazzara, Filadelfo. 95, 110, 112 e seg., 115 e seg.

Lazzara, Filaldelfo.......................112

Lazzara, Salvatore......20, 41, 96, 158

Lazzari, Costantino....................212

Leanza, Nicola............................271

Lenin..72

Leonardi, Giuseppe................72, 92

Leonzio, Ferdinando. 66, 82, 85, 101, 111 e segg., 116, 121, 128, 131, 133, 145 e segg., 154, 159, 171, 210, 216, 221 e seg., 225, 227, 229, 231

Leonzio, Giovanni Evelino...........24

Li Greci, Guglielmo....24, 305 e seg., 308

Liberto, Carmelo........................183

Lieto, Alfredo.......................253, 264

Limaccio, Giuseppe........................64

Linfazzi, Alfio................173, 184, 189

Lipari, Franco..............................243

Livigni, Mario..............................114

Lo Bello, Concetto........................107

Lo Faro, Rosario...........................180

Lo Magro, Gaetano...................61, 79

Lo Presti, Carlo........57 e seg., 98, 117

Lo Presti, Michele..........................26

Lo Sardo, Francesco......................72

Lombardi, Riccardo................33, 171

Lombardo, Alfio.......133, 139, 141, 171

Lombardo, Ivan Matteo...........33, 42

Lombardo, Raffaele..............265, 267

Lombardo, Santi...............272 e seg.

Lopes, Filippo..............................271

Lucács, György..............................96

Macca, Corrado............................199

Maccanico, Antonio..............216, 238

Maci, Adelfio................................250

Maci, Filadelfo................................27

Maci, Gaetano..............................202

Maci, Vittorio...............................107

Maddalena, Salvatore...122, 124, 235

Madeddu, Concetto.......................161

Maenza, Angelo.....234, 241, 266, 277

Magazzù, Tony..............................60

Magistrelli, Marina......................238

Maglitto, Vittorio...122, 131, 133, 159, 266

Magnano S. Lio, Francesco........298

Magnano S. Lio, Giacomo..........305

Magnano S. Lio, Vincenzo.21 e seg., 28, 307

Magnano, Andrea..........................36

Magnano, Elio...111, 119 e segg., 138, 160 e seg., 166 e seg., 176, 182 e segg., 188, 205, 207, 214, 222, 226, 228 e segg., 232, 248, 261, 265 e seg., 312 e seg.

Magnano, Filadelfo......................107

Magnetti, Corrado.......205, 242, 256

Magrì, Domenico..........................123

Magrì, Ignazio....16, 26 e seg., 39, 51, 54, 77, 80, 85, 91, 284 e seg.

Magrì, Lucio..........................101, 182

Magro, Salvatore...........................98

Majorana della Nicchiara, Benedetto...71

Manganaro, Giovanbattista.........72

Manganaro, Giovanni. .80, 82, 103 e seg.

Manganaro, Nicolò..................54, 71

Mangano, Rosario.....10, 17, 284, 303

Mangiameli jr, Alfio. 252 e seg., 275, 277 e seg., 314

Mangiameli, Alfio.122, 131, 139, 141 e segg., 148, 160, 167, 170, 175, 180, 204, 234, 243, 252 e seg., 261, 270, 277

Mangiameli, Alfio (geom.)...........237

Mangiameli, Giuseppe.................130

Mangiameli, Nunzio...139, 151, 160 e seg., 163, 175, 185, 189, 211

Mangiameli, Salvatore.............56, 73

Manoli, Gregorio............77, 108, 220

Manoli, Salvatore..62, 76 e seg., 100, 102, 220

Manzitto, Giuseppe........................42

Mao Tse Tung...............................197

Marilli, Enrico...................222 e seg.

Marilli, Otello......63 e segg., 72, 90 e seg., 93, 95, 101 e segg., 105 e seg., 109, 112, 114, 116, 119 e seg., 204, 294, 309 e seg.

Marini, Franco............................213

Marino, Francesco.13, 17, 25 e segg., 32, 34 e seg., 37, 40, 42, 51, 73, 169, 185, 189, 199, 232, 234, 237, 239, 243, 253, 257, 260, 262, 264, 266, 271, 291, 294

Marino, Luca................................253

Marino, Renato..234 e seg., 237, 255, 257, 259 e seg., 263 e segg., 271

Marino, Salvatore.........................174

Martello, Salvatore...............171, 210

Martello, Vitale. .64 e seg., 77, 81, 84, 92, 115, 122, 124, 131, 133, 139, 148, 151, 159, 161, 163, 165 e seg., 171, 309

Martinazzoli, Mino. 192 e seg., 196 e seg., 208

Martines, Giuseppe.......162, 173, 189

Martines, Salvatore......99, 107, 123 e seg., 128 e seg., 131 e seg., 138, 143, 148 e seg., 152, 162, 166, 169, 180, 192, 196 e seg., 211, 238, 252, 292

Martinez, Francesco.........13, 17, 285

Marziano, Bruno237, 252 e seg., 266

Mastella, Clemente......196, 236, 241, 248

Mastrogiacomo, Alfio166 e seg., 173, 189 e seg., 196, 313

Mastrogiacomo, Fortunato....41, 52, 64, 91, 112

Matranga, Cristina.......................255

Matranga, Francesco..................305

Matteotti, Giacomo............12, 22, 73

Matteotti, Giancarlo......................42

Matteotti, Matteo..........................33

Mattina, Enzo.......................40, 208

Mazzara, Filadelfo......................300

Mazzeri, Alfio..............................298

Mazzilli, Ugo.........247, 261, 270, 277

Mazzone, Antonino.138, 141 e segg., 149, 152, 161, 167, 170, 173, 179 e seg., 184, 189, 211, 237 e seg., 252, 292, 313

Meli, Eustachio............................295

Menchinelli, Alessandro..............115

Mendola, Giuseppe............72, 80, 92

Messina, Luigi......................232, 238

Messina, Paolo..............................82

Messina, Roberto................260, 270

Miceli, Alfio..................................210

Miceli, Salvatore..72, 82, 86, 92, 130, 132

Michelini, Arturo...........................77

Milani, Lorenzo...........................199

Milazzo, (dott.)..............................25

Milazzo, Silvio....................42, 61, 70

Militti, Giuseppe..........................255

Miniati, Silvano...........................115

Mirisola, Guido.............243, 247, 278

Miuzzo, Filadelfo..........................27

Modigliani, Giuseppe Emanuele. 32 e seg., 282

Mollica, Alfio.......92, 101 e segg., 112

Moltisanti, Marisa.......................209

Monaco, Sergio.............217, 223, 241

Moncada, Alfio.............22, 43, 48, 60

Moncada, Antonino.......133, 139, 151

Moncada, Giuseppe....138, 151, 160 e seg., 200, 205, 210, 215, 217, 232, 234, 236

Moncada, Guglielmo047 e seg., 56, 73

Moncada, Salvatore..44, 80, 84, 98 e seg., 106, 109, 115, 123, 128, 135, 138, 144, 149, 152, 161, 166 e seg., 170, 173, 185, 200, 292

Mondolfo, Ugo Guido...................42

Montgomery, Bernard Law..........15

Monti, Giovanni.........................300

Morandi, Rodolfo.........................32

Moro, Aldo....................................93

Motta, Filippo. 133, 141, 223, 266, 277 e seg.
Motta, Silvestro..................13
Muccio, Salvatore Costantino...234, 243
Mugno, Carlo...44, 60, 98 e seg., 110, 291 e seg.
Mugno, Enzo....................60
Mussi, Fabio...................182
Mussolini, Alessandra.........268, 274
Mussolini, Arnaldo..................21
Mussolini, Benito.....12, 19 e seg., 73
Musumeci, Nello. .268, 270, 272, 274
Nanfitò, Giuseppe........71, 78, 80, 88
Napolitano, Giorgio....................182
Narzisi, Cirino............................249
Natta, Alessandro..........151, 176, 182
Nencioni, Gastone.......................124
Nenni, Pietro.....32 e seg., 65, 70, 82, 84, 93, 105, 212, 249
Neri, Antonio..................58
Neri, Emanuela..............119
Neri, Salvatore......62, 76 e seg., 100, 102, 107, 111
Neri, Sebastiano....28, 43, 48, 62, 65, 76, 139

Neri, Sebastiano (Nello).....124, 240, 257 e segg., 262 e segg., 267, 269, 271, 274 e segg., 278, 314
Nicita, Santi.....98, 144, 152, 164, 181, 252, 266
Nicolosi, Rino.........144, 148, 187, 291
Nicotra, Enzo......44, 60 e segg., 64 e seg., 75 e seg., 79, 81, 83 e seg., 89, 98 e seg., 106, 108, 117, 123, 128, 135, 137, 140 e seg., 143 e seg., 148 e seg., 152, 161, 164, 166, 180, 187 e segg., 192, 281, 289 e segg.
Nicotra, Giuseppe....95, 145, 159, 161, 170, 199, 222, 232, 243, 248, 266, 277
Nicotra, Nazareno...............266, 277
Nigro, Filadelfo......16 e segg., 39, 51, 285
Nigro, Maria........................206, 243
Nipitella, Alfio...............................284
Nipitella, Elena........................27, 96
Nipitella, Sebastiano..................284
Nisi, Francesco............260, 267, 270
Occhetto, Achille 120, 176, 181 e seg., 208, 211, 221
Occhipinti, Mario.......................224

Oddo, Salvatore...233, 255, 271, 275 e seg., 278

Odierna, Leonardo......................102

Orlando, Leoluca.........201, 208, 238

Ortisi, Egidio..............................224

Ossino Fisicaro, Rosario.....155, 162, 172, 177, 179, 185, 201 e segg., 248, 253, 277

Ossino, Bruno.....................77, 85, 87

Ossino, Vincenzo...........................81

Pacciardi, Randolfo...............77, 100

Paglialunga, Salvatore....60, 99, 103, 291

Pajetta, Gian Carlo........................46

Panebianco, Filadelfo...................26

Panebianco, Sebastiano................26

Panico, Giuseppe.....................86, 94

Pannella, Marco............................95

Paone, Cirino.................................20

Parisi, Alfio.................43, 60, 99, 291

Parisi, Angelo.......................265, 270

Pastore, Giulio..............................40

Patania, Salvo..............................257

Pattavina, Giovanni. 23 e seg., 27, 38 e seg., 51, 56, 308

Pattavina, Paolo..........................248

Patton, George S. 15

Pellico, Silvio. .154, 160, 163, 170, 175, 201, 242, 244, 253, 278

Peluso, Angelo....................54, 71, 91

Perez, Enzo..................................257

Perrotta, Benedetto.....................296

Perrotta, Salvatore............296 e seg.

Pertini, Sandro.......................32, 212

Peter, (maggiore)...........................19

Piave, Nicola..................................18

Piazza, Mario.................................57

Piccione, Antonino...............255, 314

Piccione, Salvatore........................59

Piccoli, Flaminio..........................134

Pignatello, Sebastiano..........64, 83 e segg., 87 e seg.

Pinochet, Augusto.......................126

Pisano Baudo, Sebastiano....98, 295

Pisano, Elena........................232, 241

Pisano, Francesco.......................247

Pisano, Giuseppe.......55, 75, 79, 90 e seg., 97, 101, 104, 111, 124, 133, 160, 164, 172, 177

Pisano, Vincenzo.........90 e seg., 310

Piscitello, Rino...........221, 223 e seg.

Pistritto, Luciano..........................18

Pitruzzello, Salvatore..............55, 86

Pizzolo, Gaetano...........................72

Plunkett, Giacomo.......................301

Podrecca, Guido...........................282

Politi, Angelo.........................190, 313

Polizzy, Alfredo...........................303

Polizzy, Angelo...............................11

Portal, Biagio........................266, 277

Portera, Nuccio..........215, 228 e seg.

Prodi, Romano..12, 103, 216, 239, 271 e seg.

Puglisi, Salvatore........162, 168 e seg.

Pulia, Filadelfo..............................89

Pulia, Simone. .121, 128, 132, 167, 182

Pulino, Giuseppe.........205, 260, 269

Pulvirenti, Antonio........................66

Pulvirenti, Vincenzo......................16

Pupillo, Cirino................................20

Pupillo, Enzo..171, 200, 210, 224, 235 e seg., 238 e seg., 244, 253, 258 e seg., 261, 263

Pupillo, Filadelfo 47, 55, 65, 73 e seg., 81 e seg., 85, 96, 101, 105, 115, 130, 133, 139, 141, 145 e seg., 159, 171, 200, 216, 285, 291

Pupillo, Fino..................................60

Pupillo, Gaetano..........................302

Pupillo, Giovanni....13, 20, 40 e seg., 47 e seg., 51 e seg., 71

Ragazzi, Paolo.....200, 205, 212, 215, 222 e seg., 233 e segg.

Ragazzi, Rosanna.................204, 222

Ragazzi, Santo 125, 130, 133, 139, 141, 144 e segg., 154, 159, 161, 163, 166 e segg., 174, 184 e seg., 189, 192, 199 e seg., 204, 206 e seg., 210, 212, 234, 243, 248, 312

Ragazzi, Vincenzo 26, 28, 43, 65, 80, 146

Raimondi, Arnaldo......................299

Raiti, Alfio................................47, 85

Raiti, Franco.........................204, 243

Raiti, Mariano..............................141

Raiti, Mario....................................67

Raiti, Turi...119, 193, 197 e seg., 202 e segg., 213, 215, 220, 222 e seg., 225 e segg., 232 e seg., 235, 237 e seg., 241 e segg., 251, 261, 275, 313

Ramaci, Nello...............265, 269, 276

Ramondetta, Orazio......................23

Randazzo, Salvatore.............176, 275

Randone, Pasquale......................301

Rapisarda, Ada.............................201

333

Rauti, Pino............................124, 202

Ravalli, Salvatore........................254

Reale, Enzo......154, 160, 163, 166, 171, 175, 179 e seg., 185, 237, 239 e seg., 242, 253, 256, 276

Reale, Francesca....................247, 254

Renda, Salvatore............................18

Renna, Croce Alessandro...........205

Renna, Mario.................................67

Renna, Rosario......111, 113, 116, 130 e seg., 139, 154, 160, 163, 171, 175

Ripa di Meana, Carlo..................208

Risuglia, Andrea...........................171

Rizza, Giulio Cesare..........305 e seg.

Roccaforte, Cirino.........................48

Romagnoli, Luca.........................268

Romita, Giuseppe....................32, 42

Rosolino, Salvatore..............250, 252

Rosolino, Salvo. 108, 220, 267 e seg., 274

Rossi, Sante................................300

Rossitto, Alfio........26, 43, 60, 65, 199

Rossitto, Armando. .125, 199 e segg., 205, 256, 274 e seg., 277 e seg.

Rossitto, Claudio........................180

Rossitto, Francesco.123, 132, 138, 141 e seg., 237, 246 e seg., 251 e segg., 262, 264 e seg., 314

Rotondo, Antonio.......................256

Rubino, Antonio............................60

Ruffolo, Giorgio..................200, 236

Rumor, Mariano...........................115

Runza, Vincenzo....................161, 173

Russo, Carmelo 138, 141, 144, 173, 184 e seg., 196, 233, 238, 252, 292

Russo, Mario.........................229, 231

Russo, Paolo.................................67

Rutelli, Francesco........238, 240, 242

Ryllo, Francesco..........................302

Saccà, Giuseppe..................23, 36, 56

Saccà, Romolo......................253, 256

Saccuzzo, Nello...........................234

Saccuzzo, Sebastiano..................243

Saggio, Alfio..........205, 212, 218, 227

Saggio, Francesco.......................264

Saitta, Biagio...............................240

Salvato, Ersilia............................182

Sanfilippo, Giuseppe............215, 231

Santacono, Filadelfo..........16 e seg.

Santacono, Francesco.................287

Santocono, Filadelfo 13, 16 e seg., 39, 51, 284 e segg.

Santocono, Francesco. 27, 183 e seg.

Saraceno, Carmelo................191, 198

Saragat, Giuseppe....32 e seg., 46, 65

Sasso, Ugo..58

Saya, Salvatore.................................58

Scaletta, Alfio................................220

Scandurra, Alfio.....................177, 185

Scapellato, Saverio........................106

Scarfì, Sebastiano..............25, 27, 29

Scatà, Sebastiano................17, 27, 51

Scelba, Mario......................60, 70, 79

Schiavone, Vincenzo.......................43

Schietroma, Gianfranco....209, 212, 236

Sciarrino, Domenico....................295

Scichilone, Giuseppe...................302

Sciuto, Salvatore.....124, 139, 162, 164

Scuderi, Giovanni..................115, 122

Segni, Mario...........................186, 208

Serrati, Giacinto Menotti...........283

Serratore, Alfio.....56, 73, 82, 85, 101, 125, 127, 146 e seg., 210

Sferrazzo Curcio, Rosaria....111, 124

Sferrazzo, Antonino.............234, 244

Sferrazzo, Filadelfo (Philly) 220, 239 e seg., 254, 264, 267, 269, 276

Sferrazzo, Francesco. .247, 254, 260, 269, 276

Sferrazzo, Franco..................234, 243

Sferrazzo, Gaetano.99, 110, 124, 128, 131, 142, 148, 242, 252

Sferrazzo, Giuseppe.......................23

Sgalambro, Alfio........43, 48, 58, 64 e seg., 98, 102

Sgalambro, Francesco.....31, 98, 282

Sgalambro, Giovanni...43, 60, 84, 88

Sgroi, Angelo.................................271

Siena, Rosario................................173

Signorelli, Costantino.................305

Signorelli, Giuseppe.........299 e seg.

Signorelli, Massimo.............269, 314

Simonini, Alberto...........................36

Sipala, Emanuele..................211, 220

Siracusano, Alfio..111 e seg., 119, 121, 206, 215, 248, 256

Siracusano, Alfio (1).....................234

Siracusano, Saro...........................233

Sorbello, Salvatore...................56, 73

Sortino, Nuccia............................264

335

Spada, Lino....95, 154, 159, 169 e seg., 174, 180, 189, 199
Spada, Nicola..................................145
Spadaro, Carmelo..........236, 243, 256
Speranza, Cirino16, 18, 26 e seg., 39, 51
Spiga, Loredana.............................271
Spini, Valdo..................208, 212, 236
Stalin, Josif...........................16, 35, 65
Stefio, Salvatore............................271
Strano, Alfio...........236, 241, 253, 267
Strano, Mario.41, 52, 54, 71, 236, 291, 294
Sturzo, Luigi....................................70
Sudano, Alessandro.....................222
Sudano, Paolo................................60
Taito, Filippo................................304
Tarantino, Nicola.........................102
Terracini, Umberto.................84, 92
Terranova, Aurora........................229
Tilgher, Adriano...........................268
Tocco, Adelfio................261, 265, 277
Tocco, Guglielmo...132, 138, 176, 183, 185, 210, 214, 223
Togliatti, Palmiro.....40, 63, 223, 286
Tomasello, Filadelfo.........52, 91, 228

Tomasello, Marisa........................252
Tondo, Enzo...66, 95, 101 e seg., 222, 224, 229
Tornello, Sandro............................36
Tortorella, Aldo..........182 e seg., 226
Toscano, Alfio........................173, 184
Toscano, Carmelo..........................58
Tramontana, Concetta...............205
Tribulato, Alessandro..43, 48, 62, 65, 75 e seg., 79 e seg., 87 e segg., 99, 110, 123, 292, 298, 310
Tribulato, Antonino............204, 209
Tringali, Francesco........................20
Tronco, Nuccia..............261, 263, 265
Turati, Filippo......35, 56, 78, 212, 282
Vacanti, Rosario...........247, 250, 276
Vaccaro, Mario........................46, 309
Vacirca, Vincenzo..........................35
Valenti, Francesco (Ciccio)...........24
Valenti, Pasquale.43, 60, 80, 99, 102, 106, 110, 123 e seg., 131, 138, 142 e seg.
Valori, Dario..................93, 114 e seg.
Vasile, Carlo. 227, 234, 243, 255, 260, 265, 278
Vassalli, Giuliano...........32 e seg., 36

Vasta, Aldo..........................173, 184
Vecchietti, Tullio..............32, 93, 115
Vella, Antonino.....................190, 313
Vella, Arturo....................................70
Vella, Natale......13, 17 e seg., 190, 313
Veltri, Elio...............................191, 224
Veltroni, Walter............................182
Ventura, Alfio..................................23
Ventura, Nello.......................250, 254
Ventura, Sebastiano. .38, 56, 113, 125
Verzotto, Graziano..........61, 109, 135
Viglianesi, Italo...............................40
Vilona, Maurizio...................206, 215
Vinci, Carmelo..............................211
Vinci, Francesco........................81, 91
Vinci, Franco................................131
Vinci, Giuseppe............249, 255, 278
Vinci, Natale.........................242, 285
Vinci, Renzo..........235, 243, 248, 277
Vinci, Sebastiano............................91

Vinci, Vincenzo......161, 170, 173, 179, 205
Vinciullo, Vincenzo...........252 e seg.
Vintaloro, Nancy.........................220
Viola, Giorgio................247, 254, 262
Violi, Luigi....................................304
Vistrè, Graziella.......101, 112, 116, 119
Vittorini, Elio............................17, 59
Vittorio Emanuele II....................296
Zagari, Mario.......................32 e seg.
Zammataro, Salvatore.......43, 48, 62
Zanone, Valerio............................209
Zappalà, Gianni............................201
Zappalà, Vincenzo.............295 e seg.
Zappulla, Alessandro............192, 197
Zappulla, Giuseppe......................273
Zarbano, Gaetano...............56, 65, 73
Zarbano, Giuseppe....140, 142 e seg., 148, 161, 256
Zarbano, Paolo...........17, 57, 148, 256

Nota di edizione

Questo libro

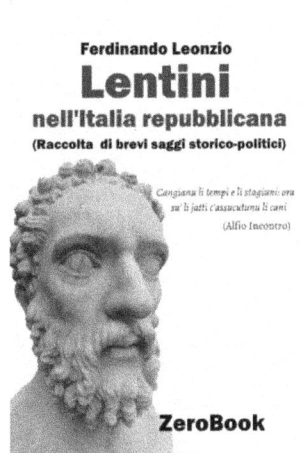

I quattordici articoli, già pubblicati su *Girodivite*, e le tre appendici che compongono questo libro di Ferdinando Leonzio, ci raccontano, con abbondanza di particolari, le vicende politiche della Città di Lentini nel periodo dell'Italia repubblicana compreso fra il 1946 e il 2006.

Si tratta di un corposo affresco palpitante di dialettica politica e di accese passionalità, in cui si confrontano o si scontrano gli antagonismi più diversi: tra socialisti e conservatori, tra fascisti e antifascisti, tra comunisti e democristiani, tra progressisti e moderati.

Questo quadro della Lentini moderna, così ricco di personalità e di iniziative, di incontri e di scontri, di irresistibili ascese e di rovinose cadute, di epiche battaglie sociali e di sottili trame politiche, di eccellenti oratori e di suadenti ragionatori, sembra richiamarsi direttamente al più illustre del lentinesi, a quel Gorgia, che è il padre riconosciuto della filosofia sofistica e della retorica; le quali, com'è noto, allignarono nella realtà delle *poleis* greche del V secolo a. C. e trovarono il loro terreno naturale nelle assemblee cittadine, in cui molto influiva la forza della libera parola ai fini delle pubbliche decisioni. L'autore, appassionato ricercatore dell'argomento, supportato da una notevole mole di notizie derivanti da libri, giornali, documenti, manifesti, volantini, testimonianze orali, ormai di difficile reperimento, ci consegna il quadro di una realtà politica ricca e vivace e pertanto meritevole di essere ricordata.

Lo stile discorsivo usato, quasi un parlato, ha l'evidente scopo di dar vita ad un'opera non per soli „iniziati" o solitari cultori della materia storica, ma di veicolare la storia nella cultura del lettore medio, affinché il sapere, e in particolare quello che vuole esplorare le radici di una società, sia patrimonio generale.

Una scelta, questa, che, accompagnata da una seria ricerca scientifica, consegna al pubblico un'opera di non difficile lettura, ma anche capace di aprire la strada a ulteriori e particolari ricerche.

Cangianu li tempi e li stagiuni: ora su' li jatti c'assucutunu li cani
(Alfio Incontro)

L'autore

Ferdinando Leonzio è nato a Lentini (SR) il 2 gennaio 1939.

Laureato in giurisprudenza, ha insegnato per trentadue anni, fino all'anno scolastico 1997/98.

Iscrittosi diciottenne al PSI, vi ha ricoperto varie cariche: segretario del Movimento Giovanile Socialista di Lentini e vicesegretario provinciale della Federazione Giovanile Socialista Italiana; più volte componente del Comitato Direttivo della sezione di Lentini, anche con l'incarico di segretario amministrativo, di vicesegretario ed infine di segretario politico; componente del Comitato Direttivo della Federazione Provinciale e poi della Commissione Provinciale di Garanzia.

È stato corrispondente da Lentini dell'"*Avanti!*" e de "*L'Ora*".

Consigliere comunale per due legislature, dal 1970 al 1980, è stato tre volte assessore comunale nelle Giunte presiedute dall'on. prof. Otello Marilli, dal prof. Michelangelo Cassarino e dal dott. Francesco Fisicaro.

È stato inoltre componente del Comitato Amministrativo dell'Ente Comunale di Assistenza, della Commissione Elettorale Comunale, del Consiglio di Amministrazione della Biblioteca Comunale "Riccardo da Lentini" e del Comitato di Gestione del Comune di Lentini.

Per un certo tempo si è interessato anche di sport, figurando tra i soci fondatori dell'Unione Sportiva Leontina, di cui è stato anche il primo presidente.

Autore di prefazioni, di recensioni e di numerosi interventi storici su vari giornali, è biografo politico di eminenti personaggi lentinesi, quali Nello Arena, Vincenzo Bombaci, Delfo Castro, Otello Marilli, Enzo Nicotra, Giovanni Pattavina.

Ha pubblicato i seguenti libri:

Una storia socialista –

Lentini 1892-1956: Vicende politiche –

Alchimie –

Il culto e la memoria –

Filadelfo Castro –

Intervista ad Enzo Nicotra –

Lentini vota –

13 storie leontine –

L'orgia delle scissioni –

Segretari e leader del socialismo italiano –

Breve storia della socialdemocrazia slovacca –

La scommessa –

Donne del socialismo –

La diaspora del socialismo italiano –

Cento gocce di vita –

La diaspora del comunismo italiano –

Sei parole sui fumetti –

Otello Marilli –

La diaspora democristiana -

Le edizioni ZeroBook

Le edizioni ZeroBook nascono nel 2003 a fianco delle attività di www.girodivite.it. Il claim è: "un'altra editoria è possibile". ZeroBook è una piccola casa editrice attiva soprattutto (ma non solo) nel campo dell'editoriale digitale e nella libera circolazione dei saperi e delle conoscenze.

Quanti sono interessati, possono contattarci via email: zerobook@girodivite.it

O visitare le pagine su: https://www.girodivite.it/-ZeroBook-.html

Ultimi volumi:

La diaspora democristiana / di Ferdinando Leonzio (ISBN 978-88-6711-157-2)

Emma Swan e l'eredità di Adele Filò / di Simona Urso (ISBN 978-88-6711-153-4)

Otello Marilli / di Ferdinando Leonzio (ISBN 978-88-6711-155-8)

Dizionario politico-sociale di Nova Milanese : Passato e presente / Adriano Todaro (ISBN 978-88-6711-151-0)

Autobianchi : vita e morte di una fabbrica / di Adriano Todaro

prefazione di Diego Novelli (ISBN 978-88-6711-141-1)

Sei parole sui fumetti / di Ferdinando Leonzio (ISBN 978-88-6711-139-8)

Sotto perlaceo cielo : mito e memoria nell'opera di Francesco Pennisi / di Luca Boggio (ISBN 978-88-6711-129-9)

Celluloide : storie personaggi recensioni e curiosità cinematografiche / a cura di Piero Buscemi (ISBN 978-88-6711-123-7)

Accanto ad un bicchiere di vino : antologia della poesia da Li Po a Rino Gaetano / a cura di Piero Buscemi (ISBN 978-88-6711-107-7, 978-88-6711-108-4)

Il cronoWeb / a cura di Sergio Failla (ISBN 978-88-6711-097-1)

L'isola dei cani / di Piero Buscemi (ISBN 978-88-6711-037-7)

Saggistica:

I Sessantotto di Sicilia / Pina La Villa, Sergio Failla (ISBN 978-88-6711-067-4)

Il Sessantotto dei giovani leoni / Sergio Failla (ISBN 978-88-6711-069-8)

Antenati: per una storia delle letterature europee: volume primo: dalle origini al Trecento / di Sandro Letta (ISBN 978-88-6711-101-5)

Antenati: per una storia delle letterature europee: volume secondo: dal Quattrocento all'Ottocento / di Sandro Letta (ISBN 978-88-6711-103-9)

Antenati: per una storia delle letterature europee: volume terzo: dal Novecento al Ventunesimo secolo / di Sandro Letta (ISBN 978-88-6711-105-3)

Il cronoWeb / a cura di Sergio Failla (ISBN 978-88-6711-097-1)

Il prima e il Mentre del Web / di Victor Kusak (ISBN 978-88-6711-098-8)

Col volto reclinato sulla sinistra / di Orazio Leotta (ISBN 978-88-6711-023-0)

Il torto del recensore / di Victor Kusak (ISBN 978-6711-051-3)

Elle come leggere / di Pina La Villa (ISBN 978-88-6711-029-2)

Segnali di fumo / di Pina La Villa (ISBN 978-88-6711-035-3)

Musica rebelde / di Victor Kusak (ISBN 978-88-6711-025-4)

Il design negli anni Sessanta / di Barbara Failla

Maledetti toscani / di Sandro Letta (ISBN 978-88-6711-053-7)

Socrate al caffé / di Pina La Villa (ISBN 978-88-6711-027-8)

Le tre persone di Pier Vittorio Tondelli / di Alessandra L. Ximenes (ISBN 978-88-6711-047-6)

Del mondo come presenza / di Maria Carla Cunsolo (ISBN 978-88-6711-017-9)

Stanislavskij: il sistema della verità e della menzogna / di Barbara Failla (ISBN 978-88-6711-021-6)

Quando informazione è partecipazione? / di Lorenzo Misuraca (ISBN 978-88-6711-041-4)

L'isola che naviga: per una storia del web in Sicilia / di Sergio Failla

Lo snodo della rete / di Tano Rizza (ISBN 978-88-6711-033-9)

Comunicazioni sonore / di Tano Rizza (ISBN 978-88-6711-013-1)

Radio Alice, Bologna 1977 / di Lorenzo Misuraca (ISBN 978-88-6711-043-8)

L'intelligenza collettiva di Pierre Lévy / di Tano Rizza (ISBN 978-88-6711-031-5)

I ragazzi sono in giro / a cura di Sergio Failla (ISBN 978-88-6711-011-7)

Proverbi siciliani / a cura di Fabio Pulvirenti (ISBN 978-88-6711-015-5)

Parole rubate / redazione Girodivite-ZeroBook (ISBN 978-88-6711-109-1)

Accanto ad un bicchiere di vino : antologia della poesia da Li Po a Rino Gaetano / a cura di Piero Buscemi (ISBN 978-88-6711-107-7, 978-88-6711-108-4)

Neuroni in fuga / Adriano Todaro (ISBN 978-88-6711-111-4)

Celluloide : storie personaggi recensioni e curiosità cinematografiche / a cura di Piero Buscemi (ISBN 978-88-6711-123-7)

Sotto perlaceo cielo : mito e memoria nell'opera di Francesco Pennisi / di Luca Boggio (ISBN 978-88-6711-129-9)

Per una bibliografia sul Settantasette / Marta F. Di Stefano (ISBN 978-88-6711-131-2)

Iolanda Crimi : un libro, una storia, la Storia / di Pina La Villa (ISBN 978-88-6711-135-0)

Autobianchi : vita e morte di una fabbrica / di Adriano Todaro

prefazione di Diego Novelli (ISBN 978-88-6711-141-1)

Dizionario politico-sociale di Nova Milanese : Passato e presente / Adriano Todaro (ISBN 978-88-6711-151-0)

Narrativa:

L'isola dei cani / di Piero Buscemi (ISBN 978-88-6711-037-7)

L'anno delle tredici lune / di Sandro Letta (ISBN 978-88-6711-019-3)

Emma Swan e l'eredità di Adele Filò / di Simona Urso (ISBN 978-88-6711-153-4)

Poesia:

Iridea / poesie di Alice Molino, foto di Piero Buscemi (ISBN 978-88-6711-159-6)

Il libro dei piccoli rifiuti molesti / di Victor Kusak (ISBN 978-88-6711-063-6)

L'isola ed altre catastrofi (2000-2010) di Sandro Letta (ISBN 978-88-6711-059-9)

La mancanza dei frigoriferi (1996-1997) / di Sergio Failla (ISBN 978-88-6711-057-5)

Stanze d'uomini e sole (1986-1996) / di Sergio Failla (ISBN 978-88-6711-039-1)

Fragma (1978-1983) / di Sergio Failla (ISBN 978-88-6711-093-3)

Raccolta differenziata n°5 : poesie 2016-2018 / di Victor Kusak (ISBN 978-88-6711-149-7)

Libri fotografici:

I ragni di Praha / di Sergio Failla (ISBN 978-88-6711-049-0)

Transiti / di Victor Kusak (ISBN 978-88-6711-055-1)

Ventimetri / di Victor Kusak (ISBN 978-88-6711-095-7)

Visioni d'Europa / di Benjamin Mino, 3 volumi (ISBN 978-88-6711-143_8)

Opere di Ferdinando Leonzio:

Una storia socialista : Lentini 1956-2000 / di Ferdinando Leonzio (ISBN 978-88-6711-125-1)

Lentini 1892-1956 : Vicende politiche / di Ferdinando Leonzio (ISBN 978-88-6711-138-1)

Segretari e leader del socialismo italiano / di Ferdinando Leonzio (ISBN 978-88-6711-113-8)

Breve storia della socialdemocrazia slovacca / di Ferdinando Leonzio (ISBN 978-88-6711-115-2)

Donne del socialismo / di Ferdinando Leonzio (ISBN 978-88-6711-117-6)

La diaspora del socialismo italiano / di Ferdinando Leonzio (ISBN 978-88-6711-119-0)

Cento gocce di vita / di Ferdinando Leonzio (ISBN 978-88-6711-121-3)

La diaspora del comunismo italiano / di Ferdinando Leonzio (ISBN 978-88-6711-127-5)

Sei parole sui fumetti / di Ferdinando Leonzio (ISBN 978-88-6711-139-8)

Otello Marilli / di Ferdinando Leonzio (ISBN 978-88-6711-155-8)

La diaspora democristiana / di Ferdinando Leonzio (ISBN 978-88-6711-157-2)

Parole rubate:

Scritti per Gianni Giuffrida: La nuova gestione unitaria dell'attività ispettiva: L'Ispettorato Nazionale del Lavoro / di Cristina Giuffrida (ISBN 978-88-6711-133-6)

Cataloghi:

ZeroBook: catalogo dei libri e delle idee 2018

ZeroBook: catalogo dei libri e delle idee 2017

ZeroBook: catalogo dei libri e delle idee 2016

ZeroBook: catalogo dei libri e delle idee 2015

ZeroBook: catalogo dei libri e delle idee 2012

Catalogo ZeroBook 2007

Catalogo ZeroBook 2006

Riviste:

Post/teca, antologia del meglio e del peggio del web italiano
ISSN 2282-2437
https://www.girodivite.it/-Post-teca-.html

Girodivite, segnali dalle città invisibili
ISSN 1970-7061
https://www.girodivite.it
https://www.girodivite.it

ZeroBook catalogo delle idee e dei libri
bimestrale
https://www.girodivite.it/-ZeroBook-free-catalogo-puoi-.html